案例评析与法律评注
从民法学写作切入

贺剑 著

图书在版编目(CIP)数据

案例评析与法律评注:从民法学写作切入/贺剑著.—北京:北京大学出版社,2021.3
(北大法学文库)
ISBN 978-7-301-31999-4

Ⅰ.①案… Ⅱ.①贺… Ⅲ.①民法—案例—中国 Ⅳ.①D923.05

中国版本图书馆 CIP 数据核字(2021)第 029453 号

书　　　名	案例评析与法律评注:从民法学写作切入 ANLI PINGXI YU FALÜ PINGZHU: CONG MINFAXUE XIEZUO QIERU
著作责任者	贺　剑　著
责任编辑	土　晶
标准书号	ISBN 978-7-301-31999-4
出版发行	北京大学出版社
地　　址	北京市海淀区成府路 205 号　100871
网　　址	http://www.pup.cn
新浪微博	@北京大学出版社　@北大出版社法律图书
电子信箱	law@pup.pku.edu.cn
电　　话	邮购部 010-62752015　发行部 010-62750672 编辑部 010-62752027
印　刷　者	三河市博文印刷有限公司
经　销　者	新华书店
	650 毫米×980 毫米　16 开本　12.5 印张　202 千字 2021 年 3 月第 1 版　2021 年 11 月第 3 次印刷
定　　价	37.00 元

未经许可,不得以任何方式复制或抄袭本书之部分或全部内容。
版权所有,侵权必究
举报电话: 010-62752024　电子信箱: fd@pup.pku.edu.cn
图书如有印装质量问题,请与出版部联系,电话: 010-62756370

序

贺剑的新著出版，嘱我作序。自忖虽未"德高望重"，但是作为贺剑以前的老师、现在的同事和学术伙伴，确也是"义不容辞"。

初识贺剑是在2007年，大约是他大三暑期准备申请保研的时候。张谷老师是他的民法启蒙老师，师生相得，本要拜入谷兄的门下。可是谷兄此时已确定飘然南下到浙大任教，遂将贺剑托付于我。贺剑错过了这样的机缘，我也为之遗憾。

自此以还，十几年间，我们一同切磋琢磨、辩难烧脑。不知不觉，昔日的青葱少年，如今已是优秀的学者以及两娃之父。但他看起来还是那么年轻，我"不知老之将至"也就顺理成章了。

这本书未必是贺剑目前最有代表性的研究，但是，它可能最好地显示了贺剑的学术风格。

所谓"大处着眼、小处着手"，是学术研究的常识，但却是"知易行难"。正是因为知易行难，它也就常常成了一种陈词滥调。法学的研究，尤其是部门法的研究，需要广阔的视野，胸中要有雄兵百万，也需要做勤恳扎实的苦活累活，不放过每一个细节。

本书主要谈了两类法学文献：案例评析和法律评注。案例评析，说来极为平常。贺剑提示我们：案例固然是法学研究的必备材料，如同食材之于厨师，可是，同样的食材可以做出不同的菜肴，那么，作为一种独立体裁的"案例评析"，通常是为了什么写作目的？为此，应当使用什么方法和材料？贺剑的研究（第一章）可以说是个相当彻底的比较研究。他还以国内一些实际研究为例，指出了若干可议之处，以及这些问题表明的相关研究者在写作目的与方法上的缺憾。

德国模式的法律评注,近年来被引介到中国,有了一些优秀的基础性研究,如黄卉教授、朱庆育教授的著述,也有了一些优秀的具体研究成果。贺剑的研究(第五章)是其中最为宏观和具有前瞻性者。他提供了丰富的信息,评价了法律评注可能的重要价值,也指出了这种文献固有的局限性。它是"法教义学成熟或臻于巅峰时之标志性事件",是一个成熟的制度和学术生态的产物,并且提示了中国条件下的前景和途径。

钱钟书在《围城》中借着赵辛楣之口说:"不知怎么,外国的一切好东西到中国没有不走样的。"当然,中国人并没有原汁原味地予以照搬的义务,但是,方法上的自觉与反省是不可或缺的。努力弄清楚"原样"是什么,并且努力尝试去做,亦步亦趋也好,"创造性走样"也好,都是健康的态度。贺剑在基础性的研究和理解之下,自己写了几份优秀的案例评析以及法条评注,提供了最好的注脚、例证。

在数量的意义上,中国的法学已经相当繁荣了。论文、专著、教科书,"一浪高过一浪"。但是,贺剑这样扎扎实实的工作,才是我们所期待的"后浪"。

今天是胡适先生诞辰 129 年的日子。胡适曾以"不苟且"三字教导罗尔纲。我非敢自比于胡适,但以此与贺剑共勉。

葛云松

2020 年 12 月 17 日

于北京大学

自 序

本书旨在法律文献学的意义上研究两类法学写作体裁：案例评析与法律评注。以写作体裁为标准，法律文献大体可分为两类：一类是法律文书，对应于以纠纷解决为核心的法律实践活动；一类是法学文献，对应于法学研究活动。法律文书包括裁判文书、诉状、答辩状、代理词、律师函、仲裁申请、仲裁文书等；法学文献则包括论文、专著、教科书、书评，以及本书研究的案例评析、法律评注等。

总体而言，法学写作体裁（法学文献）之研究，迄今仍属法律文献学的荒芜之地。目前主流的法律文献学，形同法律史学之分支，重点关注历朝历代的文献，对当代各部门法文献少有探讨[1]；即使偶有论及，也失之表浅，如以部门法领域为标准，将法律文献分为刑法学文献、民法学文献等，再逐一开列书单。[2] 此外，在系统的法律文献学之外，也有不少针对写作体裁之研究，但其对象多为法律文书[3]；少数针对法学文献之研究，亦仅

---

[1] 参见张伯元：《法律文献学》（修订版），上海人民出版社2012年版（第一版于1999年出版）；田庆峰：《中国法律文献学概论》，中国政法大学出版社2018年版。

[2] 参见李振宇：《法律文献学》，中国检察出版社2005年版，第19—25页、第285—335页。该书的"法律理论文献"大体等于本书的"法学文献"。此外，该书也曾提及"法学论文集"和"案例评析"，但均指论文、案例评析之结集或图书，且法学论文集属于"法律资料汇编"之一，案例评析属于"法律实践文献"之一（第224—229页、第357—365页）。两者都不是法学写作体裁角度的区分。

[3] 相关文献汗牛充栋，如写作角度的教材，参见陈卫东、刘计划：《法律文书写作》，中国人民大学出版社2016年版；田荔枝：《法律文书写作》，清华大学出版社2014年版；美国联邦司法中心编：《法官裁判文书写作指南》，何帆译，中国民主法制出版社2016年版。理论层面的研究，如针对裁判文书之研究，参见傅郁林：《民事裁判文书的功能与风格》，载《中国社会科学》2000第4期；曹志勋：《对民事判决书结构与说理的重塑》，载《中国法学》2015年第4期。

聚焦于法学论文之写作。①

在众多可研究的法学写作体裁中,本书选择以案例评析和法律评注为题,主要有两点考虑或正当性。

其一,与论文、专著、教科书、书评等通行于人文社科领域不同,案例评析与法律评注是法学所独有的写作体裁。这是法学固有的研究对象——案例(法院裁判)和法条所决定的。

其二,案例评析、法律评注分别代表了法学写作体裁的两个极致。从功能来看,案例评析是低级文献、基础文献,法院裁判一朝作成即予以评述,可及时明确个案在法律世界之方位。相反,法律评注是高级文献和集大成者,力求"一网打尽",以一条评注回答实务中与特定法条相关的一切问题。从方法来看,两者都秉承法教义学的方法,但案例评析通常对应于法教义学发展的初始和必经阶段,故在比较法上,尽管案例的地位各国千差万别,案例评析却普遍存在。而法律评注则对应于法教义学发展的巅峰阶段,其产生或繁荣须满足天时地利人和等一系列条件,可遇而不可求。

至于选择聚焦于民法领域的案例评析与法律评注,亦有两点考虑。首先是个人学力所限。其次,两类文献虽广泛见于民法、刑法、行政法等各部门法,但大体承担类似功能,且都采取法教义学的方法。由于功能和方法之相通,本书虽以民法为重点,但仍可能超越民法而为其他部门法所用。

当然,许多考虑、正当性都是事后发现或建构的,当初未必想这么多。而本书的写作初心其实很简单,只是想解答 2011 年时,我作为民商法一年级博士生初入法学写作之门时的一点疑惑。彼时,最高人民法院刚推行案例指导制度,学界各种与案例相关的研究风起云涌。作为有研究欲望和发表需求的后进,针对特定"明星案例"撰写评析,想来是一个不坏的

---

① 参见何海波:《法学论文写作》,北京大学出版社 2014 年版;凌斌:《法科学生必修课:论文写作与资源检索》,北京大学出版社 2013 年版;陈瑞华等:《法学论文写作与资料检索》,北京大学出版社 2011 年版;梁慧星:《法学学位论文写作方法》,法律出版社 2006 年版;普瑞尔:《法律写作简明指南》,顾明译,北京联合出版公司 2018 年版(附带涉及案例摘要)。少数对法学教科书写作之研究,参见朱庆育:《民法教科书及其写法(代自序)》,载朱庆育:《民法总论》,北京大学出版社 2016 年版,第 5—8 页;黄文煌:《法教义学方法与民法教科书的撰写》,载《公民与法》2015 年第 11 期。

选择。可一旦提笔,却立即遭遇一个写作新手难免碰到的难题:应如何撰写案例评析以及案例评析究竟是个啥。

我的第一反应是重读王泽鉴先生的"天龙八部",模仿其中的判决评释。当时打算写一则《最高人民法院公报》(以下简称《公报》)案例的评析,很快也完成了。不过,一半基于好奇,一半是想排遣写作焦虑,我在其间和其后陆续找来各种判决评释、裁判评析和类似文献来读,从我国大陆地区到台湾地区,从中文文献到英文、德文,从案例评析到案例评析的相关研究,战线越拉越长。最后,那则《公报》案例评析自觉"拿不出手",从未投稿;而关于案例评析之研究,则历经投稿、修改以及漫长的等待,数年后正式见刊,是为本书之第一章。大致在2013年,初步完成案例评析的研究之后,我的心理承受能力和文献研究能力都颇有些长进。此后再以法律评注为题,便是"姊妹篇"情结下的顺理成章之事——尽管事后来看,研究过程更为漫长和艰辛。

本书包括案例评析、法律评注两编,各有四章。其中,各编第一章为理论研究,回答案例评析或法律评注"是什么""怎么写";中间两章为理论应用,展示不同形态的案例评析或法律评注之撰写;各编最后一章为"对照组",展示案例评析或法律评注与另一类重要文献——法学论文之异同。

以上各章,除第七章专为本书而写,其他皆源自此前我独自发表的文章。第一章发表文章为:《认真对待案例评析:一个法教义学的立场》,载《比较法研究》2015年第2期,第172—185页。第二章发表文章为:《第三人违约是否引发丧失商业信誉之不安抗辩?——俞财新与福建华辰房地产有限公司、魏传瑞商品房买卖(预约)合同纠纷案》,载周江洪、陆青、章程主编:《民法判例百选》,法律出版社2020年版,第298—302页。多说一句:该章脱胎于十年前撰写的那则《公报》案例评析,不过,除了《公报》案例依旧,内容完全重写。第三章发表文章为:《诉讼外和解的实体法基础——评最高人民法院指导案例2号》,载《法学》2013年第3期,第141—152页。第四章发表文章为:《对赌协议中的违约金调整与利息管制》,载《人民司法》2020年第16期,第69—73页。第五章发表文章为:《法教义学的巅峰:德国法律评注文化及其中国前景考察》,载《中外法学》2017年第2期,第376—401页。第六章发表文章为:《〈合同法〉第54条第 1 款第 2 项（显失公平制度）评注》，载《法学家》2017 年第 1 期，第 155—174 页。第八章发表文章为:《合同解除异议制度研究》，载《中外法学》2013 年第 3 期，第 583—597 页。另外，第七章也间接受益于我此前的文章:《绿色原则与法经济学》，载《中国法学》2019 年第 2 期，第 110—127 页。两者一为评注，一为论文。虽然因为评注的综述成分，两者内容有部分重合，但旨趣、观感截然不同，有心人或可一读。

  以上发表文章在收入本书时，除了文字表达的微调，首先是恢复了当初因篇幅限制被删去的部分文字或图表（第一、四、八章）。其次，基于本书研究法学写作体裁之目的，又做了两类修改:(1) 对于各编第一章的理论研究，增补后续文献或事实，尽可能避免偏颇;(2) 对于各编后三章的写作实例，另附写作说明，以便利一如当年之我的写作新手们。因本书志不在研究具体制度，故并未更新写作实例部分的案例、文献及法律法规。

  本书各章及其前身的写作，先后受益于无数师友与同学。鉴于法学期刊迄今尚未普遍容忍作者寥寥两三行的致谢，我特地核查相关文章底稿，首先须感谢:安洪、陈婉婷、林昱睿、凌骏达、刘恩志、刘梦馨、潘祎、姚一凡、张尚斌、朱禹臣等同学作为我的研究助手，提供了有力的研究协助。其次，至少还须感谢:卜元石教授、曹志勋教授、陈自强教授、戴昕教授、丁洁琳教授、段匡教授、方新军教授、傅郁林教授、高圣平教授、葛云松教授、郭海清编辑、郭怡廷同学、郭瑜教授、韩世远教授、贺栩栩教授、洪国盛同学、洪玉编辑、黄凤龙博士、黄卉教授、霍旭阳博士、纪海龙教授、季红明教授、解亘教授、金枫梁教授、金晶教授、金可可教授、金印教授、雷巍巍教授、李昊教授、李志刚博士、刘凝同学、刘燕教授、刘哲玮教授、龙卫球教授、娄爱华教授、陆青教授、马可同学、茅少伟教授、缪宇教授、牛一旸女士、任彦编辑、沈健州博士、汤文平教授、王冠玺教授、王泓之同学、王莉萍编辑、王雷教授、王旭同学、王亚新教授、王轶教授、王泽鉴教授、吴从周教授、谢远扬教授、辛正郁先生、熊丙万教授、徐国栋教授、许德峰教授、许一君同学、薛军教授、薛启明教授、晏韬先生、姚明斌教授、殷秋实教授、余佳楠教授、曾燕斐博士、詹森林教授、张谷教授、张娜编辑、张骐教授、张双根教授、张永健教授、章程教授、钟嘉儿同学、朱庆育教授、朱晓喆教授、庄加园教授、Andreas Engert 教授、Peter Gauch 教授、Alexander Hellgardt 教授、Jan Lieder 教授、Alexandra Jungo 教授、Joe Pratt 教授、Hubert

Stöckli 教授、Rolf Stürner 教授、Jan Wackenhuth 博士等师友以及多位匿名评审人对相关文章的批评、建议、指点或襄助。此外，承蒙葛云松教授、王轶教授、朱庆育教授等师长抬爱，惠允作序或推荐，一并表示谢意。

本书部分篇章之前身，分别得到国家社科基金重大项目"中国特色判例制度研究"（10zd&044）、国家社科基金重大项目"民法典编纂重大疑难问题研究"（14ZDC017）的资助；本书的出版，则受惠于北京大学法学院"学术著作出版资助计划"。

北京大学出版社的王晶编辑使本书增色不少。这绝非客套。本书书名之拟定、写作说明之增补，皆源于王晶编辑的宝贵提议。多年前，我在《北大法律评论》编辑部服务时，就对王晶编辑经手校对的、密密麻麻的《评论》手稿有深刻印象。此番正式合作，更让我叹服一个出众编辑在严谨细致之外的独到眼光。

本书是我的第一本中文专著。从提笔到出版，十余年倏忽而过，我也大致完成从学生到学者的转换。在此，想特别感谢求学路上的五位恩师：张谷教授、许德峰教授、葛云松教授、Andreas Engert 教授和王轶教授。

各种机缘，我并未入前两位老师之门墙。但是，张谷老师在我本科时代讲授的三门民商法课程，让我发现对法律与民法的热爱。又蒙张老师指导，与一直为同学、如今亦为同事的曹志勋教授，历时一年多共同完成平生第一份（青涩的）法学研究。张老师的民国学人风骨以及课堂上的信远斋酸梅汤、燕南干烧肉等趣事，迄今仿佛昨日。

许德峰老师（笔名许德风，取君子德风之意）是我法学研究的引路人。大三下学期之后的一年多，我有幸成为许老师的研究助手之一。经常在办公室陪同左右，不仅见证一篇论文的生长，更亲历一位学者的日常。其中有大概一学期，每周约一次，下午两点到四点是助研时间，四点到五点许老师则教我阅读和翻译曼弗雷德的德国《物权法》。此情此景，永生难忘。

葛云松老师是我本科毕业论文和硕士、博士阶段的导师；我辗转留校后，又是同一学科的同事。这学期每周五上午，在葛老师张罗下，我与其他老师和民商法诸位同学一起读拉伦茨的《法学方法论》。其间不时感慨，从我 2007 年保研后首次参加读书会算起，光《法学方法论》就读过三遍。当学生时，只惊叹于师生一堂，彼此无拘无束的闲谈与论辩（某一年某位女同学辩论时的"拍案而起",相信已成为很多人学生时代的美好回忆);等自己成为老师,才知每周一上午的"黄金时间"意味着什么。葛老师对所有学生尚且如此,作为其第一位博士生,我得到的关爱自可经由类推而想见。

Andreas Engert 教授是我在德国攻读博士学位时的导师。Engert 教授待人谦和,没有传统德国教授的架子,精力之充沛、工作之高效,让我颇受震撼;在学业和生活上的关照,则让我这个异乡人少了许多乡愁,且居然新增了若干饮食习惯!Engert 教授在我博士论文初稿上数百处的手写批改,更让我感受到博士生导师一词(Doktorvater,直译为"博士父亲")背后浓浓的关爱与沉甸甸的责任。

王轶老师是我在中国人民大学法学院做博士后时的导师。本书第二编之雏形,即源于我的博士后出站报告《法律评注若干问题研究》。王老师为人谦谦君子,为学少年英雄。我在这两方面受益良多。尽管因诸多原因,我向王老师当面请益的次数相对有限,而更多以邮件、微信等线上方式与老师沟通。但是,读其书、品其言,王老师关于价值判断、事实判断、解释选择等法律和法学问题的分析框架,以及二流学者贡献洞见、一流学者贡献思想资源和分析框架的判断(原话针对法学院,但主要适用于学者),都足以让我受用一生。在诸多关键人生节点上,王老师于我更有大恩。

五位老师的恩情,此生或无以为报。暂借这本小书出版之机,谨志于此。也希望以此提醒与敦促自己,待学生,得像老师们当年待我一样。

贺剑
2020 年 12 月 7 日

目 录
CONTENTS

第一编 案例评析

第一章 认真对待案例评析 /003
  一、案例评析:独立的法学文献 /004
  二、案例评析在比较法上的特征 /007
  三、案例评析在我国法上的功能 /013
  四、案例评析在我国的推广之道 /020
  五、结语 /024

第二章 第三人违约是否引发丧失商业信誉之不安抗辩
  ——评最高人民法院公报之俞财新案 /026
  一、事实概要 /027
  二、裁判要旨 /028
  三、评析 /028

第三章 诉讼外和解的实体法基础
  ——评最高人民法院指导案例2号 /035
  一、不应仅从程序层面讨论诉讼外和解与生效判决的关系 /036
  二、未完全履行诉讼外和解协议的法律性质和适用规则 /040
  三、未完全履行诉讼外和解协议可能导致合同解除权的产生 /048
  四、未完全履行诉讼外和解协议并不绝对适用诚信原则 /054
  五、结论 /058

第四章　对赌协议中的违约金调整与利息管制
——以案例述评为重点　/060
一、现金补偿不是违约金　/062

二、现金补偿有上限吗？利息管制及合同解释　/065

三、股权回购中的违约金调整与利息管制　/067

四、现金补偿与股权回购并存之特殊问题　/069

第二编　法律评注

第五章　法律评注：法教义学的巅峰　/075
一、引言：法教义学的兴起与萌芽中的法律评注编写运动　/075

二、德国法律评注概述　/080

三、法律评注的实务导向　/086

四、法律评注的生长土壤　/094

五、为什么普通法没有法律评注？　/098

六、法律评注在中国有未来吗？　/102

七、结语　/109

第六章　《合同法》第54条第1款第2项(显失公平合同)评注　/110
一、规范目的与立法历史　/112

二、在订立合同时显失公平　/117

三、法律效果　/138

四、常见案例类型　/144

五、证明责任　/150

六、立法论　/150

第七章　《民法典》第9条(绿色原则)评注　/153
一、规范目的与立法历史　/154

二、法定类型　/156

三、绿色原则在环境保护层面之适用　/161

四、绿色原则在节约资源层面之适用　/163

第八章　合同解除异议制度研究
　　——评《合同法解释二》第24条　/166
一、《合同法解释二》第24条的解释难题　/168
二、两种形式理解的批判：实体权利的混乱逻辑　/174
三、实质理解的证成：从异议权的诉权本质说起　/180
四、结论　/186

第一编
案例评析

第一章　认真对待案例评析

案例研究时下正红。这一方面得益于官方的东风,尤其是最高人民法院在 2010 年底宣布建立案例指导制度,并相继发布多批指导性案例①;另一方面,它也得益于部分学者的持久酝酿和推动,其佼佼者如 2008 年以来纯民间性质的"判例研读沙龙"。目前相关研究主要有三类:针对具体案例的研究②;针对判例制度或案例指导制度的研究③;针对案例研究本身的研究。本章的研究属于第三类,即本体论研究。

在本体论层面,主流观点认为案例研究可以且应当百花齐放,具有不

---

① 参见《最高人民法院关于案例指导工作的规定》(法发〔2010〕51 号)。十年之后的"法律适用分歧解决机制",以及作为配套的"类案"检索制度,又很可能引发第二波案例研究高潮。参见《最高人民法院关于建立法律适用分歧解决机制的实施办法》(法发〔2019〕23 号)、《最高人民法院关于统一法律适用加强类案检索的指导意见(试行)》(2020 年 7 月)。

② 如苏力:《法条主义、民意与难办案件》,载《中外法学》2009 年第 1 期(媒体案例);周江洪:《合同解除与违约金责任之辨》,载《华东政法大学学报》2011 年第 5 期(公报案例);王亚新:《一审判决效力与二审中的诉讼外和解协议》,载《法学研究》2012 年第 4 期(指导性案例)。

③ 相关文献汗牛充栋,跨度最长的应是张骐教授二十年来以判例及指导性案例为题的系列作品。参见张骐:《司法判决与其他案例中的法律推理方法研究——说理的艺术》,载《中国法学》2001 年第 5 期;张骐:《判例法的比较研究——兼论中国建立判例法的意义、制度基础与操作》,载《比较法研究》2002 年第 4 期;张骐:《建立中国先例制度的意义与路径:兼答"判例法"质疑〉——一个比较法的视角》,载《法制与社会发展》2004 年第 6 期;张骐:《试论指导性案例的"指导性"》,载《法制与社会发展》2007 年第 6 期;张骐:《指导性案例中具有指导性部分的确定与适用》,载《法学》2008 年第 10 期;张骐:《论寻找指导性案例的方法:以审判经验为基础》,载《中外法学》2009 年第 3 期;张骐:《发展案例指导制度需要处理好的三个关系》,载《中国审判》2011 年第 10 期;张骐:《再论指导性案例效力的性质与保证》,载《法制与社会发展》2013 年第 1 期;张骐:《论类似案件应当类似审判》,载《环球法律评论》2014 年第 3 期;张骐:《论类似案件的判断》,载《中外法学》2014 年第 2 期;张骐:《再论类似案件的判断与指导性案例的使用——以当代中国法官对指导性案例的使用经验为契口》,载《法制与社会发展》2015 第 5 期;张骐:《论中国案例指导制度向司法判例制度转型的必要性与正当性》,载《比较法研究》2017 年第 5 期;王硕、张骐:《指导性案例文本格式研究——基于统计和认知的视角》,载《中国应用法学》2017 年第 4 期;张骐:《论案例裁判规则的表达与运用》,载《现代法学》2020 年第 5 期。

同类型和多元研究方法。如以涉及案例的数量为标准,区分个案性案例研究、类型化案例研究和整体性案例研究;以研究视角为标准,区分部门法规则、法理问题及法社会学的案例研究①;又或者以研究方法为标准,区分个案解析研究、个案引出问题研究、个案作论据研究等。②

在上述区分中,"案例研究"并非一种独立存在,它只是"与案例有关的研究",缺乏鲜明的面孔、特定的目的以及方法论上的"独门暗器"。③有鉴于此,本章试图透过比较法上的经验,为案例研究提供一幅"画像"(第一、二部分),并探讨它在我国法上的功能和推广之道(第三、四部分)。在术语选择上,本章将这类案例研究称为"案例评析",以有别于含义宽泛的案例研究以及社科领域习用的个案研究(case study)。

一、案例评析:独立的法学文献

与成文法、判例法的标签及其背后隐含的成见不同,案例在两大法系都举足轻重。④ 正因如此,两大法系都发展出了一类专门针对案例(法院判决)的文献:案例评析(case comment, case note)⑤,或者称判决评析(Urteilsanmerkung, Urteilsbesprechung)。

(一) 案例评析的两种类型

案例评析离不开案例。但由于出版平台、写作周期等因素,案例评析与案例未必同台、同时发布。比如在英美,二者原则上就是两条线:案例见诸案例报告(law report, case report),案例评析则刊发于法律评论或

---

① 参见李友根:《论案例研究的类型与视角》,载《法学杂志》2011年第6期。类似区分,参见廖义男:《裁判评析与法学方法及法学发展》,载《法令月刊》2009年第7期,第139页。

② 参见黄卉、章剑生:《判例研究及其方法》,载《华东政法大学学报》2011年第3期,第92—93页。其所指的研究方法更接近于案例研究的类型。

③ 少数研究尽管富有洞见地提出应将"抽取先例性规范"作为当下案例研究的重要目的,但并未对此类案例研究予以进一步"画像"。参见解亘:《案例研究反思》,载《政法论坛》2008年第4期。近来周江洪教授以研究目的为标准,区分综合性、解题式、论文式、规范抽取式等四类案例研究。参见周江洪:《代序言:案例研究方法初步》,载周江洪主编:《合同法案例研习》,法律出版社2019年版,第2—11页。

④ 参见梅利曼:《大陆法系》,顾培东、禄正平译,法律出版社2004年版,第43—48、88页。

⑤ 传统上,comment指案例评析,note指对立法、法律理论或原则的评析,但通常并不作区分。

其他法学期刊。[1]

与发布方式相对应,案例评析也可分为两类。这在德国最明显:一类案例评析直接附于判决之后,二者同步发表于法学期刊。[2] 这样安排的好处是单刀直入,无须再铺叙判决;坏处是没有标题,只能一律称作"评析",在引证时也只能屈居为附庸。民法大家卡纳里斯教授在 1985 年《新法学周刊》(NJW)上的一篇案例评析即属此类。一方面,作者开篇就可以直奔主题:"该判决尽管结论深值赞同,但论证并不尽如人意,无论是在教义学层面,还是在司法实务或法政策层面均是如此。"但另一方面,尽管出自名家,该评析在引用时仍毫无独立地位,通常只能表述为:"《新法学周刊》1985 年卷,第 2403 页以下(附卡纳里斯的评析)。"[3]这类评析篇幅较短,如卡纳里斯的评析虽然只有约 1200 词,但在其所属的"案例"栏目(Rechtsprechung)已经是长篇了。例外地,少数刊物如《法学家报》(JZ)"案例"栏目(Entscheidungen)上的同类评析则平均近 3000 词(详见下文)。

另一类案例评析属于另起炉灶型,发表时间晚于案例。为免突兀,这类评析开篇都要先转述判决。图简便的,会先给出案号信息及判决要旨,再简述案情和问题,然后作评析,其代表如电子月刊《联邦最高法院判决评析》(LMK)的评析,不仅没有独立标题,篇幅也都在千词以内。更细致的,会专设引言,交代背景与现状、案情及论理,然后作评析,此外还有结论以及独立标题,其典型如《新法学周刊》的"案例评析"栏目(zur Rechtsprechung),所载评析也平均近 3000 词(详见下文)。[4]

(二) 案例评析的独立地位

尽管案例评析有不同类型,在不同国家或法域也有不同风格,但从两

---

[1] Neil Duxbury, *Jurists and Judges: An Essay on Influence*, Hart Publishing, 2001, p. 56.
[2] 这与法学期刊竞相刊载或转载法院判决的传统有关。阅读这些"转载"判决有时甚至成为执业者的义务,如柏林高院曾作出判决:《新法学周刊》公布的德国联邦最高法院判决,在一个多月后应为法律界所周知,不知者将就其不当法律咨询承担专家责任(KG NJW 2006, 1983)。
[3] BGH NJW 1985, 2403 (m. Anm. Canaris).
[4] 在德国,部分法学教育类期刊还会刊载两个案例评析的"近亲":一是改编或虚拟案例的解析,相当于案例题参考答案;二是针对真实判决的较少争议的评析,旨在帮助学生备考。

大法系的主要国家来看,案例评析一直以来都是一类独立的法学文献。

从法学期刊的栏目设置来看,案例评析与论文、书评等文献平起平坐,都是"常客"。例如,英国《法律季刊》的三大常设栏目就是案例评析(notes)、论文和书评;美国《哈佛法律评论》虽还有专门针对立法、法学理论或法律原则等的评论(notes),但同时也固守案例评析、论文和书评的区分,而且还将案例评析细分为针对最高法院判决的评析(leading cases)和针对其他下级法院判决的评析(recent cases)。[①] 除了细节差异,德国《新法学周刊》《法学家报》等的栏目设置也大体相似。

就学术影响尤其是在学术评价体制中的位阶而言,案例评析与其他类型的文献也有较大差别。在德国,学者在著述清单中通常会分门别类,区分法律评注、专著、论文、案例评析等。在美国,在顶尖法律评论上发表文章固然是莫大荣誉,年轻学者谋求终身教职也常系于此,但光有所发表还不行,所发表的还必须是"论文",且往往必须是注释紧凑、内容充实的长篇大论[②];"案例评析"则不够格。

就实务影响而言,案例评析与论文、专著等同样存在差别。比较法大家、《比较法总论》作者之一克茨教授曾对 1985 年的德国《联邦最高法院民事判决集》做过一项引证统计,发现在其刊载的 41 篇判决中,案例评析的被引频率是 0.4 次/篇,低于法律评注(6.2)、论文(3.5)和教科书(2.5)。[③] 美国学者也有类似发现,根据一项 1928 年前后的引证统计,在约 3 万个案例中,有 80 个案例引用了法律评论总计 161 次,其中抛开书评被引 1 次,论文总计被引 99 次,而案例评析和其他类型的评论总计仅

[①] 其他法学期刊常设栏目也大抵类似,不同之处仅在于称谓,如案例评析在《剑桥法学杂志》被称为"案例及评析"(case and comment),在《现代法律评论》则被称为"案例"(cases)。纵然是重理论而轻实务的《耶鲁法学杂志》,也只是自 2005 年 10 月(第 115 卷)起才废除案例评析(case comment),而代之以"就法律或法学最新进展作原创性论证"的评析(comment),评论对象拓展为图书、案例、立法、政策和论文。参见 Comments Submission Guidelines for YLS students,载《耶鲁杂志》网站(www.yalelawjournal.org)。

[②] Lawrence M. Friedman, "Law Reviews and Legal Scholarship: Some Comments", *Denver University Law Review*, vol. 75, no. 2, 1998, pp. 664, 667.

[③] Hein Kötz, "Scholarship and the Courts: A Comparative Survey", in: David S. Clark (ed.), *Comparative and Private International Law: Essays in Honor of John Henry Merryman on his Seventieth Birthday*, Duncker & Humblot, 1990, p. 193.

被引 48 次。①

　　案例评析与论文等的区别还可以从文献进化史的角度去探求。以美国为例,案例评析的产生远在论文之前。早在美国建国前后,在当时盛行的《英国法释义》等体系书中,作者们就已不时援引、评述古老的英国案例,以阐释学说理论或司法规则。1789 年以后,各种案例报告开风气之先,将关注点从古老的英国案例转至新近的本土案例,并对案例作更具体的分析和评论,案例评析的雏形由此形成。1808 年以来,最早的一批法学期刊诞生,案例评析在其中继续成长。相比之下,论文(lead articles)迟至 1829 年才有过昙花一现,直到 1852 年,论文作为一种固定栏目才出现于《美国法记录和美国法评论》。至于论文、案例评析与其他类型的文献一同成为现代法学期刊的常设栏目,则还要等到和感谢 1887 年《哈佛法律评论》的出现。②

二、案例评析在比较法上的特征

　　案例评析在各国法学文献大家族中都有一席之地,在笔者看来,在于它具有以下三个特征:篇幅简短、个案取向、偏重教义。

(一) 篇幅简短

　　篇幅简短在我国常被等同于"缺乏深度"③,但从比较法来看,短,却是案例评析的宿命。在英国,案例评析大多在三四页上下,一两千词左右。④ 在德国,除了长度恒在千词以内的短评,不同类型的长篇评析也往

---

　　① Douglas B. Maggs, "Concerning the Extent to Which the Law Review Contributes to the Development of the Law", *Southern California Law Review*, vol. 3, no. 3, 1930, pp. 191-204.

　　② Michael I. Swygert & Jon W. Bruce, "The Historical Origins, Founding, and Early Development of Student-Edited Law Reviews", *Hastings Law Journal*, vol. 36, no. 5, 1985, pp. 741-773.

　　③ 解亘:《案例研究反思》,载《政法论坛》2008 年第 4 期,第 5 页。

　　④ 《法律季刊》和《剑桥法学杂志》均属此类。罕见的例外是《现代法律评论》,其案例评析自 20 世纪 90 年代以来骤然变长,并持续至今,平均在五千词上下,而代价则是不再以个案为取向(case-specific)。Neil Duxbury, *Jurists and Judges: An Essay on Influence*, Hart Publishing, 2001, p. 55。

往在三千词以下,超过四千的凤毛麟角。在此,笔者对 2011 年《新法学周刊》《法学家报》的相关统计可资佐证(表 1.1)。倘若将前述英语或德语案例评析直译成中文,以英译中(1∶1.5)、德译中(1∶2)的比例换算,前述案例评析的长度也大都不过 3000—6000 汉字。

表 1.1 《新法学周刊》(NJW)、《法学家报》(JZ)上长篇案例评析的篇幅(2011 年)

刊物	词数								平均词数
	1000—1499	1500—1999	2000—2499	2500—2999	3000—3499	3500—3999	4000—4499	4500—4999	5000—5499	
NJW(56 篇)	3	5	8	18	16	5	1	—	—	2702
JZ(43 篇)	4	7	9	6	9	5	2	—	1	2682

篇幅简短并不意味着绝对的字数上限。案例评析的简短,更多是相对于本国或本法域其他法学文献的篇幅而言。例如,美国法律评论的案例评析普遍偏长(5000 词左右),有时堪比英国的论文[1],但与其动辄几十、上百页的论文相比仍是小巫见大巫。[2] 以《哈佛法律评论》为例,其两类案例评析的篇幅通常分别是 10 页(约 5000 词)和 8 页(约 4000 词),而其论文通常约 50 页(约 2.5 万词)。[3] 当然,案例评析的长短未尝没有其他规律可循。英美的案例评析往往不遗余力转述法官们的多数、协同及不同意见,因而介绍部分普遍偏长,介绍与评析的比例大致为 1∶1[4];德国的案例评析重在评析,且无须为协同、不同意见操心,故介绍与评析的比例至多仅在 1∶3 左右。[5]

---

[1] Neil Duxbury, *Jurists and Judges: An Essay on Influence*, Hart Publishing, 2001, p. 56.

[2] 这还是持续变长的结果,早期更短,如《哈佛法律评论》的最高法院"专辑",在几十年前就仅是"半辑"。Ernest J. Brown, "The Supreme Court, 1957 Term", *Harvard Law Review*, vol. 72, no. 1, 1958, pp. 77-198.

[3] 最长通常不超过 60 页。这一限制源于《哈佛法律评论》2004 年底的一项全国调查,在调查中,约 90%的受访者认为法律评论上的论文过长,调查还发现,40—70 页已足以满足论述需要。参见《哈佛法律评论》的"投稿须知"(Submissions),载其网站(www.harvardlawreview.org)。

[4] 《哈佛法律评论》的案例评析严格遵循了这一比例。另据统计,法律评论 85%—90%的案例评析,其介绍与评析的比例都是 5∶5 或 4∶6,参见 Tobi Tabor, *Preparing A Casenote* (*Summer 2010*),载《休斯敦法律评论》网站(www.houstonlawreview.org),第 30 页,最后访问时间:2020 年 12 月 28 日。

[5] 这也是德国判决书"判决要旨迷信"(cult of the headnote)的缘起,相关批评参见 Hein Kötz, Über den Stil höchstrichterlicher Entscheidungen, *RabelsZ* 37 (1973), 245, 259 ff.

唯一的例外是法国的案例评析(note d'arrêt)。① 自1845年定期出版以来，案例评析一直是法国法学文献大家族中耀眼的明星。它名为案例评析，其实却相当于"有关某一法律问题的博士论文"②，篇幅之长可想而知。它的影响力也有目共睹：根据1929年以来的惯例，案例评析与案例一同刊载于官方的案例报告，几乎无人不读，加之法国判决素来简陋，对读者来说，案例评析的重要性甚至超过了案例本身。据笔者观察，法国的案例评析之所以如此，源自诸多特殊情境，它们一起使得案例评析成为一种稀缺资源(因而写作者不甘于以三言两语"暴殄天物")。具体而言，首先，由于法院论理惜墨如金，写作案例评析就势必面临无"理"可评、无米可炊的难题，这只有少数作者通过与法院的私下交流才能解决。其次，案例评析巨大的影响力使得其作者有望成为"影子法官"(shadow-judges)，可以展示法律技艺，影响司法发展，许多杰出学者因此沉湎其中，甚至写作本身也被视为一种特权和身份。最后，部分有意兼做实务的学者也会追求在案例评析中露一手以推销自己。上述特殊情境注定了案例评析在法国的稀缺和精细化、论文化，但也使得它在比较法上不具有代表性与可复制性，因此下文对其不予关注。

(二) 个案取向

从比较法来看，案例评析与案例几乎都是"一夫一妻制"。例如在笔者统计的德国2011年《新法学周刊》和《法学家报》总计150篇案例评析中，有149篇是一案一评，只有1篇同时评析了两个案件，而这也纯系各种巧合：两个案件都是关于同一问题的首批判决，而且被刊载于同一杂志的同一期，这才使得原本的两篇评析被例外合成一篇。③

从功能来看，案例评析的全部意义在于界定案例，通常是"某个""新"案例对于既有法律状态的影响。要实现这种界定，逻辑上便很难去同时

---

① 以下关于法国案例评析的事实材料，均参见 Neil Duxbury, *Jurists and Judges: An Essay on Influence*, Hart Publishing, 2001, pp.47-59。

② Neil Duxbury, *Jurists and Judges: An Essay on Influence*, Hart Publishing, 2001, p.54 ("often a note in name only, being a dissertation upon this or that point of law").

③ Schwamb, Erste Rechtsprechung zum Unterhaltsprivileg gem. §§33, 34 VersAusglG, *NJW* 2011, 1648.

评析"多个"彼此新旧有别的案例。但案例评析并非只谈"本案",在梳理现行法时,它同样会涉及以往的相关案例。

对于个案的执着让案例评析成为法律生活的必需品,但也注定了它的平凡。它是基础文献,也是"低端文献"。① 这构成了它与同样涉及案例的"高级文献"即法学论文的分野:案例评析始终以个案为取向,论文则以建构理论、诠释规则等为依归。据此,不但上文法国的案例评析可以被确定归为论文,其他一些论文与案例评析间的灰色地带也可以得到澄清。比如在《哈佛法律评论》每卷第 1 期的"最高法院专辑"中,除了多数由学生编辑执笔的最高法院判决评析,通常还有少数由法学教授撰写的前言(foreword)和评析(comments)。后者虽然也称"评析"②,但其实与论文无异,因为它们不仅明显更长,而且都会超出个案探讨一般理论或规则,有时还会给出相应的预测或建议。③ 再比如,目前流行的系列评析或类型化评析,虽然有比较"炫"的关于许多案例的表格式统计或类型化区分,但它们一方面无意于评析个案,因而不同于案例评析,另一方面,它们与齐备、深入的教义学论文又有相当差距,实质上仅能算是论文的半成品,更接近于案例综述或文献综述。④

(三) 偏重教义

在案例评析中注重法教义学分析,不仅在德国等大陆法国家理所应

---

① Neil Duxbury, *Jurists and Judges: An Essay on Influence*, Hart Publishing, 2001, p. 55 ("one of the lowliest forms of legal literature")。

② 还有研究者将"前言"也视为一类案例评析(Neil Duxbury, *Jurists and Judges: An Essay on Influence*, Hart Publishing, 2001, p. 56),但这种长度在百页上下、撰写本身即被视作至高荣誉的文章,不仅在旨趣、论述上与案例评析迥异,其影响力甚至远超绝大多数论文。在 Shapiro 教授统计的论文引证率百强中,有 13 篇都是"前言",其中 3 篇进入前 20,参见 Fred R. Shapiro, "The Most-Cited Law Review Articles Revisited", *Chicago-Kent Law Review*, vol. 71, no. 3, 1996, p. 763。

③ 如《哈佛法律评论》2010 年第 1 期关于 *Citizens United v. FEC* 案(企业政治言论)的 3 篇评析。

④ 如"系列评析"概念的创造者所言,它的功能在于"综观法院见解发展之趋势并观察其间之异同与变化,而对法规适用情形及能否达成原来立法目的及其规范功能,做一适切之评估,并提供将来应否及如何修法之参考"。廖义男:《裁判评析与法学方法及法学发展》,载《法令月刊》2009 年第 7 期,第 140 页。这显然意在构建规则,而非评析案例。

当,在英国等教义分析(doctrinal analysis)仍居主流的普通法国家也是如此。① 唯一可能的例外是美国,但即便在美国,20 世纪 60 年代以来风起云涌的法律交叉学科运动影响之所及,也主要限于论文、专著等"高端"领域,相对基础和低端的案例评析迄今仍以教义分析为重点。

以《哈佛法律评论》上美国总统奥巴马先生在学生时代的唯一一篇案例评析为例②,其涉及所谓"胎儿权"问题(fetal rights):原告是一名婴儿,她在娘胎中因为母亲与第三人撞车而受损害,除了向第三人请求赔偿,她能否同时以自己的母亲存在过失为由向其主张侵权责任,进而从母亲购买的汽车责任险中获得赔偿?审理该案的伊利诺伊州最高法院回答:不能赔偿。在总长 6 页的篇幅中,作者先用 3 页对研究背景、本案案情以及法院论理做了综述,然后才作评析。作者赞赏该案结论,并做了如下论证:(1)"胎儿—母亲"场景不同于"胎儿—第三人"场景,后一场景下胎儿可以向第三人主张侵权责任的既定规则,未必适用于前一场景。(2)让母亲承担对胎儿的"合理"注意义务,实务中难以操作,且侵害了母亲的隐私权等宪法权利。(3)此类案件在宪法上须做审慎权衡,尽管尚无定论,但美国最高法院以往在堕胎案中的分析框架,即在母亲的隐私权、身体自主权和各州保护胎儿的利益之间作权衡,仍富有参考价值。(4)根据上述框架,在母亲仅有过失的情形下,本案法院所作的权衡应予赞同;但若系故意,相关权衡将更艰难。(5)与事后施以侵权责任相比,事前加强孕期教育、健康护理等能更有效保护胎儿利益。在上述论证中,(2)(5)是对法院论理的转述,(1)(3)(4)主要运用了区分和类比方法,唯一有所创见的(3)虽然提出了宪法权衡这一思考进路,但其分析过程仍局限于对现有文献、判例的综述和类比。总体而言,它们都没有超出英美法语境下教义分析的范畴。

美国的案例评析偏重教义,可以从其篇幅有限、实务取向以及主要由

---

① 可参看《法律季刊》《现代法律评论》上的案例评析。事实上,就连作为评析对象的案例报告,其宗旨也是报告法院判决中的"教义",参见 Geoffrey Wilson, "English Legal Scholarship", *Modern Law Review*, vol. 50, no. 6, 1987, p. 840。

② Recent Case, *Harvard Law Review*, vol. 103, no. 3, 1990, pp. 823-828. 所评案件是 Stallman v. Youngquist, 125 Ill. 2d 267, 531 N. E. 2d 355 (1988). 这本是匿名发表,但在奥巴马参选总统时被曝光。参见 Ben Smith & Jeffery Ressner, "Exclusive: Obama's Lost Law Review Article", *POLITICO* (Aug. 22, 2008)。

学生撰写因而承担法学教育的职能(培养教义分析的能力)等方面得到解释。波斯纳法官在批评由学生编辑的法律评论时,还曾有以下激进建议:不但是由学生撰写的各类评析,连由教师执笔的论文也都应当向教义学转型,因为,法教义学依然是法学学术的最大板块,并且对律师、法官和大多数学者至关重要。至于非教义学论文,波斯纳则建议交由教师编辑的同仁刊物发表。① 在有意无意师法美国、并将其作为法教义学的死敌或克星时,还不应忽视:在引领法学创新的世界潮流之前,美国同样全面而深刻地经历了近一个世纪(1870—1965年)的法教义学时代②,甚至直到今天,教义学研究尽管基本退出了精英法学院的舞台,但依然活跃于其他法学院的讲堂及其法律评论,以教义学论文为例,其绝对数量亦不逊于从前。③

在评析案例时偏重教义分析并不意味着排斥价值判断,相反,二者是兼容且互有交融的。对于大多数案件而言,教义分析"可以减轻裁判者价值衡量的负担,而直接得出契合法律背后基本价值选择的结论"④。因为作为教义分析依据的现行法往往是"目前为止人们在价值判断问题上所能达成的最大妥协和共识",而教义分析也已经是"目前为止人们所能找到的最周全的价值衡量"⑤。对于少数疑难案件而言,教义分析虽然未必能直接求得妥当的答案,但至少可以为价值判断提供正确的教义学道路,确保案件"以法律为准绳"。同时,在既定的价值判断基础上,教义分析还能经由类比、区分等方法给出初步的价值权衡,上文奥巴马先生参考美国最高法院近似案例而作的宪法权衡即为例证。

教义分析包含但并不垄断价值判断。尽管如此,仅就案例评析而言,

---

① Richard A. Posner, "The Future of the Student-Edited Law Review", *Stanford Law Review*, vol. 47, no. 6, 1995, p. 1136; Richard A. Posner, "The Decline of Law as An Autonomous Discipline: 1962-1987", *Harvard Law Review*, vol. 100, no. 4, 1987, p. 779.

② Richard A. Posner, "Legal Scholarship Today", *Stanford Law Review*, vol. 45, no. 6, 1993, p. 1650.

③ James Lindgren, "Reforming the American Law Review", *Stanford Law Review*, vol. 47, no. 6, 1995, p. 1125. 波斯纳也坦陈,纯以数量论,教义学很可能依然是法学研究的主流。Richard A. Posner, "Legal Scholarship Today", *Harvard Law Review*, vol. 115, no. 5, 2002, p. 1317.

④ 许德风:《论基于法教义学的案例解析规则》,载田士永、王洪亮、张双根主编:《中德私法研究》第6卷,北京大学出版社2010年版,第28页。

⑤ 许德风:《论法教义学与价值判断》,载《中外法学》2008年第2期,第173、178页。

社科方法在价值判断上的作为空间仍属有限。例如在侵权法上判断行为人是否负有合理的注意义务进而应否承担过失责任时,法律经济学的追随者通常乐于采用"汉德公式":假如采取适当措施预防事故的成本是 B,事故一旦发生造成的实际损失是 L,事故发生的概率是 P,那么当事故预防成本小于事故损失与事故概率的乘积,即 B＜PL 时,行为人应承担过失责任。① 但其实要真正得出结论,光有上述靓丽的公式还不行,还必须对 B、L、P 赋值以完成计算。对于司法裁判而言,法院未必可能但也未必需要取得相应数据,即便他们是法律经济学的信徒,也可以"跟着感觉走"、依常识或经验"看着办"。但对于案例评析而言,要想对"看着办"的判决陟罚臧否,却必须以具体、可信的数据为前提,这往往难于实现。②

三、案例评析在我国法上的功能

案例评析的功能由其特征决定。就篇幅简短而言,它可以减轻阅读负担,毋庸赘言。以下主要就个案取向、偏重教义两点展开。

(一) 辅佐和围观司法实务

为司法服务是案例评析的要义。它可以是辅佐司法,阐发案例意旨,丰富法律论证;也可以是围观司法,检讨判决论理、结论等的瑕疵。③ 以下分别举例说明。

其一,辅佐司法。在指导案例 2 号(吴梅案)中,最高人民法院发布了如下裁判要点:在民事案件二审期间,双方当事人达成和解协议后撤诉,"一方当事人不履行和解协议,另一方当事人申请执行一审判决的,人民法院应予支持"。从法律依据来看,这类推适用了 2007 年《民事诉讼法》第 207 条第 2 款。但在理论基础上,对于另一方当事人为何可以在一方

---

① United States v. Carroll Towing Co., 159 F. 2d 169 (2d Cir 1947). 相关介绍和批评,参见冯珏:《汉德公式的解读与反思》,载《中外法学》2008 年第 4 期。
② 罕见的例外,参见 Hein Kötz/Hans-Bernd Schäfer, Judex oeconomicus: 12 höchstrichterliche Entscheidungen kommentiert aus ökonomischer Sicht, 2003, S. 1 ff.
③ 参见王泽鉴:《民法五十年》,载《民法学说与判例研究》(五),1996 年自版,第 23 页。关于批判式案例评析的利弊,参见李轩:《案例研究的批判范式及其司法价值——基于裁判者、代理人与旁观者不同角色的分析》,载《法律适用》2017 年第 4 期。

当事人不履行和解协议时恢复执行原生效判决,吴梅案及其官方解读①都缺乏有力说明。而随后的案例评析则大致弥补了这一缺憾:根据合同解除尤其是和解合同解除的理论,"一方当事人不履行和解协议"通常会使对方当事人享有法定或约定解除权,后者据此可以解除和解协议,使双方的实体法律关系回复到和解协议之前,亦即生效判决所确认的状态。这一揭示,对于吴梅案以及民诉法相应条文的适用都极具意义:生效判决的执行或恢复执行,并不取决于和解协议是否得到履行,而取决于其是否被有效解除。②

其二,围观司法。尽管法理学者如今大都承认法教义学是"处理常规案件的基本手段",但论者往往醉翁之意,所强调的还是法教义学在疑难案件中的无力以及社科方法等的优越性。③ 而笔者认为,鉴于当下的司法裁判质量,法教义学仍将是法学界相当一段时期内的工作重点。可资例证者,正是偏重教义的案例评析的"围观"功能。

先来看法律适用有误,但结论不受影响的判决。以《最高人民法院公报》2011年第5期"深圳富山宝实业有限公司与深圳市福星股份合作公司、深圳市宝安区福永物业发展总公司、深圳市金安城投资发展有限公司等合作开发房地产合同纠纷案"为例,最高人民法院认为该案合同解除行为有效,并为此引证了法释〔2009〕5号第24条:"当事人没有约定合同解除异议期间,在解除通知送达之日起三个月以后才向人民法院起诉的,人民法院不予支持。"但实际上,这一条文不应在本案适用,因为非解约方是在该条文出台近五年前,即"2004年12月25日收到解除函件后,并未在规定的时间内行使异议权"。本案合同解除行为有效的真正理由是解约方享有解除权。法院援引前述条文,纯属画蛇添足。④

其次是法律适用有误,且最终累及结论的判决。以《最高人民法院公报》2010年第5期"广西桂冠电力股份有限公司与广西泳臣房地产开发

---

① 参见最高人民法院案例指导工作办公室:《指导案例2号〈吴梅诉四川省眉山西城纸业有限公司买卖合同纠纷案〉的理解与参照》,载《人民司法·应用》2012年第7期(李兵执笔)。

② 参见贺剑:《诉讼外和解的实体法基础》,载《法学》2013年第3期;隋彭生:《诉讼外和解协议的生效与解除》,载《中国政法大学学报》2012年第4期。

③ 参见苏力:《法条主义、民意与难办案件》,载《中外法学》2009年第1期;苏力:《司法解释、公共政策和最高法院》,载《法学》2003年第8期。

④ 参见贺剑:《合同解除异议制度研究》,载《中外法学》2013年第3期。

有限公司房屋买卖合同纠纷案"为例,该案是一房屋买卖违约纠纷,买受人请求不履行合同的出卖人赔偿因房价上涨而导致的损失约 1.3 亿元。最高法院以合同不履行也会给出卖人"造成一定损失""综合考虑本案的实际情况"为由,将损失"酌定"为 1000 万元。但如其后评析所言,上述类似于与有过失的损失分担做法,在法律适用上"似无任何合同法依据"①;就实体结果而言,一个多亿真金白银的流向,更是稀里糊涂、不明不白地被"酌"定了。

案例评析的辅佐和围观功能意味着,它是法学理论服务司法实务、推进法官和学者沟通交流的有效途径之一。这不仅在法官绝对强势的英美法系如此②,在学者相对有影响力的大陆法系更是如此。以德国为例,一位医事法学者曾在案例评析中对德国联邦最高法院民六庭提出如下批评:"除极少例外……民六庭已经多年不与学说对话。根本就看不出来,它是不是还在关注学说的讨论,是不是还采纳其意见。无所不在的只有自我引证:民六庭俨然上帝,只同自己讲话。"③这番批评之后,民六庭便积极与学者对话,且不乏采纳主流学说而修正以往观点的例子。④

在我国台湾地区,亦不乏学者借案例评析而阐释理论其后被法官采纳的佳话,其典型如王泽鉴先生的"请求权竞合说"。⑤ 苏永钦先生对此曾有如下评论:"王泽鉴针对最高法院的重要民事判决发表一系列的评释,刻意从具体案例出发,而铺陈较具深度的理论作为评述的基础,由点而线,由线而面,暴露实务个案思考的盲点与矛盾,可说首开风气之

---

① 陆青:《合同解除效果与违约责任》,载《北方法学》2012 年第 6 期。另参见周江洪:《合同解除与违约金责任之辨》,载《华东政法大学学报》2011 年第 5 期。

② 美国的例子,参见 Dennis J. Callahan, "A Law Student in the Supreme Court: United States v. Drayton and the Future of Consent Search Analysis", *William & Mary Bill of Rights Journal*, vol. 13, no. 2, 2004, pp. 567-616; Michael I. Swygert & Jon W. Bruce, "The Historical Origins, Founding, and Early Development of Student-Edited Law Reviews", *Hastings Law Journal*, vol. 36, no. 5, 1985, p. 789. 英国的例子,参见 Neil Duxbury, *Jurists and Judges: An Essay on Influence*, Hart Publishing, 2001, pp. 84-113.

③ Erwin Deutsch, Anmerkung zu BGH, Urteil v. 15.2.2000—VI ZR 135/99, *JZ* 2000, 729 (729 f.).

④ 如 BGH NJW 2004, 2011 (2013).

⑤ 参见王泽鉴:《德国民法的继受与台湾"民法"的发展》,载《比较法研究》2006 年第 6 期,第 8 页。

先。"①案例评析之所以被"刻意"作为理论铺陈的工具,无疑得益于它对实务界的强大亲和力。前辈学者的这番洞见和苦心,对于如今学者尤其是部门法学者参与法律发展依然深具价值。

(二) 夯实法学研究的基础

案例评析对于法学研究的意义,可以分部门法研究、非部门法研究两方面来说明。对部门法研究而言,案例评析的意义有三:

其一,为教义学理论提供求同存异的平台和检验反思的机会。部门法上的许多争论,不少都是纯粹的"解释选择问题"②,尽管概念、规则、逻辑截然不同,但一旦落实到具体案件,结论却可能相同。对于这些争论,案例评析提供了华山论剑的舞台。另一方面,许多理论学说往往只有经由案例评析才能得到修正和检验的机会。法律史上的经典例证莫过于德国法学家耶林1858年有关一物二卖的案例评析,在鲜活的案件事实面前,耶林感到全身的"法律感觉及法学脉动都断然地起来反对",最后只能痛苦地改变自己1844年在《罗马法论文集》中的观点。这一经历,促使耶林卅始依"法的目的"思考法律问题,从而促成了德国法学从概念法学到利益法学的转向,同时,它也使得耶林意识到论文写作与案例评析的差别,并由此开创了在德国风行至今的案例研习课程(Übung)。③

其二,推动跨部门法的研究。在以二级乃至三级学科划分势力范围的当下,法学内部的跨学科研究实属罕见和难得。抛开研究能力与兴趣不论,跨学科议题的难于发现也是重要原因。而案例评析却可以提供发现议题的契机,因为不同法条固有学科分属,案例却不管学科界限。以上文吴梅案为例,尽管它一般被看成一个民诉法案例,但这并不妨碍后来的部分案例评析研究该案的实体法问题,而从结果来看,这种实体法与程序法的交叉研究对于理解吴梅案以及相应民诉法条文也是很有裨益的。

其三,为集大成的法学文献奠定基础。集大成的法学文献,在英美是体系书,在欧陆是法律评注,要完成这些作品,非海量的本国案例和学说

---

① 苏永钦:《司法改革的再改革》,台湾月旦出版社1998年版,第412页。
② 详见王轶:《论物权变动模式的立法选择》,载《月旦民商法杂志》2003年第2期。
③ 参见吴从周:《概念法学、利益法学与价值法学——探索一部民法方法论的演变史》,中国法制出版社2011年版,第57—64、167页。

作支撑不可。这是一项浩大的工程，即便最优秀的作者，受制于时间和精力，也不大可能去逐一阅读、评析所有案例，遑论再作深入研究。① 因此，完成海量的案例评析储备，让作者参考、援引现成的评析，不失为一个务实选择。在海量储备的意义上，案例评析也将成为中国法律人的一项集体事业。

对非部门法研究尤其是法理学研究而言，案例评析有助于澄清判决的教义学基础，为相关理论分析提供正确的出发点。与之对应的现实是，非部门法研究中对判决的教义学基础有所误会，以至于累及核心观点的不在少数。

以经典的"泸州二奶案"为例，多篇有影响力的非教义学研究都因为对该案的教义学基础尤其是法律依据认识不清，最终酿成"六经注我"的误会。② 以下先对该案中屡遭误解的法律问题做一简短的教义分析，然后指出相关非教义学研究的失误之处。

现有研究的一个重要出发点是，该案遗赠行为被判无效的法律依据是所谓"公序良俗原则"③，即《民法通则》第 7 条，"民事活动应当尊重社会公德，不得损害社会公共利益"。其实不然，该案正确的法律依据是《民法通则》第 58 条第 1 款第 5 项，"下列民事行为无效：……（五）违反法律或者社会公共利益的"④。从判决文书来看，《民法通则》第 7 条或公序良俗原则只是一审判决判定遗赠无效的依据，二审判决对此虽有论及，且认

---

① 即便是最优秀的教科书，也无法全然做到这一点，如韩世远教授对上文"广西桂冠电力股份有限公司与广西泳臣房地产开发有限公司房屋买卖合同纠纷案"的述评，诚然精当，但也是点到为止，并未涉及案情。参见韩世远：《合同法总论》，法律出版社 2011 年版，第 539 页。

② 参见林来梵、张卓明：《论法律原则的司法适用》，载《中国法学》2006 年第 2 期；郑永流：《道德立场与法律技术：中德情妇遗嘱案的比较和评析》，载《中国法学》2008 年第 4 期；何海波：《何以合法？对"二奶继承案"的追问》，载《中外法学》2009 年第 3 期。

③ 有研究将《民法通则》第 7 条等同于《德国民法典》第 138 条，但实际上，后者在中国法上对应的并非《民法通则》第 7 条，而是第 58 条第 1 款第 5 项。参见郑永流：《道德立场与法律技术：中德情妇遗嘱案的比较和评析》，载《中国法学》2008 年第 4 期，第 186 页。类似误会，何海波：《何以合法？对"二奶继承案"的追问》，载《中外法学》2009 年第 3 期，第 447 页。

④ 只有极少数人注意到这一点，可惜亦未强调《民法通则》第 7 条与第 58 条的差别。参见王轶：《泸州遗赠案随想》，载《判解研究》2002 年第 2 辑，人民法院出版社 2002 年版；金锦萍：《当赠与（遗赠）遭遇婚外同居的时候》，载《北大法律评论》第 6 卷第 1 辑，法律出版社 2004 年版，第 291—292 页（脚注 14、19）。罕见的例外参见朱庆育：《民法总论》，北京大学出版社 2013 年版，第 295 页；以及杨洪逵先生为"张学英依与其同居人所立遗嘱诉遗嘱人之妻蒋伦芳给付受遗赠的财产案"（编写人杨丽，载《人民法院案例选》2002 年第 2 辑）撰写的"责任编辑按"。

为一审"适用法律正确",但它同时也有意无意适用了正确的法律依据:"我国《民法通则》第 58 条规定'民事行为违反法律和社会公共利益的无效',因此,遗赠人黄永彬的遗赠行为,应属无效民事行为……"①

二审判决的法律适用主要体现为以下三段论:《民法通则》第 58 条规定,违反社会公共利益的民事行为无效(大前提);遗赠人违反《婚姻法》第 3 条忠实义务的行为,是违反社会公共利益的行为(小前提);遗赠行为无效(结论)。②

前述三段论明显不成立。因为根据前述大、小前提,结论不应当是遗赠行为无效,而应当是遗赠人违反忠实义务的行为即同居行为无效。相应,二审判决中关于公序良俗原则的论述纯属无用功,因为它旨在论证前述小前提:依公序良俗原则,"违反社会公共利益"并非"一切违反伦理道德的行为",但肯定包括"违反已从道德要求上升为具体法律禁止性规定……的行为",例如违反《婚姻法》第 3 条的行为。至于其他论述,如公序良俗原则是"社会道德的法律化""在法律适用上有高于法律具体规则适用之效力"等,虽在后来引发热议,但更纯粹是题外话,它们甚至与本案错误的法律适用都扯不上关系。

上述失败的三段论表明,二审判决在教义学上尽管正确找到了《民法通则》第 58 条这一大前提,却没有正确确认以下小前提:有妇之夫向同居第三者所做的遗赠行为是否违反社会公共利益。这才是本案的关键问题。它的回答并没有想象中艰难,二审法院完全无须节外生枝地引入公序良俗原则,乃至于以错误的三段论收场;它只需尽最大努力对前述问题予以裁量。这一自由裁量有《民法通则》第 58 条作支撑:在该规定中,立法者已经将道德问题(是否违反社会公共利益)引入法律框架(法律行为

---

① 参见四川省泸州市纳溪区人民法院(2001)纳溪民初字第 561 号民事判决书;四川省泸州市中级人民法院(2001)泸民一终字第 621 号民事判决书(两者均载于《判例与研究》2002 年第 2 期,第 47、50 页)。二审所引《民法通则》第 58 条"违反法律和社会公共利益"的"和"字有误,应为"或者"。

② 四川省泸州市中级人民法院(2001)泸民一终字第 621 号。二审判决还有另一个类似的三段论:根据前述《民法通则》第 58 条(大前提),遗赠人违反《婚姻法》第 4 条的"禁止有配偶者与他人同居"的行为是违反法律的行为(小前提),因此遗赠无效(结论)。正文的相关评论对其同样适用。

是否无效),并授权法院做判断。① 上述判断诚然有别于恣意裁量,但却不可避免地包含因而也容忍一定的主观判断。在这个意义上,二审法院无论如何判决,只要不明显出格,都是正确适用了法律。②

二审判决另一画蛇添足之处,是在论证遗赠行为有效应符合《民法通则》第58条时,增加了《民法通则》和《继承法》关系的讨论。其实,遗赠行为作为民事法律行为,其消极生效要件除了《继承法》第22条的特别无效事由,当然还包括《民法通则》第58条的一般无效事由,这是最基本的民法教义学知识。这与上述两部法律的关系是一般法、特别法还是上位法、下位法毫无关联,如果非要找出关联,两部法律(的相应条文)也只是互补关系,而不是相关研究所以为的互斥关系。

据上所述,"泸州二奶案"的几篇非教义学经典研究的误会也就浮出水面:首先,既然该案真正的法律依据并非"公序良俗原则",且真正的法律依据《民法通则》第58条与《继承法》第22条之间并无轩轾,那么,将该案作为(民法)原则与(继承法)规则角力的例证就难说恰当。③ 同样,将该案的法律技术解读为普通法与特别法的关系、原则与规则的关系、"行为与法律行为两分"等与本案无关甚或本身都有问题的技术,并以此说明"法律技术服务于道德立场",也就失之妥当。④ 将上述错误的法律技术或类似技术作为"法条主义的泥潭"之罪证,更可谓冤枉。⑤ 最后,该案的法律依据即《民法通则》第58条第1款第5项本身包含立法者对于司法裁量(价值判断)的授权,在此授权框架内,相应裁量权的行使以及由此产

---

① 这类本身价值中立、但引入了价值判断"管道"的法律条款被称为"转介条款",并被视为"民法维持体制中立的奥秘"。参见苏永钦:《私法自治中的国家强制》,载《走入新世纪的私法自治》,中国政法大学出版社2002年版;苏永钦:《从动态法规范体系的角度看公私法的调和》,载《民事立法与公私法的接轨》,北京大学出版社2005年版。

② 即便是相关教义学研究对此也有误解,如认为该案是"背弃法律的明文规定",是"法官在有明文规定的前提下,作出了超越法律的判决,而用以进行这种超越的手段就是价值判断"。卜元石:《法教义学:建立司法、学术与法学教育良性互动的途径》,载田士永、王洪亮、张双根主编:《中德私法研究》第6卷,北京大学出版社2010年版,第13—14页。

③ 参见林来梵、张卓明:《论法律原则的司法适用》,载《中国法学》2006年第2期,第131—132页。

④ 参见郑永流:《道德立场与法律技术:中德情妇遗嘱案的比较和评析》,载《中国法学》2008年第4期,第185—187页。

⑤ 参见何海波:《何以合法?对"二奶继承案"的追问》,载《中外法学》2009年第3期,第441—445、456页。

生的判决即便掺入裁判者的主观判断也仍具有合法性,所以,该案并不能说明法条主义和价值判断的不靠谱,因而也无法在排除法的意义上为法律程序加冕,使其成为司法判决合法性"最后的庇护"。①

四、案例评析在我国的推广之道

(一) 案例评析的历史及教训

在近年案例研究的热潮之前,我国20世纪90年代初已有过一轮类似热潮。当时的代表性事件包括最高人民法院应用法学研究所编辑《人民法院案例选》(1992年),梁慧星先生出版《民法学说判例与立法研究》(1993年)②,以及《法学研究》《中国法学》等开辟相应发表平台。这一轮热潮有两个推手:一是当时关于判例(法)制度的大讨论,最终虽否定判例法,但肯定判例,这为案例研究的风行提供了有利外部环境;③二是榜样的力量,以王泽鉴先生的《民法学说与判例研究》为例,这一"天龙八部"自20世纪80年代初以影印本形式在大陆传播以来,对法学界尤其是民法学界产生了持续而深刻的影响④,它所力倡的"判决评释"自然也成为一时的典范和学习模仿的对象。

这一轮热潮中的案例研究与本章的案例评析颇为相似,遗憾的是,其消逝速度也很惊人。以《中国法学》为例,在1995年的三期"判例评

---

① 参见何海波:《何以合法?对"二奶继承案"的追问》,载《中外法学》2009年第3期。相关批评,参见黄卉:《论法学通说(又名:法条主义者宣言)》,载《北大法律评论》第12卷第2辑,北京大学出版社2011年版,第337—338、353—357页(亦未注意到《民法通则》第58条第1款第5项)。

② 参见最高人民法院中国应用法学研究所编:《人民法院案例选》(第一辑),人民法院出版社1992年版;梁慧星:《民法学说判例与立法研究》,中国政法大学出版社1993年版。此后的类似作品,参见杨立新:《民法判解研究与适用》,中国检察出版社1994年版(系列作品);王利明主编:《中国民法案例与学理研究》(包含总则篇、物权篇、债权篇、侵权行为篇 亲属继承篇共四本),法律出版社1998年版。

③ 如陈光中、谢正权:《关于我国建立判例制度问题的思考》,载《中国法学》1989年第2期;沈宗灵:《当代中国的判例》,载《中国法学》1992年第3期。

④ 若以引证率测度影响力,该作品是中国法学三十年间(1978—2007年)影响力最大的作品之一,以CSSCI被引521次位居第二,仅次于博登海默的《法理学》(中译本)。参见凌斌:《中国法学30年》,载《法学》2009年第6期,第21页。

析"后,篇幅简短的个案评析就销声匿迹。案例评析的短命,固然与其后大规模立法时代的到来有关,但更深层次的原因或许在于,在初步模仿和探索的过程中,"案例评析是什么"的问题意识尚未形成。由于缺乏本体论层面尤其是功能层面的体认,案例评析注定只能命如潮汐而难以扎根。

以史为鉴,在当下的研究热潮中,案例评析无疑须被认真对待。现状是令人忧心的,除本体论上迄今缺乏体认外,就学者的自发实践而言,即便部门法上的教义评析也大多徘徊于案例评析与论文之间,以案例评析而论,枝蔓芜杂,稍嫌啰嗦;以教义学论文而论,又欠有力、丰满,如上文所言,更像论文的半成品。① 笔者无意否定这类文献的价值,但只是认为它们可以更上层楼,而不应安于享一时雨露。笔者更不认为案例评析可以取代教义学论文,而只是坚信二者各有所长、各擅胜场。在一切法学文献都"论文化"、连书评都"马脸化"的时代,上述强调和鼓吹是必要的,不然法律书评的今天,很可能就是案例评析的明天。

还需说明,有别于在学界板凳一坐十年冷,案例评析在实务界已红红火火数十年。但严格说来,这类案例评析并非"评析",它们绝大多数由主审法官或相关法官撰写,意在交代法院的内部分歧或未曾言明的说理。这毋宁是"本院认为"的未尽之言。作为另一种形式的"审判公开",尤其是作为一种经验交流渠道,它自然深受实务界人士喜爱。② 但这种"自判自评",很难不给人以自卖自夸的遐想,也很难做到深入挖掘和反思。③ 从比较法来看,案例评析通常都是由法官以外的人来写,如学者、律师、法科学生等。就笔者的统计而言,在德国,尽管也有不少法官撰写案例评析,但他们所评的多系最高层级法院的判决,而本人则就职于下级法院,

---

① 近期少见的例外,如周江洪:《合同解除与违约金责任之辨》,载《华东政法大学学报》2011年第5期;朱晓喆:《买卖之房屋因地震灭失的政府补偿金归属》,载《交大法学》2013年第2期。

② 参见张骐:《指导性案例中具有指导性部分的确定与适用》,载《法学》2008年第10期。

③ 在私法领域的罕见例外,是最高人民法院已故法官杨洪逵先生为《人民法院案例选》第1—49辑所撰写的,涉及民法全部领域的数百个"责任编辑按"。这些略有另类的按语,实际上是对法官所撰案例和评析的再评析,简约而不简单,令人感佩。人物生平,参见吴晓芳:《为了永远的纪念》,载《人民法院报·天平周刊》2005年11月24日,B4版;王学堂:《学为好人》,载《人民法院报·天平周刊》2005年12月8日,B3版。

绝少有法官评自家法院判决的情况。①

(二) 大力推广的前提及措施

作为对案例评析的鼓吹，笔者从制度前提、具体操作两方面探讨其在我国的推广之道。

在制度层面，案例评析要想在国内大幅推开，需满足两个前提条件：一是主流法学期刊开放门户，二是现有学术评价体制作出微调。

就法学期刊而言，接纳案例评析意味着要过以下心理关：第一，案例评析的简短和教义意味着理论创新的不足。但这只是案例评析与论文的功能不同使然，接纳案例评析并不"跌份儿"，《哈佛法律评论》《法律季刊》《法学家报》等各国顶级刊物都已作出了表率。第二，受制于版面，案例评析的增多会挤压论文的发表空间。但这也能促成大浪淘沙。第三，大部分案例评析与指导性案例、媒体案例等"明星案例"无缘，或累及刊物引证率。可作为补偿，法学期刊也将收获教科书的引证、同行的敬重乃至实务界的青睐。

就现有学术评价体制而言，关键要对案例评析和论文予以区分对待，至少对部门法学者应如此。一方面，应承认案例评析的写作难度和投入逊于论文，因此在评价上可以低于论文，甚至不妨量化对应；另一方面，应

---

① 笔者对偏实务的《新法学周刊》和偏学术的《法学家报》2011年刊载的三类案例评析作了统计，结果如表1.2。在14篇法官评案中，剔除1篇关于欧盟法院判决的评析和2篇卸任法官对地方高院判决的评析，剩下11篇中，只有1篇是对地方高院判决的评析（作者是其他地方高院的法官），剩下10篇都是对联邦最高法院(7)或联邦宪法法院(3)判决的评析，作者分别来自区法院(3)、地方法院(4)和地方高院(3)。绝大多数法官的评析都与自家法院的判决无关。唯一的例外是一篇NJW短评（NJW 2011, 2796），由慕尼黑地方法院的庭长所写，所评案件由该庭初审（支持原告）、慕尼黑地方高院二审（支持被告）、联邦最高法院三审（支持原告），颇可玩味。

表1.2 《新法学周刊》(NJW)、《法学家报》(JZ)三类案例评析的作者群分布(2011年)*

案例评析类型	作者群分布						
	教授	法官	律师	检察官	公证员	科研助手等	其他
NJW短评(51)	6	7	27	2	2	2	5
NJW长评(56)	20	6	20	—	6	2	2
JZ(43)	35	1	—	—	—	6	1

* 说明：统计以第一作者的第一身份为准；"其他"包括企业法务、政府顾问、外国律师及身份不明等。

承认案例评析是评定学者学术能力的一项基础指标,因此在招聘、晋升等场合,对案例评析的发表质量及数量提出下限要求。试想,如果我国部门法学者每人都至少发表过两篇合格的案例评析,我国的司法裁判质量何至于此,我国的部门法学术水准又将是何等局面。

在操作层面,亟待解决的问题是如何撰写案例评析,这本质上是一个需不断练习、摸索和体悟的带有个人色彩的细活,但仍有一定程式或技巧可循。以下分三点讲:

第一,基本结构,即案例和评析两部分。评析固然因人因案而异,案例的转述却务必求真求简,如一审判决理由、当事人的起诉、答辩、上诉等,都可以视需要而舍弃。转述案情看似简单,但亦须谨慎,以免失真。仍以"泸州二奶案"为例,如前述,虽然该案两审判决结论一致,推理却不同,对这一差别的忽视最早见于二审法官撰写的文章①,后来研究陈陈相因②,才造成进一步误会。在形式方面,为便于查阅和数字化,案例评析至少应包含判决案号、判决要旨、相关法条、相关判决、关键词等信息。

第二,常见的写作思路。美国各种《法律评论》每年招收新编辑时都会考案例评析,相关备考指南或写作守则为此总结的写作思路颇有参考价值,特整理如下:(1)判决结论正确,但说理不足;(2)判决结论正确,但说理或解释、适用法律有误;(3)判决形成的规则暧昧、模糊;(4)判决将造成负面的社会影响;(5)判决结论和说理虽然正确,但还有更好的方案;(6)判决结论和说理正确,以往批评都站不住脚;(7)判决遗留或遗漏了什么问题,应如何处理;(8)判决可能引发什么问题,

---

① 参见赵兴军、时小云:《违反公序良俗的民事行为无效》,载《法律适用》2002年第3期,第68页。作为"案情介绍",该文提到,"二审法院……以与一审法院同样的理由"维持原判。

② 如杨遂全等:《婚姻家庭法典型判例研究》,人民出版社2003年版,第15、18页;郑永流:《道德立场与法律技术:中德情妇遗嘱案的比较和评析》,载《中国法学》2008年第4期,第178页,脚注2;林来梵、张卓明:《论法律原则的司法适用》,载《中国法学》2006年第2期,第131页,脚注42。

应如何处理。①

第三,资料文献的运用。基于依法判案的要求,对本国案例的评析原则上只能依据本国的法条、案例和学说。这便涉及案例评析中的崇洋现象:尽管"法学家对案例的学理研究""动辄引用德国法、英美法、我国台湾地区法甚至罗马法的条规及其原则"②的年代已成往事,但取而代之的是对域外法案例和学说,尤其是各色外语脚注的青睐,"'涉外'抄袭"③仍不鲜见。在笔者看来,外国法文献只有在两种情形才有必要出现于中国法的案例评析当中:一是在确定明显有外国法渊源的某法律条文的立法目的时,经由目的解释或比较法解释引证外国法材料,二是借鉴外国案例、学说中有说服力的论理。舍此,不管是英美法的先例还是德国法的通说,都不过是无关中国法痛痒的"洋书袋"。

五、结　　语

为案例评析正名并呼唤"认真对待",最初不过缘于四年多以前,笔者想写一篇简单的案例评析而不知如何下手。在经历了简单模仿王泽鉴先生的"天龙八部"而不知所以然,费劲查找相关写作"秘籍"却又几乎无功而返后,笔者尝试采用最原始的办法,即在能力范围内,对若干代表国家的案例评析予以归纳总结,提炼其特征,并与我国的情况对照,进而从功能角度检视其价值。受制于视野和学识,笔者对案例评析的归纳总结难免有一家之言的味道。但需预先作一点小小限制和辩护的是,笔者所总结的案例评析的三点特征并非平行关系,而是由浅入深认识案例评析时所看到的不同层面。形象地说,篇幅简短好比案例评析的"皮相",个案取向好比案例评析的"血肉",而偏重教义则是案例评析的"神经"和"精神"。正是由于法教义学之下的文献分工,案例评析才会偏重个案,从而有别于

---

① See Eugene Volokh, *Academic Legal Writing*, 4th ed., Foundation Press, 2010, p.38; Preparation for the 2019 Write on Competition: How to Write A Case Comment, https://www.law.georgetown.edu/wp-content/uploads/2019/05/2019-How-To-Packet.pdf, last visited on 02.07.2020.

② 葛云松、张谷、金勇军:《编者按语》,载《北大法律评论》第1卷第2辑,法律出版社1999年版,第679页。

③ 语出丁洁琳:《法学期刊编辑素质论》,载《比较法研究》2005年第4期,第156页。

同样涉及案例但偏重规则的教义学论文;正是因为法教义学旨在为司法实务服务,而不是纯粹追求智识愉悦或谋求学术同道的引证,案例评析才会越短越好。在这个意义上,案例评析与法教义学密不可分,甚至可以说是法教义学步入正轨的必然产物。对于逐渐从本体论思考步入实践"应用"阶段的我国法教义学①而言,案例评析的推广和昌明无疑还有很远的路要走,但笔者乐观地相信,那一天终会到来。②

---

① 分别参见许德风:《论基于法教义学的案例解析规则》,载田士永、王洪亮、张双根主编:《中德私法研究》第6卷,北京大学出版社2010年版,第26—36页;许德风:《法教义学的应用》,载《中外法学》2013年第5期。

② 新近发展,参见周江洪主编:《合同法案例研习》,法律出版社2019年版;周江洪、陆青、章程主编:《民法判例百选》,法律出版社2020年版。

第二章　第三人违约是否引发丧失商业信誉之不安抗辩

——评最高人民法院公报之俞财新案

» **写作说明**[*]

这是一篇典型的案例评析（裁判评析），篇幅简短、个案取向、偏重教义。在形式方面，采原始的"案例＋评析"之体例；在实质方面，不仅"一案一评"，还"一事一议"，未曾囊括所有法律争点，而仅针对其一，忽略其余。

作为基础或初级文献，本章及其所代表的案例评析虽针对特定法律问题，但与同样针对特定问题之高级文献如法学论文，仍有显著不同。在广度方面，本章聚焦于"本案"，虽然为厘清本案在法律世界之"定位"，也会综述现有文献与裁判，但仅述而不评，并未给予其同等关注，更多以之为背景；对比较法资料等亦未曾顾及。在深度方面，主要倚重教义分析，价值分析几乎阙如。本章所代表的案例评析，大多反映作者一时之思绪，而非深入之思考。从功能来讲，这使得案例评析长于时效，却短于广度或深度。当然，案例评析仅在"理想型"的意义上如此，却不必然如此。在案例评析与法学论文之间，还有丰富的中间形态。不过，此等中间形态大多近于论文之"半成品"，虽然也有理论或实践意义，但至少在类型区分上，无须自成一体。

---

[*] 此部分为写作说明，旨在帮助读者更清晰了解相关文体写作过程中的一些注意事项或得失，后同。

一、事　实　概　要[①]

  2007年12月10日,一审被告福建华辰房地产有限公司(以下简称华辰公司)在尚未取得预售许可的情形下,与一审原告俞财新签订《商铺认购书》。按照合同约定,俞财新向华辰公司认购诉争商铺合计2000余平方米,总价款约1.8亿元。俞财新应当在签订认购书后10日内交纳6360万订金,华辰公司在收到订金后30日内领取《商品房预售许可证》,并与俞财新签订《商品房买卖合同》,同时保证在之后10日内办理备案登记。双方还对违约金、付款方式等事项作了约定。一审被告魏传瑞对华辰公司的债务承担连带保证责任。

  截至2007年12月21日,俞财新如约向华辰公司支付订金总计5760万元,其中汇款4800万元,现金960万元。2008年1月7日又汇款支付订金100万元。剩余500万元再未支付。2008年6月26日,华辰公司取得诉争商铺的《商品房预售许可证》,后另售他人。

  俞财新起诉称,其在付款期间,因了解到华辰公司无法按期办理《商品房预售许可证》,故暂缓支付订金余款500万元,这符合《合同法》第68条之规定;经多次催告,华辰公司以各种理由拒不与俞财新签订《商品房买卖合同》,后又将诉争商铺转卖他人,已无履约可能。据此请求解除《商铺认购书》、返还订金5860万元及赔偿违约金,并请求魏传瑞承担连带保证责任。福建省高级人民法院一审判决:(1)解除《商铺认购书》;(2)华辰公司向俞财新支付5860万元及其利息(按同期贷款利率计算);(3)魏传瑞就上述第二项债务承担连带偿还责任;(4)驳回俞财新的其他诉讼请求。

  俞财新、华辰公司不服一审判决,分别向最高人民法院提起上诉。

  [①] 《俞财新与福建华辰房地产有限公司、魏传瑞商品房买卖(预约)合同纠纷案》,载《最高人民法院公报》2011年第8期。

二、裁判要旨

驳回上诉,维持原判。

关于俞财新少支付 500 万元订金是否属于行使不安抗辩权的问题。本院认为,俞财新主张不安抗辩权的理由是华辰公司丧失商业信誉,依据是其与福州华辰房地产有限公司(以下简称福州华辰公司)签订另一购房合同后,福州华辰公司将合同约定的房屋设定抵押。然而,福州华辰公司与华辰公司是两个不同的法人,以案外人违约为由在本案合同履行中行使不安抗辩权,不符合合同相对性原则。根据《合同法》第 68 条的规定,俞财新关于其行使不安抗辩权的主张,依据不足。《合同法》第 69 条规定了行使不安抗辩权的要件,即使俞财新有权行使不安抗辩权,也应当及时通知对方。但无证据证明俞财新履行过通知义务。因此,俞财新关于其行使不安抗辩权的主张,缺乏事实和法律依据,本院不予支持。

该案在《最高人民法院公报》中的裁判摘要为:"根据合同的相对性原则,涉案合同一方当事人以案外人违约为由,主张在涉案合同履行中行使不安抗辩权的,人民法院不予支持。"

> » 写作说明
>
> 案例评析之"案例"部分,除了案号等引证信息,通常应包括案件事实和法院裁判。案件事实之摘录或转述,以不妨碍理解和论述为前提,务必求真求简。至于法院裁判,基于研究特定法律问题之目的,应以相关裁判要旨为重点。后者常见于裁判文书的"本院认为"。在公报案例、指导案例等场合,则有"本院认为"之外的、独立的"裁判要旨",其包含编纂加工成分,有时与裁判文书原文甚至不无出入。

三、评　析

(一) 本判决的思路和意义

本判决除涉及不安抗辩权,还关乎违约方解除权、双方违约、名为买卖实为借贷之证据认定等诸多难题。鉴于题旨,其他问题暂不讨论。本判决的特色在于确立如下规则:依据合同相对性原则,合同一方无法以案外人即第三人(在另一个合同中)违约,进而导致合同相对方丧失商业信誉为由,享有针对合同相对方之不安抗辩权。这不但牵涉第三人违约与丧失商业信誉之关系,还关乎合同相对性原则之理解。在现行法上,《合同法》第 68 条第 1 款第 3 项虽规定了"丧失商业信誉"之不安抗辩,但并未涉及前述第三人违约之情形。《民法典》第 527 条第 1 款第 3 项亦复如此。在实践层面,笔者暂未检索到案情与之类似、而立场与之相近或冲突的案例;在研究层面,或许因所涉问题过细,学界对该案例亦罕有关注。该案虽时隔多年,但作为极具影响力之公报案例,对其仍有解读和省思之必要。

> » 写作说明
>
> 案例评析之"评析",始于对个案中待研究法律问题之界定。为表明"评析"之实务或理论价值,还应交代现行法背景、文献与裁判现状等。

(二)第三人违约是否使(先履行)合同一方享有不安抗辩权,无关乎合同相对性原则

一般认为,合同的相对性是指合同关系仅存在于合同当事人之间,不对第三人发生效力。① 具体而言,第三人原则上无法基于当事人之间的合同取得合同权利、承担合同义务(《最高人民法院关于适用〈中华人民共和国合同法〉若干问题的解释(二)》第 16 条),更不会因此承担违约责任(《合同法》第 121 条)。当然,在保险合同等少数情形,合同相对性原则亦例外被突破。但不论原则还是例外,均涉及如下问题:第三人是否因合同约定而享有或承担该合同项下的权利、义务或责任。

套用于本判决,关乎合同相对性原则之问题应为:第三人(福州华辰公司)是否因涉案合同享有不安抗辩权,或者成为该不安抗辩权所指向之

---

① 参见韩世远:《合同法总论》,法律出版社 2018 年版,第 13 页;朱广新:《合同法总则》,中国人民大学出版社 2012 年版,第 19 页。

相对人?以上问题之突兀,其实已初步表明,合同相对性原则与不安抗辩权之行使或许并无关联。

进一步观察本判决,其基于合同相对性原则所欲处理之问题为:第三人之(违约)行为,能否使合同一方(俞财新)向另一方(华辰公司)主张合同权利(不安抗辩权)?其回答与潜在论理则为:基于合同相对性原则,第三人之行为不能视为合同一方之行为,故合同另一方不能据此向该合同一方主张合同权利。于此,合同相对性原则似乎是指:第三人非合同一方,故第三人之行为不等于合同一方之行为。此与该原则之本义,即合同之外的第三人可否取得合同项下之权利、义务或责任,相去不可以道里计。

> » 写作说明
>
> 合同相对性原则是否关乎不安抗辩权之产生?此为典型的概念辨析,涉及概念背后的不同法律规则之比较和适用,是教义分析的常见形态之一。

一个附带需说明的问题是:合同一方之合同权利,是否只能因合同相对方的行为,而不能因第三人的行为产生?显然不是。因第三人的原因导致违约,守约方仍可享有针对违约方之违约救济权利,即为明证。而且,该问题与合同相对性原则并不相关,而取决于有关法律制度之规范目的(如违约责任是否为结果义务)。违约责任如是,不安抗辩权亦如是。

(三)第三人之行为或其他事实,亦可(间接)使先履行一方享有不安抗辩权

《合同法》第68条第1款规定,后履行一方若有下列情形之一,先履行一方即享有不安抗辩权:"(一)经营状况严重恶化;(二)转移财产、抽逃资金,以逃避债务;(三)丧失商业信誉;(四)有丧失或者可能丧失履行债务能力的其他情形。"

依据该规定,不安抗辩权的产生前提为,后履行一方出现经营状况严重恶化、丧失商业信誉等"情形"。此等情形之有无,与后履行一方在系争合同中的违约行为并无必然关联。只要存在前述情形,无论是后履行一方自行造成,还是第三人或其他因素所导致,均可产生先履行一方的不安抗辩权。

在学理上,少数研究对此有清醒认识。其或者个别指出,"丧失商业信誉的行为,不一定针对特定的当事人";若后履行一方在同类合同中对他人丧失商业信用,先履行一方即可能因此享有不安抗辩权。① 又或者一般而论,"凡与后履行一方有关且可能威胁到先履行一方对待给付请求权的情形,不管其是否由来于后履行一方自身的行为,皆可纳入不安抗辩权的发生事由"。②

在实践中,不安抗辩权之产生亦无须与后履行一方在系争合同之行为直接相关。例如,"新乡市津都奶业有限公司与新乡市鑫福钢结构有限公司建设工程施工合同纠纷申请案"[最高人民法院(2013)民申字第2398号]民事裁定书认为:施工方是基于对系争项目乃第三人(中国扶贫会)计划投资项目之信任而全额垫资施工;在合同履行过程中,施工方获知第三人并无对系争项目之投资计划而停工,系以不安抗辩权为依据。

(四)第三人违约是否导致后履行一方丧失商业信誉,进而产生先履行一方之不安抗辩权?

本判决涉及第三人违约是否导致后履行一方丧失商业信誉。在不安抗辩权之发生并不受制于后履行一方在系争合同之违约行为的背景下,与本判决类似、因而须相同对待的情形至少还包括:后履行一方在其他合同中对第三人违约、在其他合同中对先履行一方违约、在系争合同的既往履行中(常见于继续性合同场合)对先履行一方违约等。以上情形均涉及如下共通问题:违约是否导致丧失商业信誉。换言之,作为不安抗辩权发生事由之一的丧失商业信誉所指为何,是否包括违约?

在学理上,现有研究通常仅强调,"丧失商业信誉"应当符合《合同法》第68条第1款第4项之兜底条款的要求,即"丧失或者可能丧失履行债务能力";并未谈及违约与丧失商业信誉之关系。③ 不过,少数研究对此

---

① 隋彭生:《合同法要义》,中国人民大学出版社2015年版,第168页。
② 朱广新:《合同法总则》,中国人民大学出版社2012年版,第503页。
③ 参见崔建远主编:《合同法》,法律出版社2016年版,第110页;韩世远:《合同法总论》,法律出版社2018年版,第419页。

仍有说明:丧失商业信誉"通常应指的是先给付义务人在经济活动中多次违约以致人们对其信用产生怀疑,仅仅一次情节轻微的违约不能认定为'丧失商业信誉'";此外,丧失商业信誉原则上亦须达到有丧失或可能丧失履行债务能力之程度。①

在实践中,个别裁判虽界定了商业信誉,但并未谈及违约。如"王和喜与乌鲁木齐亿鑫金通汽车销售有限公司买卖合同纠纷再审案"认为:《合同法》第68条的"丧失商业信誉是指后履行方当事人在进行商业活动过程中,商业信誉很差,严重违背诚实信用原则。这里的丧失商业信誉必须要到达严重的程度"。② 相反,不少较高层级的裁判均指出,违约不等于丧失商业信誉;不过,多次或长期违约,且违约是欠缺履行债务能力所导致时,仍属于丧失商业信誉。例如,"王健股权转让纠纷再审案"指出:"当事人违约并不等同于'丧失商业信誉',不等同于丧失合同履行能力。不安抗辩权的行使应当满足先给付义务人有确切证据证明后给付义务人的履行能力明显降低,有不能为对待给付的现实危险的前提条件"。③ 更精准的说明见于"深圳市汇采纸制品有限公司、邹善良股权转让纠纷案":"'丧失商业信誉'中的'商业信誉',是指社会公众对某一经营者的经济能力、信用状况等给予的社会评价的推断,由此可见,判断一个商业主体是否丧失商业信誉,不能仅仅根据该主体单一的、偶尔发生的不良情形就作出判断。如果一方当事人要以违约为由指控对方丧失商业信誉,其必须举证证明对方当事人多次或者长期性没有能力履行或者不能履行合同义务……"。④

此外,部分下级法院的裁判虽也认同多次或长期违约涉及丧失商业信誉,但并未强调违约的原因必须为欠缺履行债务能力。如"上海锦林纺织品有限公司与上饶市华美服饰有限公司承揽合同纠纷案"认为:"丧失商业信誉,是指后履行债务的当事人失去了诚实信用、按期履行等良好的声誉。"⑤类似意见还见于"安徽省晨力科学仪器有限公司与龙岩龙安安

---

① 王洪亮:《债法总论》,北京大学出版社2016年版,第129页。
② 新疆维吾尔自治区高级人民法院(2019)新民申1435号民事裁定书。
③ 最高人民法院(2019)最高法民申568号民事裁定书。
④ 云南省高级人民法院(2019)云民终737号民事判决书。
⑤ 上海市杨浦区人民法院(2018)沪0110民初11727号民事判决书。

全科技有限公司居间合同纠纷案":"所谓丧失商业信誉,是指一方当事人长期或多次不履行合同义务,当事人存在破产、资不抵债、财产明显减少、有清偿能力却拒不履行等情形。"①

前述学理以及较高层级裁判所持的见解可资赞同:丧失商业信誉必须满足"丧失或者可能丧失履行债务能力"之要求。此种限制与作为兜底条款的《合同法》第68条第1款第4项在体系上一致。据此,导致后履行一方丧失商业信誉之当事人或第三人违约,必须限于导致后履行一方丧失或者可能丧失履行债务能力之违约。至于是否多次或长期违约,则仅为"丧失或者可能丧失履行债务能力"之考量因素。

> » 写作说明
>
> 基于文献综述和裁判综述提炼规则、发表见解,是最为常见的法教义学分析。在次序上,文献综述、裁判综述孰先孰后,无一定之规。从实务的影响力角度,裁判综述或应在先;但从观点流变的角度,鉴于司法裁判往往(私下)参考了学界研究,文献综述在先亦无不可。

就本判决而言,关键便在于第三人福州华辰公司在其他合同中对作为合同一方之俞财新的违约,是否导致系争合同的后履行一方华辰公司丧失或可能丧失履行债务能力,进而丧失商业信誉?从本判决的事实来看,福州华辰公司的实际控制人,正是涉案合同的保证人魏传瑞;此外,魏传瑞或许也是华辰公司的实际控制人。换言之,同一实际控制人控制的两个公司,一个公司在其他合同中对先履行一方违约,是否表明另一公司丧失商业信誉(或者丧失或可能丧失履行债务能力)?这是一个事实判断,牵扯各种证据与因果关系,无须多论。但可以明确,前述关联公司的商业信誉及履行债务能力确有可能一荣俱荣、一损俱损,故不可简单以公司独立人格、独立财产为由,更不可以合同相对性原则为由,一概排除此种可能。

---

① 福建省龙岩市新罗区人民法院(2017)闽0802民初6504号民事判决书。

(五)未来课题

导致后履行一方丧失商业信誉之违约,是否包括其具有履行债务能力,而单纯欠缺履约意愿之违约?如恶意欺诈、被认定为失信被执行人等场景。此为未来需研究之课题。虽然此种解读与体系解释的结论不符,但是,从文义解释来看,丧失商业信誉并不限于履行债务能力之欠缺,而涵盖因恶意违约等而"失信"之情形。从目的解释来看,若将商业信誉视为一种名誉或无形资产,无论是欠缺财产所导致之信誉减损,还是不重然诺所导致之信誉减损,并无区别对待之理。在技术层面,欠缺履约意愿之违约所导致之丧失商业信誉,是直接适用《合同法》第 68 条第 1 款第 3 项,还是类推适用之,亦有探讨余地。

> » 写作说明
>
> 本评析"破"有余而"立"不足。即驳斥了合同相对性原则与不安抗辩之关联,并初步论证,第三人违约可能引发丧失商业信誉之不安抗辩;但对于前述"未来课题",则未再予详论。若是一篇针对相同问题的法学论文(该问题可否支撑起一篇论文暂且不论),则不仅无回避前述问题之理,还应在比较法资料、价值判断等其他方面下功夫,力求有创见或推进。

第三章 诉讼外和解的实体法基础
——评最高人民法院指导案例 2 号

> **写作说明**

本章是对指导案例 2 号(吴梅案)之评析。尽管都针对个案和偏重教义分析,但本章与第二章仍有诸多不同。最显著的差异为篇幅。这部分源于待研究问题之容量差别,因而可视为偶然所致:第二章仅针对个案中的一个"小问题",而本章则涉及一个"大问题",即诉讼外和解与生效判决在实体法上的关系,其又可拆分为若干小问题,包括诉讼外和解之性质、解除、诚信原则之适用等。此外,篇幅差异还与以下因素密不可分:其一,本章大量运用比较法资料;其二,本章还旁涉与吴梅案无关、但与更一般的法律问题(诉讼外和解与生效判决之关系)有关之议题。以上两项因素,为第二章之所未见,也使得本章并非典型的案例评析,而多少近似于法学论文。本章的示范意义,正在于展示(理想型意义上的)案例评析与法学论文的中间形态。目前学界的案例评析多为此类,可谓一切法学文献"论文化"之缩影。

生效判决与执行和解及诉讼外和解之间的关系,是我国民事诉讼法上的一个老大难问题。尽管 1991 年和 2007 年的《民事诉讼法》第 207 条第 2 款均规定:"一方当事人不履行和解协议的,人民法院可以根据对方当事人的申请,恢复对原生效法律文书的执行。"①但对于该条的理论基

---

① 2012 年修订的《民事诉讼法》第 230 条第 2 款在此基础上增设了对欺诈和胁迫的规定:"申请执行人因受欺诈、胁迫与被执行人达成和解协议的,或者当事人不履行和解协议的,人民法院可以根据当事人的申请,恢复对原生效法律文书的执行。"为方便称称,笔者仍以 2007 年修订的《民事诉讼法》第 207 条第 2 款为讨论对象,但所有分析和结论亦适用于修改后的《民事诉讼法》第 230 条第 2 款。

础和适用标准,学说和实务多年来都是众说纷纭。作为回应,最高人民法院"法〔2011〕354号"发布了指导案例2号(下文简称吴梅案)。笔者将评析吴梅案及相关研究,希望能有助于该难题的解决。

> **》写作说明**
>
> 在介绍案例之前,简要说明待研究问题的法律背景和学说实务现状,以便于理解。

一、不应仅从程序层面讨论诉讼外和解与生效判决的关系

1. 吴梅案的基本内容

原告吴梅向被告西城纸业公司出售废书,因多次催收货款未果,遂起诉请求其支付货款251.8万元及利息。西城纸业公司对欠吴梅货款251.8万元没有异议。一审判决其向吴梅支付该货款及利息。西城纸业公司上诉。二审期间,其与吴梅签订了一份还款协议,商定西城纸业公司的还款计划,吴梅则放弃了支付利息的请求。其后,西城纸业公司以自愿与吴梅达成和解协议为由申请撤回上诉。法院裁定准予撤诉。因西城纸业公司未完全履行和解协议,吴梅向一审法院申请执行一审判决,获得支持。西城纸业公司向二审法院申请执行监督,主张不予执行原一审判决,二审法院维持了一审决定。

裁判理由:

> 西城纸业公司对于撤诉的法律后果应当明知,即一旦法院裁定准予其撤回上诉,眉山市东坡区人民法院的一审判决即为生效判决,具有强制执行的效力。虽然二审期间双方在自愿基础上达成的和解协议对相关权利义务作出约定,西城纸业公司因该协议的签订而放弃行使上诉权,吴梅则放弃了利息,但是该和解协议属于双方当事人诉讼外达成的协议,未经人民法院依法确认制作调解书,不具有强制执行力。西城纸业公司未按和解协议履行还款义务,违背了双方约

定和诚实信用原则,故对其以双方达成和解协议为由,主张不予执行原生效判决的请求不予支持。

裁判要点:

民事案件二审期间,双方当事人达成和解协议,人民法院准许撤回上诉的,该和解协议未经人民法院依法制作调解书,属于诉讼外达成的协议。一方当事人不履行和解协议,另一方当事人申请执行一审判决的,人民法院应予支持。

2. 吴梅案的程序法理

在吴梅案之前,民诉法学说和实务的共识是,和解协议在履行完毕时有效,生效判决不再执行。其分歧在于:和解协议在未履行完毕时的效力以及其与生效判决的关系。主要有以下三类观点:(1) 因为和解协议在履行完毕之前不生效力[1],或者虽然生效但只能引起违约责任[2],不能阻止债权人反悔从而执行或恢复执行生效判决,所以生效判决一律优先于和解协议;(2) 尽管生效判决优先于和解协议,但应引入诚信原则,适度限制生效判决的执行或恢复执行[3];(3) 基于处分原则和既判力理论,和解协议始终有效并优先于生效判决,这种优先地位应通过债务人异议之诉、依和解协议另行起诉等方式予以确认。[4]

---

[1] 参见上海市第二中级人民法院(1999)沪二中知初字第93号民事判决书。理论努力是将和解协议作为实践合同,参见汤维建、许尚豪:《论民事执行程序的契约化——以执行和解为分析中心》,载《政治与法律》2006年第1期,第94页。

[2] 参见隋宝礼:《本案应执行一审生效判决还是二审达成的和解协议》,载《人民司法·应用》2009年第13期,第111页。理论努力是认为和解协议虽然有效,但从属于生效判决,所以生效判决优先,参见雷运龙:《民事执行和解制度的理论基础》,载《政法论坛》2010年第6期,第15—19页;徐继军:《论执行和解协议的效力与性质》,载《法律适用》2006年第9期,第37页。另参见何国强:《论民事诉讼二审中和解协议的性质——最高人民法院2号指导性案例评析》,载《北方法学》2012年第4期。

[3] 《北京市高级人民法院关于规范民事执行和解的若干规定(试行)》(京高法发[2005]197号)第16—18条对此有系统规定;相关说明,参见丁亮华:《执行和解制度若干问题研究》,载《人民司法》2006年第12期。另参见刘海红:《履行执行和解协议中申请执行人反悔的处理》,载《人民法院报》2008年8月8日,第6版;徐继军:《论执行和解协议的效力与性质》,载《法律适用》2006年第9期,第37页。

[4] 参见汤维建、许尚豪:《论民事执行程序的契约化——以执行和解为分析中心》,载《政治与法律》2006年第1期,第95—97页;张永泉:《执行前和解协议法律效力研究》,载《法学家》2011年第1期。

吴梅案及其评论大体延续了上述争论。该案二审法院的裁判理由以及最高法院提炼的裁判要旨都力图为诉讼外和解与生效判决的关系确立一般规则,即类推适用《民事诉讼法》第 207 条第 2 款。此外,二审法院还在裁判理由中提示了诚信原则的适用可能。部分研究对吴梅案给予赞赏,认为生效判决的效力原则上优先于和解协议,并致力于以诚信原则解释和解协议的效力及其与生效判决的关系①;但批评者却认为,和解协议始终有效,不因违约或违反诚信原则而受影响,并建议通过债务人异议之诉确认和解协议对生效判决的优先地位。②

> » 写作说明
>
> 以上为实务和学说综述,以此划定吴梅案以及待研究之问题在法律世界地图中的坐标。以下则为对现有研究的评论。其中,实体法层面的盲区是本评析之重点,旨在引出下文;而程序法层面之种种仅附带提及,与本评析关联其实不大。

3. 吴梅案的效力分析

仅从程序的视角难以准确反映诉讼外和解与生效判决的关系。现有研究对诉讼外和解与生效判决的关系的分歧,有两个方面的原因。

一是程序法本身的理论纷争或误会,包括对于既判力理论、"一事不再理"原则等的不同理解。这在吴梅案中的集中体现是,二审期间达成的诉讼外和解协议("私法方案")是否受到因撤回上诉而生效的一审判决的既判力("公法方案")的拘束。③ 从对我国民诉法理论有重要参照意义的德国民诉法来看,前述诉讼外和解协议不受一审生效判决既判力的拘束;相反,经过相应的程序法途径,诉讼外和解协议在实体法上对于一审生效判决的优先效力还可以获得国家公权力的表彰。例如,在与吴梅案案情类似的"德国吴梅案"中,债务人撤回上诉后,债权人也申请执行一审生效

---

① 参见王亚新:《一审判决效力与二审中的诉讼外和解协议——最高人民法院公布的 2 号指导案例评析》,载《法学研究》2012 年第 4 期。
② 相关评述,参见吴俊:《最高人民法院指导案例 2 号的程序法理》,载《法学》2013 年第 1 期。
③ 参见吴俊:《最高人民法院指导案例 2 号的程序法理》,载《法学》2013 年第 1 期;王亚新:《一审判决效力与二审中的诉讼外和解协议——最高人民法院公布的 2 号指导案例评析》,载《法学研究》2012 年第 4 期。

判决。债务人随后提起执行异议之诉（债务人异议之诉），要求宣告债权人的强制执行不合法，债权人则提出该案和解协议已经因约定的解除条件成就而失效的抗辩。法院最终以和解协议没有失效且已履行完毕为由判定债务人胜诉，从而阻止了债权人对一审生效判决的执行。[1] 执行和解协议以及其他类型的执行约定，同样不受其对应的生效判决的既判力的拘束。在一个限制执行的约定与生效判决的关系的案例中，德国联邦最高法院曾有如下经典论断："诚然，民诉法第767条第2款意在确保生效判决的既判力，该既判力也确实不受当事人的处分行为影响，但是，这并不妨碍当事人偏离生效判决，重新安排他们之间的法律关系。特别地，债权人可以在法律上有效地向债务人承担下述义务：全部或部分放弃执行已经生效的判决。依据上述协议，当事人并未能够剥夺生效判决的执行力，但债权人却可凭此提起第767条的执行异议之诉，从而对抗生效判决的强制执行。"[2]

> **» 写作说明**
>
> 此段比较法分析，旨在以德国法说明，诉讼外和解与生效判决之关系在程序法层面尚有探讨余地。由于仅旨在提示另一种可能见解，而非终局论证，故并非流行的、应予避免的"外国的月亮比中国圆"式的比较法分析。

二是现有研究大多止步于程序法，对诉讼外和解与生效判决的关系所包含的实体法问题缺乏关注。最有代表性的是，绝大多数研究都忽略了一个基本的实体法制度：在当事人不履行和解协议时，原本有效的和解协议很可能因违约解除等合同解除规则而失去效力。因此，即便在程序法上正确地认为，诉讼外和解不受一审生效判决既判力的拘束，生效判决在实体法上仍可能优先于（因解除而失效的）和解协议。[3] 此外，现有研

---

[1] BGH NJW 2003, 2448.
[2] BGH NJW 1991, 2295, 2296.
[3] 初步讨论，参见隋彭生：《诉讼外和解协议的生效与解除——对最高人民法院〈指导案例2号〉的实体法解释》，载《中国政法大学学报》2012年第4期；傅明华：《违反和解协议的法律救济》，载《中国律师》2010年第6期，第84页。Hammer, *Außergerichtliche Vergleichsvereinbarungen in den USA und in Deutschland*, 2004; Hofstetter, Außergerichtlicher Vergleich und Rücktritt, *BB* 1963, 1459。

究对于吴梅案中的诉讼外和解协议的法律性质及其所适用的法律规则这一讨论前提,对于引入诚信原则作为诉讼外和解与生效判决的关系的判断标准这一替代方案,也都缺乏实体法上的探讨。因此,本章对诉讼外和解与生效判决的关系的分析,将围绕以上三个实体法问题展开。以下将论证,只有在和解契约等实体法理论和制度的框架下,吴梅案以及诉讼外和解与生效判决的关系才可以得到一贯的理论解释,《民事诉讼法》第207条第2款等相关法条才可以找到一贯的适用标准。

二、未完全履行诉讼外和解协议的法律性质和适用规则

吴梅案判决及绝大多数评论都默认:吴梅案所涉协议是一个和解协议,被告西城纸业公司没有履行还款义务违反了和解协议。① 但根据和解的相关理论,该和解协议的定性并没有想象中简单;而且,西城纸业公司尽管没有履行还款义务,却未必违反了和解协议。

(一) 和解的一般理论

和解包括诉讼和解与诉讼外和解。诉讼和解有实体法、程序法上的双重效果。诉讼外和解作为纯粹的"民法上和解",未经法院制作调解书等程序,通常仅有实体法上的效果。② 笔者讨论的和解专指诉讼外和解。和解在现行法上属于无名合同。学理上一般认为,和解的核心特征在于相互让步,以俾消弭法律关系的争议。③ 这也得到了主流实务的认可,如最高法院将诉讼和解界定为:"案件当事人为终止争议或者防止争议再次

---

① 少数研究认为吴梅案所涉协议不是民法上的和解,而是强制执行法理论上的"不执行契约"(限制执行契约)。参见吴俊:《最高人民法院指导案例2号的程序法理》,载《法学》2013年第1期。

② 经典研究,参见陈自强:《民法上和解之效力》,载台湾《政大法学评论》第61期(1999年6月)。

③ 参见陈自强:《民法上和解之效力》,载台湾《政大法学评论》第61期(1999年6月),第280—283页。另参见史尚宽:《债法各论》,中国政法大学出版社2000年版,第858页;李双元、黄为之:《论和解合同》,载《时代法学》2006年第4期,第15页。

发生,通过相互让步形成的合意"。①

1. 相互让步与消弭争议

和解之所以产生,是因为法律关系有争议。学理上有将其细分为法律关系有争执、法律关系不确定两类,但因二者仅有程度差异②,故笔者对此不予细分。法律关系本身没有争议、但请求权的实现不确定的,如义务人是否自愿履行、强制执行能否实现权利等不确定的,也被视为法律关系有争议。③ 相互让步是为了消弭法律关系的争议。让步是否存在,以当事人的主观判断为准;让步可大可小,免除利息、展缓期限等微小让步也是让步。④

就和解涉及的争议事项而言,当事人之间的法律关系以和解确定的新法律状态为准,原则上不能再回到原法律状态。以债权数额争议的和解为例:甲无偿借款给乙,还款时双方就借款数额发生争议,甲主张为10万元,乙主张为5万元。双方和解,将借款数额确认为8万元。和解之后,双方就不能再去举证争论实际的借款数额,而只能以和解确定的数额为准。⑤ 在这个意义上,和解创造了法律上的确定与和平,具有"确定效"。⑥ 这种确定效通常只是对原法律关系争议事项的变更,而不是重新替代(债之更新),因此和解前后债的同一性不变。例如,前述借款债务原

---

① 《杨培康与无锡活力保健品有限公司侵犯发明专利权纠纷案》,载《最高人民法院公报》2009年第10期。

② 参见陈自强:《民法上和解之效力》,载台湾《政大法学评论》第61期(1999年6月),第318页。

③ Habersack, in: MüKo BGB, 5. Aufl., 2009, §779 Rn. 25; Bork, Der Vergleich, 1988, S. 236;陈自强:《民法上和解之效力》,载台湾《政大法学评论》第61期(1999年6月),第282页;李双元、黄为之:《论和解合同》,载《时代法学》2006年第4期,第16页。

④ Habersack, in: MüKo BGB, 5. Aufl., 2009, §779 Rn. 26;史尚宽:《债法各论》,中国政法大学出版社2000年版,第859页。

⑤ Marburger, in: Staudinger, 2009, §779 Rn. 37; Hofstetter, Außergerichtlicher Vergleich und Rücktritt, BB 1963, 1459 (1459);陈自强:《民法上和解之效力》,载台湾《政大法学评论》第61期(1999年6月),第293页。

⑥ 陈自强:《民法上和解之效力》,载台湾《政大法学评论》第61期(1999年6月),第306—327页。和解因此也被称为确定行为或确定合同,Marburger, in: Staudinger, 2009, §779 Rn. 37; Larenz, Lehrbuch des Schuldrechts Band I: Allgemeiner Teil, 14. Aufl. 1987, S. 94;相反,旨在去除请求权实现的不确定、而不涉及法律关系争议的和解(如下文的弃权求偿型和解),就不具有确定效力,也不是确定合同;其对原法律关系的变更,主要是债务免除、展缓期限等。Hofstetter, Außergerichtlicher Vergleich und Rücktritt, BB 1963, 1459 (1462)。

有的担保或抗辩,在和解之后依然存在。①

对和解没有涉及的原法律关系的其他部分而言,它们仍保持其属性,并适用相关规则。以上文债权数额争议的和解为例,假设该债务后来履行迟延。由于和解仅在于确定债务数额,并未包含给付义务,因此被迟延履行的不是和解协议,而是被和解协议确定数额的债务,所以和解协议本身无从解除。如果该债务所从属的原法律关系是无偿借贷或赠与合同,同样无从解除。如果原法律关系是买卖合同,则该买卖合同可以被解除,但债务数额仍以和解确定的数额为准。②

2. 双务合同的名实之争

传统观点从相互让步出发,将和解一律视为债权合同。合同双方相互让步,即为相互负有依和解内容为履行行为的义务。尽管在无须特别形式要件时,履行行为(如债务免除)与和解协议可能同时成就,但概念上应区别二者。故和解都是双务合同,可以适用合同抗辩权、法定解除等双务合同规则。③

晚近研究大多对传统观点持批评态度,如 Larenz 教授认为,它割裂了和解的整体性,抹杀了当事人借和解直接变动债之关系的自由。例如,一个包含债务免除的和解,并不是要让一方先负有债务免除的义务、然后再履行该义务,而是要直接发生债务免除的效果;上文债权数额争议的和解,也并非是让甲乙双方负有使债权实际数额与和解确定数额相一致的义务,即在实际数额高于 8 万元时负有债务免除的义务,在低于 8 万元时负有债务承认的义务,而是要直接将原争议数额确定为 8 万元。④ 故和

---

① Marburger, in: Staudinger, 2009, §779 Rn. 38;李双元、黄为之:《论和解合同》,载《时代法学》2006 年第 4 期,第 21 页。

② Marburger, in: Staudinger, 2009, §779 Rn. 49; Habersack, in: MüKo BGB, 5. Aufl., 2009, §779 Rn. 37; Hofstetter, Außergerichtlicher Vergleich und Rücktritt, *BB* 1963, 1459.

③ 陈自强:《民法上和解之效力》,载台湾《政大法学评论》第 61 期(1999 年 6 月),第 266—267、292 页;史尚宽:《债法各论》,中国政法大学出版社 2000 年版,第 869、874 页;李双元、黄为之:《论和解合同》,载《时代法学》2006 年第 4 期,第 17 页;Marburger, in: Staudinger, 2009, §779 Rn. 40; Larenz, *Lehrbuch des Schuldrechts Band I: Allgemeiner Teil*, 14. Aufl. 1987, S. 95; Hammer, *Außergerichtliche Vergleichsvereinbarungen in den USA und in Deutschland*, 2004, S. 154。

④ Larenz, *Lehrbuch des Schuldrechts Band I: Allgemeiner Teil*, 14. Aufl. 1987, S. 95. 进一步分析,Hofstetter, Außergerichtlicher Vergleich und Rücktritt, *BB* 1963, 1459 (1459)。

解的性质应视其内容而定。它可能是处分行为,如上述债权数额争议的和解(准物权合同),也可能是负担行为,如一方放弃从事特定竞争行为、另一方予以补偿的和解(债权合同),或者兼而有之。① 在债权合同的情形,即便和解只使一方负有新的给付义务,如一方承认旧债务的存在、另一方为此提供新的借贷,或者一方免除部分旧债务、另一方为剩余债务提供担保,由于新旧义务互为对价关系,因此仍可以适用双务合同的规则。②

上述两种观点在法律逻辑上固然有优劣之分,但在法律效果上并无差别:只要和解协议尚未履行完毕,就都可以适用法定解除等双务合同规则。因为依前一种观点,固然所有和解都是债权合同和双务合同,但如果和解成立时合同义务已履行完毕,仍然无从适用双务合同规则。依后一种观点,虽然和解可能仅使一方当事人负有给付义务,但仍可以适用双务合同规则。我国现行合同法并未将法定解除的适用范围限于双务合同,因此抛开定性不论,只要和解包含给付义务且尚未履行完毕,就可以相应适用法定解除等双务合同规则。③

(二) 吴梅案中的和解

1. 相互让步的两种解读

吴梅案和解协议所包含的"相互让步"主要有以下两种可能:

(1) 撤回上诉与放弃利息。吴梅案中,"二审期间双方在自愿基础上达成的和解协议对相关权利义务作出约定,西城纸业公司因该协议的签订而放弃行使上诉权,吴梅则放弃了利息"(裁判理由),评论者据此将撤

---

① Marburger, in: Staudinger, 2009, §779 Rn. 41 ff.;陈自强:《民法上和解之效力》,载台湾《政大法学评论》第 61 期(1999 年 6 月),第 292—295 页(四类例子)。

② Marburger, in: Staudinger, 2009, §779 Rn. 51; Habersack, in: MüKo BGB, 5. Aufl., 2009, §779 Rn. 36 ff.; Hofstetter, Außergerichtlicher Vergleich und Rücktritt, BB 1963, 1459 (1460). 需要注意,双务合同规则在此只适用于基于和解协议而产生的新义务的违反(如拒绝提供新的借贷),不适用于非基于和解协议而产生的旧义务的违反(如迟延履行在和解协议中被承认存在的旧债务)。

③ 从让非违约方从合同中解放等法定解除的功能出发,也能得出非双务合同可以适用法定解除的结论。参见韩世远:《合同法总论》,法律出版社 2011 年版,第 507—511 页;陈自强:《民法上和解之效力》,载台湾《政大法学评论》第 61 期(1999 年 6 月),第 231 页。

诉和放弃利息作为相互让步。① 但从公开的案件材料来看,撤诉义务是否存在值得怀疑。因为和解协议只是"一份还款协议,商定西城纸业公司的还款计划,吴梅则放弃了支付利息的请求"(基本案情),很难看出有明确约定撤诉义务。和解后撤诉,可能只是因为没有继续诉讼的必要。

假设撤诉义务存在②,由于双方就货款债权"没有异议",所以撤诉与否并不会影响双方的实体法律关系。但是,撤诉降低了债权实现的不确定性:继续诉讼将拖延生效判决的产生,从而拖延货款及利息债权的实现;撤回上诉则使得一审判决生效,从而使债权更早获得既判力的确认。在这个意义上,本案的和解协议存在相互让步:西城纸业公司通过撤诉放弃了诉讼上的拖延行动,吴梅则放弃了利息债权。③ 但问题是,前述认定忽视了和解协议中关于西城纸业公司还款计划的约定。从正面讲,这无视了这类和解协议除了"尽早结束诉讼程序",还有"尽快实现民事权利"的合同目的④;从反面讲,如果还款计划不是相互让步的内容,因此与"和解"没有任何关联,那么西城纸业公司没有及时还款,就不应当对和解协议的效力及履行产生任何影响,吴梅案将沦为错案。因此如下文分析,即便撤诉义务存在,本案的相互让步也应当是:西城纸业公司同意撤回上诉并及时还款,吴梅同意放弃利息债权。

(2) 还债承诺与放弃利息。假定撤诉义务不存在,本案也可能存在相互让步:债权人吴梅放弃利息债权,债务人西城纸业公司承诺及时清偿剩余债务。在债权本身有争议时,债务人承认债务构成让步;但是,本案货款债权并无争议,故债务人的还债承诺即便包含债务承认的意思,也不

---

① 隋彭生:《诉讼外和解协议的生效与解除——对最高人民法院〈指导案例2号〉的实体法解释》,载《中国政法大学学报》2012年第4期,第74页。

② 相关背景材料支持这一假定,参见最高人民法院案例指导工作办公室:《指导案例2号〈吴梅诉四川省眉山西城纸业有限公司买卖合同纠纷案〉的理解与参照》,载《人民司法·应用》2012年第7期(李兵执笔)。

③ 上文"德国吴梅案"的判决也有相同的认定,BGH NJW 2003, 2448 (2449)。和解中包含撤诉义务的其他情形,Bork, *Der Vergleich*, 1988, S. 261(诉讼外和解中,债务人承认有争议的债务,债权人同意撤诉);史尚宽:《债法各论》,中国政法大学出版社2000年版,第860页(一方撤诉,另一方同意承担撤诉费用)。

④ 相关背景,参见最高人民法院案例指导工作办公室:《指导案例2号〈吴梅诉四川省眉山西城纸业有限公司买卖合同纠纷案〉的理解与参照》,载《人民司法·应用》2012年第7期(李兵执笔)。

构成让步。① 债务人的及时清偿债务的承诺,本质上只是表达或确认其还债意愿,并没有产生任何新的义务。但是,这一单纯的还债意愿的表达,是否构成让步?进言之,债权人同意放弃部分债权、允许分期还款或缓期清偿,债务人做出还债承诺,这种在执行前或执行中经常出现的协议(弃权求偿型协议),是否为和解协议?

在德国法上,少数意见认为,债务人郑重表示还债意愿即构成让步,因此前述协议是和解协议。② 相反,多数意见认为,在债务没有争议时,债务人单纯的还债承诺并未消除债权实现的不确定性,也未给债权人带来任何具体好处,因此不构成让步;为了达成和解,债务人应当做出具体的让步,如提供担保、支付高额利息等。③ 尽管如此,很多案例也承认,在强制执行的结果不容乐观或债务人顽固拖欠等情形,债务人单纯的还债承诺仍例外构成让步,因为对债权人而言,这一承诺至少提高了债权实现的保险系数。④

就我国法而言,鉴于执行难的普遍现实,应将德国法的例外作为我国法的常态,即将债务人单纯的还债承诺认定为让步,并据此认可前述弃权求偿型协议的和解本质。这也符合实务中债权人的期待。对于二审期间达成的诉讼外和解协议,其多数是因为双方当事人要"尽早结束诉讼程序、尽快实现民事权利"⑤。对于执行和解协议,也是如此。根据一项统计,在上海某法院 2006 年以执行和解方式结案的民商事案件中,申请执

---

① 作为例外,尽管债务并无争议,债务人在诉讼和解中的债务承认仍构成让步。因为通过诉讼和解,债务人放弃了诉讼上的拖延措施,债权人因此更早获得了一个与生效判决相当的执行名义,其债权实现的不确定也因此降低。这与撤回上诉构成让步有共通之处。BGH NJW-RR 2005,1303 (1304)。

② Schmidt, Anmerkung zu LG Arnsberg, *NJW* 1972, 1430 (1431).

③ Marburger, in: Staudinger, 2009, § 779 Rn. 28; Bork, *Der Vergleich*, 1988, S. 259 ff.; OLG Zweibrücken BeckRS 1998, 31343347; OLG Hamburg MDR 1973, 683; LG Frankfurt NJW 1976, 1411 (重点参见相关判决的分析)。

④ OLG Köln NJW 1976, 975 (976); LG Frankfurt NJW 1976, 1411 (1412). 需要注意的背景是,上述争论在德国是完全与律师收费问题绑在一起的。根据《联邦律师费条例》第 23 条,律师只有成功协助当事人和解,才能收取相应的和解费。德国法院原则上否认债务人单纯的还债承诺构成让步,很可能是想保护债权人,使其无须为"口惠而实不至"的和解埋单。例见 OLG Zweibrücken BeckRS 1998, 31343347。

⑤ 参见最高人民法院案例指导工作办公室:《指导案例 2 号〈吴梅诉四川省眉山西城纸业有限公司买卖合同纠纷案〉的理解与参照》,载《人民司法·应用》2012 年第 7 期(李兵执笔)。

行人放弃部分债权的超过三成,主要原因就是要及时实现债权①,此举也因此被称为"有代价的放弃"②。

2. 双务合同规则的适用

和解协议如果包含给付义务且尚未履行完毕,在履行障碍时就可以适用法定解除等传统的双务合同规则。在吴梅案中,债务免除在和解成立时生效③;撤诉义务即便存在,也已履行完毕,所以均无履行障碍可言。有讨论余地的是,西城纸业公司未完全履行货款义务是否违反和解协议,是否适用法定解除等规则。

如上所述,西城纸业公司在和解协议中的还债承诺,只是使其负有及时履行原货款义务的"义务",它虽然对债权人而言降低了债权实现的不确定性,但并未产生新的实体义务。因此,与现有评论设想的不同,西城纸业公司的履行迟延其实没有违反和解协议项下的任何给付义务,因此也无从因为违反和解协议而适用法定解除规则。④

这一误会在和解的法制史上并不鲜见。德国的 Siber 教授在其 1931 年的《债法教科书》中曾指出:如果借贷双方在和解中将数额有争议的借贷债务确认为 50 元,并约定借款人应及时履行,那么在借贷债务履行迟延时,应根据传统观点将该和解认定为双务合同,出借人因此可以根据法定解除规则解除和解,进而向债务人主张借贷债务的真实数额。⑤ 其同样忽略了,和解中的及时履行约定并没有导致债之更新或产生其他新的给付义务,因此不论和解是否为双务合同,都不会因借贷债务迟延而被违反,遑论法定解除。后世学者对此进行了反思,如 Hofstetter 博士在其 1963 年的《诉讼外和解与合同解除》一文中建议,尽管出借人不能依据法

---

① 参见郑妍、施佳黎:《执行和解不应成为债务人的"避风港"》,载《人民法院报》2007 年 3 月 28 日,第 3 版。

② 杨志刚:《债务人另案达成的执行和解协议可撤销的条件》,载《人民法院报》2008 年 7 月 4 日,第 5 版。

③ 参见张谷:《论债务免除的性质》,载《法律科学》2003 年第 2 期;台湾地区"民法"第 73 条。

④ 有评论认为,本案和解协议虽只包含西城纸业公司一方的给付义务,但该给付义务是原双务合同中货款义务的限缩(利息免除),因此该和解协议不是单务合同,可以适用法定解除等双务合同的规则。这似乎混淆了和解协议和原法律关系。隋彭生:《诉讼外和解协议的生效与解除——对最高人民法院〈指导案例 2 号〉的实体法解释》,载《中国政法大学学报》2012 年第 4 期,第 76—78 页。

⑤ Siber, *Schuldrecht*, 1931, S. 388 f.

定解除主张权利,但因为出借人至少是部分基于债务的及时履行才与借款人达成和解,借款人对此也应知晓,所以由此可解释出默示的解除权约定。在借款人迟延履行时,出借人享有约定解除权。同理,在债权本身没有争议的弃权求偿型和解中,债权人是完全基于债务的及时履行才与债务人达成和解,也应解释出默示的解除权约定。① 就吴梅案和解以及其他弃权求偿型和解而言,债权人"弃权"的缘由如出一辙,故应作相同解释:债务人迟延履行其原有债务,虽未违反和解协议,但将导致约定解除权的产生。②

上述误会的澄清对于执行和解实务有重要启示。在以吴梅案为典型的弃权求偿型和解中,债务人的还债承诺并未产生新的给付义务,债权人也未取得新的债权。因此,和解协议并无被履行或违反之余地:债权人不能基于和解协议另行起诉,要求债务人继续履行原有债务;也不能基于和解协议要求债务人承担相应的违约责任,而只能在执行程序内主张原生效判决所确认之债权的迟延利息或迟延履行金。③ 相反,在双方互有实体权利让步的其他类型的和解中,如债权人同意展期、债务人同意加倍支付利息,一旦债务人迟延履行,债权人可以基于和解协议另行起诉,主张额外的迟延利息。④

另外,就货款义务所从属的废书买卖合同而言,货款义务的迟延在理论上也可导致该合同适用法定解除。但因为履行迟延作为解除事由在一审判决生效前即已存在,且未被行使,所以其应受一审判决既判力的遮断

---

① Hofstetter, Außergerichtlicher Vergleich und Rücktritt, *BB* 1963, 1459。这一观点得到多数学者的追随,Marburger, in: Staudinger, 2009,§779 Rn. 50; Bork, *Der Vergleich*, 1988, S. 414, 417。但该默示约定是解除权还是解除条件,仍有解释余地。

② 破产和解中已有类似处置,如《企业破产法》第104条。鉴于债权人的弃权还可能缘于法院的说服教育,更应借此保障其权益。参见王亚新:《强制执行与说服教育辨析》,载《中国社会科学》2000年第2期。

③ 这是因为,能否基于和解协议另行起诉,不仅取决于既判力标准时,还取决于既判力的客观范围。由于债权人的权利主张不是基于和解协议,而是基于生效判决确认的原法律关系,所以应受生效判决既判力(客观范围)的拘束。不同观点,张永泉:《执行前和解协议法律效力研究》,载《法学家》2011年第1期,第129、132页(允许对分期还款和解另行起诉);雷运龙:《民事执行和解制度的理论基础》,载《政法论坛》2010年第6期(认为和解协议虽产生给付义务,但从属于原法律关系的义务,所以不能另诉)。

④ 比较吴俊:《最高人民法院指导案例2号的程序法理》,载《法学》2013年第1期;最高人民法院案例指导工作办公室:《指导案例2号(吴梅诉四川省眉山西城纸业有限公司买卖合同纠纷案)的理解与参照》,载《人民司法·应用》2012年第7期(李兵执笔)。

效拘束,不能再予主张。①

三、未完全履行诉讼外和解协议可能
导致合同解除权的产生

"当事人欲主张不受和解契约之拘束,实务上最重要之问题有二,和解之无效及撤销与和解契约之解除。"②以下先以诉讼外和解的解除③为例,揭示吴梅案以及2007年修订的《民事诉讼法》第207条第2款在实体法上的理论基础和适用标准;然后再分析诉讼外和解与生效判决的关系的其他实务问题,如诉讼外和解的撤销(2012年修订的《民事诉讼法》第230条第2款)等。

(一) 和解解除的一般规则

合同解除分为单方解除和协议解除。和解的协议解除与其他合同的协议解除一样,只要双方当事人同意即可,与和解的特性无关。故以下仅讨论和解的单方解除。

1. 法定解除及默示排除

如上文所述,只要和解协议包含当事人的给付义务且尚未履行完毕,就可能适用法定解除(《合同法》第94条)。④ 但是,和解的解除与和解消弭争议的目的有内在冲突。故有必要透过解释,看当事人是否以默示的方式排除了法定解除权,或者将解除对象限定于和解所产生的新义务,而不及于旨在消弭争议的确定效。这样一来,即便发生履行障碍,当事人依

---

① 参见吴光陆:《强制执行法》,台湾三民书局2007年版,第197页。
② 参见陈自强:《民法上和解之效力》,载台湾《政大法学评论》第61期(1999年6月),第263页。关于和解协议的无效和撤销,史尚宽:《债法各论》,中国政法大学出版社2000年版,第870—874页。
③ 解除规则也可能适用于诉讼和解,参见BGH NJW 1955, 705(作为执行名义的诉讼和解被解除)。
④ 相似见解,参见陈自强:《民法上和解之效力》,载台湾《政大法学评论》第61期(1999年6月),第266—267页;1985年台上字第632号判决(和解的催告解除)。

然是在和解协议的框架下解决问题,而不是重回原法律关系争议。① 试举一例:甲、乙两人就乙所占有之某宋版书的所有权发生争议,尔后和解。乙认可该古书为甲所有,不日即予归还,甲则表示愿向乙支付 2000 元。交付前夜,古书被第三人损毁。该和解协议能否被解除,取决于对当事人意思的解释:(1) 如果双方和解只是为了解决古书的权属争议,书的交付不过是占有的返还,2000 元也并非古书的对价,而是甲的示好之举,则法定解除权被默示排除。因为不论甲是否取得古书,双方确定古书权属的目的已经达到;解除和解、重回争议,非双方所愿。故甲仍应向乙支付两千元,并可请求赔偿损失,但不能解除合同。(2) 如果双方不曾想直接确认古书权属,而是想通过买卖方式绕开争议,则在古书毁损时,甲可以解除合同,双方仍可再续争议。②

2. 约定解除与失权条款

解除权可以明示或默示(如弃权求偿型和解)约定。③ 约定解除与法定解除有两点不同:(1) 基于意思自治,当事人不仅可以就包含给付义务的和解,还可以就其他所有类型的和解约定解除权;(2) 约定解除权的行使直接导致和解的失效和原法律关系的回复。因为该约定本身就表明,和解所确立的"法律和平"不会永续。④

与解除权约定类似的是解除条件的约定(《合同法》第 45 条)。在我国司法实务中,和解协议有时会包含"如被执行人逾期未付清工程款,则

---

① Hofstetter, Außergerichtlicher Vergleich und Rücktritt, BB 1963, 1459 (1462); Bork, Der Vergleich, 1988, S. 417; Marburger, in: Staudinger, 2009, § 779 Rn. 52; Habersack, in: MüKo BGB, 5. Aufl., 2009, § 779 Rn. 37. 需要注意,解除对象仅及于和解所产生的新义务而不及于和解的确定效部分,这实际上是部分解除。但是,新义务的产生与法律关系争议的妥协(确定效)是共同作为一个整体构成相互让步,并在整体上互为对价;将双方在和解中新产生的义务单独割裂出来,认为二者互为对价从而允许部分解除,妥当性值得怀疑。如在正文举例的情形(1)中,既然双方都已确认甲是古书所有权人,古书占有的交付与 2000 元的给付就很难再单独互为对价。在前面列举的支持这一观点的文献中,仅 Bork 教授举有一例,且含义暧昧:双方以债之更新的方式达成和解,并因此互负义务。在履行障碍时,解除可能仅限于新产生的义务,而不及于被更新的债之关系,但这仍取决于解释。Bork, Der Vergleich, 1988, S. 417.

② 改编自 Bork, Der Vergleich, 1988, S. 420, Fn. 6. 和解协议中包含买卖内容的例子,参见陈自强:《民法上和解之效力》,载台湾《政大法学评论》第 61 期(1999 年 6 月),第 294 页。

③ Hofstetter, Außergerichtlicher Vergleich und Rücktritt, BB 1963, 1459 (1461).

④ Marburger, in: Staudinger, 2009, § 779 Rn. 52; Habersack, in: MüKo BGB, 5. Aufl., 2009, § 779 Rn. 36.

恢复原判决书的执行"①一类的条款。在德国，当事人通常也会在弃权求偿型和解中约定类似的失权条款，表述大致为"逾期支付，则债务数额回复到和解之前"。② 尽管德国判例和主流学说多将其解释为解除条件，而不是约定解除权③，但约定解除权的解释方案其实更有优势：（1）守约一方仍可以在继续履行和解除和解之间选择；（2）违约一方在履行迟延时仍有机会补救。④ 德国通说之所以偏好解除条件，一方面是文义解释的结果，另一方面也可能与其最高法院有意回避和解解除导致的不可欲的法律效果、并且无意选择学者为了纠偏提出的诸多复杂论证有关。由于这些考虑在我国法下并不成为问题（详见下文），所以基于文义和目的解释，实务中的前述失权条款以及上文弃权求偿型和解中的默示约定，原则上都应解释为约定解除权，而不是解除条件。⑤ 和解协议还可能附生效条件。例如，律师在代理当事人达成诉讼和解时，通常会约定一个撤回保留条款，在撤回期限内，当事人可以撤回和解协议；期限经过，和解才能生效。⑥ 类似地，当事人也可以将其上级官署的批准作为和解协议的生效条件。⑦

3. 法律后果与行使方式

就和解包含的新义务及其履行而言，和解解除的后果适用解除的一般规则：尚未履行的义务终止履行，已经履行的义务恢复原状等（《合同

---

① 福建省高级人民法院(2010)闽执复字第13号执行裁定书。
② Knütel, Verfallklausel, verspätetes Angebot und Verzugsbereinigung, JuS 1981, 875; BGH NJW 1980, 1043.
③ BGH NJW 1980, 1043; 1981, 2686; Marburger, in: Staudinger, 2009, §779 Rn. 50; 相反观点，Hofstetter, Außergerichtlicher Vergleich und Rücktritt, BB 1963, 1459 (1461); Habersack, in: MüKo BGB, 5. Aufl., 2009, §779 Rn. 36, Fn. 3（引用了BGH NJW 1980, 1043）。
④ Bork, Der Vergleich, 1988, S. 415; Knütel, Verfallklausel, verspätetes Angebot und Verzugsbereinigung, JuS 1981, 875 (877 ff.).
⑤ 失权条款在我国分期付款买卖中已有体现，但也只是被作为解除权条款，参见《合同法》第167条第1款，房绍坤：《论分期付款买卖》，载《山东法学》1997年第1期。有评论者根据前述失权条款中的"恢复执行原判决"字样而认为其是程序契约，具有程序法上的效力，似有误会。严仁群：《二审和解后的法理逻辑：评第一批指导案例之"吴梅案"》，载《中国法学》2012年第4期，第174页。
⑥ BGHZ 88, 364, 366; Habersack, in: MüKo BGB, 5. Aufl., 2009, §779 Rn. 82.
⑦ 1955年台上字第541号判决。评论者有据此类比，将吴梅案中未必存在的撤诉义务的履行作为和解的生效条件。隋彭生：《诉讼外和解协议的生效与解除——对最高人民法院〈指导案例2号〉的实体法解释》，载《中国政法大学学报》2012年第4期，第75页，注释9。

法》第 97 条）。需要讨论的是，和解本身包含的处分行为，如债务免除、债务承认等在和解解除后的命运。如果承认处分行为的无因性，在和解解除后，处分行为依然有效，仅可以基于返还清算关系等恢复原状。以债务免除为例，就只能以重新设定债务的方式恢复原状。[1] 如果不承认处分行为的无因性，在和解解除后，处分行为一并失效，故无须再恢复原状。德国法上的合同解除属于前一种构造。但如此恢复原状过于烦琐、执行也颇周折，故学说上提出了许多教义学上的纠偏，如推定当事人将解除权的行使作为和解协议的解除条件、将解除权的行使作为处分行为的解除条件、例外承认处分行为的有因性等。[2] 我国法原则上并不承认物权行为等处分行为的无因性[3]，因此和解解除后，其包含的处分行为一并失效。就行使方式而言，解除权的行使应以意思表示的方式作出并到达相对人，诉讼方式或非诉方式均无不可。但在和解协议因情事变更而解除时，由于解除与否系于法院，故裁判作出后和解才告解除。[4]

（二）吴梅案诉讼外和解协议因解除而失效

吴梅案的关键点是和解因解除而失效。和解协议约定，吴梅放弃利息债权，西城纸业公司承诺按还款计划及时清偿货款债务。由于吴梅是基于债务的及时履行才与西城纸业公司达成和解，所以应解释出默示的解除权约定。和解生效时，债务免除也生效。西城纸业公司履行迟延，一方面没有违反和解协议，因为西城纸业公司单纯的还债承诺并未产生任何新的债务；另一方面却使得吴梅获得约定解除权[5]。吴梅向执行法院

---

[1] 参见梅迪库斯：《德国债法总论》，杜景林、卢谌译，法律出版社 2004 年版，第 217 页。
[2] Bork, *Der Vergleich*, 1988, S. 415 ff. . ; Hofstetter, Außergerichtlicher Vergleich und Rücktritt, *BB* 1963, 1459 (1462); 梅迪库斯：《德国债法总论》，杜景林、卢谌译，法律出版社 2004 年版，第 218、220 页。需要注意，这里讨论的仅限于和解本身包含的处分行为（如债务免除），并不及于和解包含的给付义务所对应的履行行为（如货物交付）。
[3] 参见葛云松：《物权行为理论研究》，载《中外法学》2004 年第 6 期。
[4] 参见刘海红：《履行执行和解协议中申请执行人反悔的处理》，载《人民法院报》2008 年 8 月 8 日，第 6 版。和解适用情事变更的国外判例，如双方基于特定法律规定或判例达成和解，但其嗣后变更；基于某情事出现而和解，该情事却没有出现。相反，如果双方和解免除一方部分债务，其后债务人中了彩票，债权人则不能主张情事变更。Marburger, in: Staudinger, 2009, § 779 Rn. 85。
[5] 从法定解除权以及催告通知入手的分析，隋彭生：《诉讼外和解协议的生效与解除——对最高人民法院〈指导案例 2 号〉的实体法解释》，载《中国政法大学学报》2012 年第 4 期，第 78 页。

提交申请执行书时,解除通知作出;法院将此事通知西城纸业公司时,解除通知到达,和解协议解除。如果吴梅此前曾私下向西城纸业公司作出解除通知,和解协议在当时即告解除。① 和解协议解除的法律后果是,和解及其包含的债务免除均因解除而直接失效,双方的实体法律关系回复到和解之前,即一审生效判决所确认的状态。换言之,因为和解的解除,和解之前的法律关系状态确实可以回复如初或"死而复生"②。因此,吴梅申请执行一审生效判决,符合法律关系的实际状态,应予支持;西城纸业公司基于失效的和解协议提出抗辩,难以成立。吴梅案结论值得赞同。

吴梅案类推适用的《民事诉讼法》第 207 条第 2 款也应作相似解释。据此,能导致恢复执行原生效法律文书的"一方当事人不履行和解协议",就不必然是违约或背信行为,而应当是对应于解除事由的行为或事件(如情事变更)。这不仅牵扯解除的一般规则,还必须顾及和解协议的特性。例如,假设吴梅案双方是因债权数额争议而达成和解(确定债权为 150 万),则该和解因不包含给付义务,无从解除;即便双方还约定西城纸业公司应及时履行,但在履行迟延时,也仅吴梅享有解除权,其仍可在坚持和解协议和执行生效判决之间选择。③

据上所述,吴梅案的相关评论还可以作两点澄清:(1) 评论者以和解协议始终有效、不受违约或背信影响为由对吴梅案及《民事诉讼法》第 207 条第 2 款大加挞伐,有失公允,因为其忽略了:违约尽管通常并不导致和解协议自动失效,但却可能导致解除权的产生,进而导致和解协议因解除而失效。④ (2) 最高人民法院对吴梅案及《民事诉讼法》第 207 条第 2 款所作的半官方解读,"一旦出现反悔、不履行执行和解协议的情形,现行法律提供的并非违约救济手段,而是以赋予当事人请求执行原生效判决

---

① 鉴于实务中执行通知书往往起到"督促"被执行人转移财产的负作用,解除权人更应提前通知解约。

② 以往研究对此持否定态度,雷运龙:《民事执行和解制度的理论基础》,载《政法论坛》2010 年第 6 期,第 18 页。

③ 参见王亚新:《一审判决效力与二审中的诉讼外和解协议——最高人民法院公布的 2 号指导案例评析》,载《法学研究》2012 年第 4 期,第 79 页(设例 6、7、8)。Vgl. Siber, *Schuldrecht*, 1931, S. 388 f.

④ 评论者甚至有提及合同目的落空时的违约解除,但并未予以讨论。参见严仁群:《二审和解后的法理逻辑:评第一批指导案例之"吴梅案"》,载《中国法学》2012 年第 4 期,第 171—174 页。

的权利作为救济"①,应做部分纠正。其一,当事人请求执行或恢复执行原生效判决的权利,直接对应于和解协议的单方解除权,它与和解协议的违约救济并非对立关系,而是重叠关系。它可能是违约救济,如违约解除权;也可能不是,如不可抗力、情事变更或约定解除之下的解除权。其二,执行或恢复执行原生效判决的权利,并不排斥其他违约救济,因此当事人在一定情形下还可以基于和解协议另诉要求违约方赔偿损失[详见上文"三(二)"]。

(三) 执行或恢复执行生效判决的其他情形

从和解的实体法基础出发,不仅吴梅案和《民事诉讼法》第 207 条第 2 款的正当性得以证成,诉讼外和解与生效判决的关系的其他实务问题也可以得到一贯解释或解决。

> » 写作说明
>
> 对"其他实务问题"的分析无关乎吴梅案。就案例评析而言,不无枝蔓;但就法学论文而言,则属必要内容。可见本章在案例评析与法学论文之间不无游移。

试举几例:(1) 执行和解协议履行完毕,生效判决不再执行。这是因为,执行和解通常只是对生效判决所确定的债务的变更,履行和解协议其实是履行变更后的原债务;在原债务履行完毕时,自然不应再执行生效判决。(2) 执行和解协议履行完毕之前,债权人反悔的处置。此时应考察债权人有无解除权等"反悔权"。如果债务人如约履行,债权人无解除权,不能申请恢复执行②;如果债务人违约,例如在分期还款时有所迟延,债权人就可以解除和解,进而要求债务人依生效判决一次性履行剩余债务③。(3) 债务履行与否的判断。例如,一审判决认定双方是购销关系,

---

① 参见最高人民法院案例指导工作办公室:《指导案例 2 号〈吴梅诉四川省眉山西城纸业有限公司买卖合同纠纷案〉的理解与参照》,载《人民司法·应用》2012 年第 7 期(李兵执笔)。

② 实务中未察觉到此点,故允许债权人恢复执行、但又施予违约责任(详上文)。

③ 该案例及其他观点,何国强:《论民事诉讼二审中和解协议的性质——最高人民法院 2 号指导性案例评析》,载《北方法学》2012 年第 4 期,第 127 页。

判决被告给付货款;双方二审和解,确认双方是代销关系,并约定被告将在他人仓库处的货物退还给原告。双方在仓库完成指示交付,货物所有权即转移给原告(《物权法》第26条),和解协议履行完毕。原告事后一直未去仓库拉货,以及最终因货物被盗无法拉货,都不意味着和解协议没有履行完毕。①

在和解协议因撤销、无效等其他事由而失效时,生效判决也有执行或恢复执行的余地。2012年修订的《民事诉讼法》第230条第2款新增的欺诈、胁迫情形,就可以从和解协议的撤销中找到理论基础和适用标准。例如,在2年的申请执行期限尚未届满,但撤销权1年的除斥期间已经过时,由于撤销权消灭,所以申请执行人无权申请执行原生效判决。其他导致和解协议失效的情形,亦可类推适用该规定。②

四、未完全履行诉讼外和解协议并不绝对适用诚信原则

如引言所述,在吴梅案之前和之后,学说和实务上一直不乏引入诉讼法上的诚信原则来控制生效判决的执行或恢复执行的努力。因此,尽管和解协议的解除、撤销、履行等实体法规则可以很好地解决这一问题,但诉讼法上的诚信原则可否作为竞争选项,从而与之并存?

(一)诉讼法上的诚信原则的适用困境

诚信原则之所以长期以来受到青睐,是因为它在一定程度上确实可以替代相关的合同法规则,不乏积极意义。例如,依据诚信原则,在债务人如约履行和解时禁止债权人反悔,这近似于说债权人没有解除权;又如,在债务人履行完毕和解协议时禁止债权人申请执行生效判决,这相当

---

① 具体案情及不同观点,参见王勇:《论二审中达成和解协议撤诉后,一审判决失效》,载http://blog.sina.com.cn/s/blog_4d5910a501007s55.html,最后访问时间:2020年7月2日。实务中更常见的"交易习惯"是,债务人依据执行和解协议将款项交至法院,即属履行完毕,债权人是否去法院领款,在所不问。如株洲市中级人民法院(2011)株中法执字第22号执行裁定书。
② 相关实务,如《北京市高级人民法院关于规范民事执行和解的若干规定(试行)》(京高法发〔2005〕197号)第9—12条。

于说,生效判决的权利义务先因和解而变动、后因得到履行而终止。① 但这些类比也揭示,诚信原则的替代作用是有限的,它只能实现粗犷的正义。在其他复杂情形,如履行迟延的区别对待、非违约解除(如情事变更)等,诚信原则更是无法替代合同法规则。

上述不成功的替代背后,隐含了现有研究对诚信原则的功能的两点误会。

(1) 忽略了诚信原则在诉讼法上的限度。诚信原则肇始于民法,而后进入诉讼法,这种双重品格决定了,诉讼法上的诚信原则尽管可以适用于诉讼法律关系并实现诉讼法上的可欲效果②,却无法直接影响当事人的实体权利义务。因此,诚信原则及其在诉讼法上的衍生理论,都不足以直接改变吴梅案和解协议的效力,进而决定其与生效判决的关系。

以"有利的诉讼状态的不当形成"这一诚信原则在诉讼法上的衍生理论为例,不当手段通常表现为恶意利用(诉讼法)法律漏洞或者妨碍对方实现诉讼行为,不当形成的诉讼状态是指诉讼法规的适用或不适用,如乱立第三人以扩大管辖权的范围等。③ 据此,在诉讼外和解等情形,诚信原则固然可以适用于背信的诉讼行动,如妨害对方在上诉中提出新证据的行为,并发生相应诉讼法上的效果;但若将其用于改变实体法律关系,则面临理论上的困境。④ 在吴梅案中,西城纸业公司违约以及申请执行监督,很难说是恶意利用诉讼法漏洞;退一步,即便有违诉讼法上的诚信原则,也无以直接使得和解失去效力。

(2) 将违约与违反诚信原则混为一谈。⑤ 诚信原则作为法律原则,其功能在于以法律原则的丰富和弹性弥补法律规则的缺漏和僵硬,其适用

---

① 参见王亚新:《一审判决效力与二审中的诉讼外和解协议——最高人民法院公布的2号指导案例评析》,载《法学研究》2012年第4期,第76、79页。
② 参见刘荣军:《诚实信用原则在民事诉讼中的适用》,载《法学研究》1998年第4期,第132—133页。
③ 参见刘荣军:《诚实信用原则在民事诉讼中的适用》,载《法学研究》1998年第4期,第132—133页(禁反言等)。另参见王亚新:《我国新民事诉讼法与修改与诚实信用原则——以日本民事诉讼立法经过及司法实务为参照》,载《比较法研究》2012年第5期。
④ 参见王亚新:《一审判决效力与二审中的诉讼外和解协议——最高人民法院公布的2号指导案例评析》,载《法学研究》2012年第4期,第76—79页(设例1、2、3、5)。
⑤ 参见吴俊:《最高人民法院指导案例2号的程序法理》,载《法学》2013年第1期。

在于恪守谦抑①,或曰禁止向一般条款逃避。这意味着,如果有相应的实体法规则(如违约规则)可用,诚信原则不应当也不可能越俎代庖。因此,违约行为尽管通常在道德上背信,却没有违反法律上的诚信原则。

(二) 实体法上的诚信原则的补充适用

就诉讼外和解与生效判决的关系而言,实体法上的诚信原则仍可以在少数情形下与合同法规则并存并补其不足,其典型就是对合同权利滥用的禁止(《合同法》第6条)。②

在《民事诉讼法》第207条第2款之下,一个颇有代表性的问题是:在弃权求偿型和解中,如果债务人履行债务轻微迟延,债权人能否申请执行或恢复执行原生效判决(请求差额部分)?③ 在比较法上,德国联邦最高法院(BGH)对类似问题曾作有三个判决,可资参照。

以1980年的第一个判决为例。④ 原告债权人是一家银行,它起诉要求被告保证人偿还主债务人可能无法清偿的债务。保证责任上限为20万马克。起诉时,主债务人的财产仍在强制执行过程中,因此保证债务的具体数目尚不确定。一审过程中,债权人与被告达成和解,约定被告如果在1976年11月10日之前向债权人支付5万马克,保证债务即视为履行完毕。双方还约定了失权条款:如果迟延履行,保证债务回复到原数额。被告迟至1976年11月15日才向债权人提出给付,后者表示,逾期支付使和解协议失效,5万马克只算是原保证债务的部分履行。债权人继续诉讼,要求被告承担5万马克之外的剩余债务。

一审和上诉均未支持债权人的主张。上诉法院认为,债权人基于失权条款主张和解失效,属于滥用其名义上的法律地位(formale

---

① Rauscher, in: MüKo ZPO, 3. Aufl., 2008, Einleitung Rn. 35.
② 其他应用:(1)坚持和解协议有效也可能违反诚信原则,梅迪库斯:《德国债法总论》,杜景林、卢谌译,法律出版社2004年版,第220页。(2)解除权的权利失效,参见《关于审理商品房买卖合同纠纷案件适用法律若干问题的解释》第15条第2款;朱铁军:《合同解除权不应滥用》,载《人民司法·案例》2011年第12期。
③ 司法实务中曾有类似案件,但并未得到正视和分析,如福建省高级人民法院(2010)闽执复字第13号执行裁定书。
④ BGH NJW 1980, 1043(案情有所精简)。其后两个判决论理大体相同,分别为BGH NJW 1981, 2686; 2003, 2448。

Rechtsposition），构成权利滥用，违反诚信原则。因为：（1）被告只是轻微的履行迟延；（2）履行期限的设定只是为了督促被告履行，债权人对此期限没有特别的利益。

但是，BGH 全盘否定了上诉法院的论理：（1）本案逾期支付的解除条件已经成就，债权人据此主张和解失效，并未违反诚信原则。因为解除条件是否成就，完全取决于被告（除非被告非因自己的过错而迟延履行）。债权人也不需要对履行期限有特别的利益才能提出前述主张。（2）被告虽然只是轻微的履行迟延，但债权人据此主张和解失效并不构成权利滥用。因为本案中和解的意义所在，就是要为债务履行设定期限并在逾期时让和解失效。① 尽管如此，BGH 最终仍以其他形式的诚信原则为由维持了上诉判决。它利用了本案的另一事实：被告曾两次向债权人去信，提到将于 1976 年 11 月 15 日履行债务，而债权人并未纠正该错误。BGH 认为，债权人的不作为造成了被告的信赖，即在 1976 年 11 月 15 日履行对债权人而言也是可以接受的。债权人嗣后又据此主张和解失效，有违诚信原则。

在对上述判决的评析中，学者 Knütel 认为，即便没有最后的特别事实，本案结论也不应不同。因为：（1）和解协议中的失权条款，看似解除条件，但应解释为约定解除权。（2）在履行迟延之后、债权人解除之前，被告可以继续提出给付作为补救，由于债权人此时仍可获得其在合同中所能期待的利益，故其无须解除权的保护，其因迟延而产生的解除权应归于消灭。② （3）如果债权人对及时履行有特殊利益，则其解除权不因债务人嗣后提出给付而消灭。以上思路的合理性在于，它允许债务人对迟延进行补救，鼓励了信守契约；它也无损于债权人的实质利益，而且债权人还可以立即解约，从而排除债务人的补救可能。③

对于和解协议包含失权条款而债务人履行稍微迟延的处理，以上分

---

① 另参见 BGH NJW 1981, 2686（2687）（和解的"意义"在于：一方当事人在和解中放弃部分债权，是以如数、及时获得其余债权为条件；故另一方当事人也应信守这一条件）。

② 上述建议的理论原型是罗马法上的"迟延的补救"：在迟延时，除非债权人有正当理由，债务人都可以补救从而结束迟延。参见丁玫：《罗马法迟延制度》，载《政法论坛》1998 年第 4 期。

③ Knütel, Verfallklausel, verspätetes Angebot und Verzugsbereinigung, *JuS* 1981, 875 (875 ff.).

析提供了三种思路:(1)债务人稍微迟延导致解除条件成就,但债权人以此主张和解失效,有违诚信原则;(2)债权人以此主张和解失效,虽不违反诚信原则,但若还有其他"禁反言"行为,仍可能违反诚信原则[①];(3)债务人稍微迟延仅能导致约定解除权的产生,债务人仍可以对迟延进行补救。对我国实务而言,考虑到主动履行和解协议的可贵,原则上应采取第1、3两种方案,以鼓励债务人在迟延后的积极履约,同时阻遏债权人潜在的投机解约冲动。

> » **写作说明**
>
> 此段针对德国裁判及学说的介绍,旨在揭示特定问题的潜在方案和理由。既是基于案例的比较法研究,也是功能取向的比较法研究。案例比较直观易懂,功能比较则可避免机械套用和潜在的概念或制度误解。

五、结　　论

笔者以吴梅案为中心,从实体法层面研究了诉讼外和解与生效判决的关系,结论如下:

(1)和解以相互让步为特征,但并不都是债权合同、双务合同。只有当和解协议包含给付义务且尚未履行完毕时,才有法定解除、合同抗辩权等传统双务合同规则的适用余地。

(2)吴梅案和解是典型的弃权求偿型和解:债权人放弃部分权利,债务人承诺及时偿还债务。该类和解不因债务人的还债承诺而产生新的给付义务,但包含默示的解除权约定。在债务人履行迟延时,债权人享有约

[①] 有趣的是,尽管BGH在三个判决中都坚持稍微迟延不足以动用诚信原则,但在本案以及另一个判决中,BGH都适用了其他形式的诚信原则,从而在结论上支持了债务人的请求。在剩下的一个判决中(BGH NJW 1981, 2686),债务人前十次都及时付款,只有最后一次稍微迟延(500马克,总债务的4%)。尽管上诉法院力挺债务人,但BGH仍未支持债务人的请求。其之所以没有再去"发现"诚信原则,或许是因为个案正义的考量:债权人在诉讼中陷于破产,因而经济上更需要那部分被和解协议免除、但原属于他的债权。

定解除权。

(3) 吴梅案及《民事诉讼法》第 207 条第 2 款的实体法基础在于,"一方当事人不履行和解协议"通常会使得对方当事人享有法定或约定解除权,后者因此可以解除和解协议,使双方的实体法律关系回复到和解协议之前,亦即生效判决所确认的状态。故生效判决的执行或恢复执行,并不取决于和解协议是否得到履行,而取决于其是否被有效解除。

(4) 在和解协议因其他事由而失效时,生效判决也有执行或恢复执行的余地。2012 年《民事诉讼法》第 230 条第 2 款增设欺诈、胁迫的实体法基础,即在于和解协议因撤销而失效。其他导致和解协议失效的情形,亦可类推适用该规定。

(5) 吴梅案及相关研究引入诚信原则,并以之作为执行或恢复执行生效判决的判断标准的做法,一定程度上替代了部分合同法规则,但只能实现粗犷的正义;它也隐含了对诚信原则的功能的误会。在实体法上,诚信原则仍可以用于限制解除权等合同权利的滥用,从而间接影响和解协议的效力。

» 写作说明

本书第一章提及,美国各种《法律评论》关于案例评析的常见写作思路包括:(1) 判决结论正确,但说理不足;(2) 判决结论正确,但说理或解释、适用法律有误;(3) 判决形成的规则暧昧、模糊;(4) 判决将造成负面的社会影响;(5) 判决结论和说理虽然正确,但还有更好的方案;(6) 判决结论和说理正确,以往批评都站不住脚;(7) 判决遗留或遗漏了什么问题,应如何处理;(8) 判决可能引发什么问题,应如何处理。本章介于思路一、二之间:吴梅案结论正确,但说理不足或有误。同时还有所发挥,指出现有研究也存在盲点或误区,即忽略了诉讼外和解之违约、解除等实体法规则的重要意义,并有误用诉讼法上的诚信原则之嫌。

第四章 对赌协议中的违约金调整与利息管制
——以案例述评为重点

> » 写作说明
>
> 本章研究违约金调整和利息管制规则在对赌协议中的特殊适用。其主要篇幅虽然都在评述案例,但在文献类型上却不属于案例评析,而是论文(尽管实务价值较大而理论意义较小,难登大雅之堂)。因为其并未以个案为限,而是运用一切材料,解答特定法律问题的方方面面。于此,案例之功用除了呈现司法实践之原貌,更在于提供潜在的法律解释方案和理由,与文献的角色不无相同。注意,本章重案例而轻文献,仅源于相关文献阙如,是偶然而非必然。作为论文,本章奠基于众多微型案例评析之事实还说明,案例评析是法学研究不可或缺之"基本招式",是初级文献,更是基本文献。

对赌协议的文献汗牛充栋,但绝大多数都以对赌协议的效力,尤其是投资方与(目标)公司对赌协议之效力为中心。[①] 这相当程度上是受司法

---

① 代表性文献,参见刘燕:《对赌协议与公司法资本管制:美国实践及其启示》,载《环球法律评论》2016年第3期;刘燕:《"对赌协议"的裁判路径及政策选择——基于PE/VC与公司对赌场景的分析》,载《法学研究》2020年第2期;李岩:《对赌协议法律属性之探讨》,载《金融法苑》2009年第1期;谢海霞:《对赌协议的法律性质探析》,载《法学杂志》2010年第1期;傅穹:《对赌协议的法律构造与定性观察》,载《政法论丛》2011年第6期;李睿鉴、陈若英:《对私募投资中"对赌协议"的法经济学思考——兼评我国首例司法判决》,载《广东商学院学报》2012年第6期;彭冰:《"对赌协议"第一案分析》,载《北京仲裁》2012年第3期;杨明宇:《私募股权投资中对赌协议性质与合法性探析——兼评海富投资案》,载《证券市场导报》2014年第2期;罗东川、杨兴业:《"对赌协议"纠纷的法律规制及裁判规则》,载《人民司法》2014年第10期(作者系海富案再审法官);刘锋、姚磊:《私募股权投资中股东承诺投资保底收益的效力》,载《人民司法》2014年第10期;季境:《"对赌协议"的认识误区修正与法律适用》,载《人民司法》2014年第10期;潘林:《"对赌协议第一案"的法律经济学分析》,载《法制与社会发展》2014年第4期;俞秋玮、夏青:《论股权投资估值调整协定的法律效力》,载《法律适用》2014年第6期;徐睿:《以目标公司作为对赌义务

实践之影响：自2012年海富案以来，实践中一般认为与股东对赌有效，与公司对赌则为无效①。2019年《全国法院民商事审判工作会议纪要》第5条转而规定，与公司对赌原则上亦为有效，但可能因不符合《公司法》的有关规定而无法强制履行。② 然而，实践中关于对赌协议之争议，并不限于效力问题。对赌协议中的违约金调整与利息管制问题即属此类。目前仅有研究简单提及，对于"严重失衡、且具有违约金条款的估值调整协议"，可对违约金予以调整；并未涉及现金补偿或股权回购约定本身可否适用违约金调整或利息管制之问题。③ 有鉴于此，笔者特结合有关案例予以探讨，以服务司法实践。

需指出，对赌协议一般包括现金补偿（也称为金钱补偿、业绩补偿）和股权回购两种类型。④ 在对赌协议中，涉及违约金调整和利息管制的约定亦有两类：一类是迟延违约金、逾期利息等约定，此为常规问题，无须讨论。另一类则为现金补偿、股权回购等约定，两者形式上并非违约金或利息，实质上却可能受其制约。笔者主要分析后一类情形。

另外，修正后的《最高人民法院关于审理民间借贷案件适用法律若干问题的规定》于2020年8月颁行。其第26条以"合同成立时一年期贷款市场报价利率四倍"作为利率之法定上限，改变了2015年以来、原则上以年利率24％为法定上限之做法。笔者关于利息管制的分析虽仅针对此前司法实践，但若忽略四倍贷款利率和24％年利率之差别，其实质分析亦可适用于今后的司法实践。

人的合同效力研究》，载《证券市场导报》2015年第5期；俞秋玮、夏青：《对赌协定效力之争及其评价》，载《法律适用》2015年第6期；潘林：《重新认识"合同"与"公司"——基于"对赌协议"类案的中美比较研究》，载《中外法学》2017年第1期；宋毅、王苗苗：《对赌协议的效力认定》，载《人民司法》2018年第16期；任湧飞、丁勇：《估值调整协议的法律适用》，载《人民司法》2019年第4期。

① 参见最高人民法院（2012）民提字第11号民事判决书，《苏州工业园区海富投资有限公司与甘肃世恒有色资源再利用有限公司、香港迪亚有限公司、陆波增资纠纷案》，载《最高人民法院公报》2014年第8期。

② 此前类似判决，参见江苏省高级人民法院（2019）苏民再62号民事判决书。

③ 参见俞秋玮、夏青：《论股权投资估值调整协定的法律效力》，载《法律适用》2014年第6期，第62页。

④ 对赌协议的类型梳理，参见俞秋玮、夏青：《对赌协定效力之争及其评价》，载《法律适用》2015年第6期，第67页；宋毅、王苗苗：《对赌协议的效力认定》，载《人民司法》2018年第16期，第69—70页。有时也可能名为现金补偿，实为股权回购。参见江苏省无锡市中级人民法院（2018）苏02民终1500号民事判决书。

一、现金补偿不是违约金

（一）业绩承诺并非合同义务，故现金补偿约定并非违约金

现金补偿是否为违约金，实践中看法不一。争论焦点为业绩承诺的性质。如果业绩承诺是一项合同义务，其违反引发的现金补偿作为"未达到利润目标而设定的补偿款项"，"符合违约金的法律特征"。① 相反，若业绩承诺并非一项合同义务，则其违反与违约责任无关；现金补偿也相应为通常的合同义务（主给付义务），而非违反业绩承诺之违约金。② 在学说层面，仅有少数税法文献谈及该问题，且分析路径类似，亦以业绩承诺的性质为中心。③

目前，业绩补偿不是合同义务、现金补偿并非违约金的主要论据有二：其一，基于合同约定及交易惯例，业绩承诺约定与现金补偿约定"具有不可分割性"。业绩承诺约定并未设立一项独立的实现净利润的合同义务，而仅旨在为现金补偿（合同）义务之产生设定判断标准。将业绩承诺解释为合同义务，进而将现金补偿解释为违约责任，有割裂前述两项约定的有机联系之嫌。其二，在与股东对赌时，创造业绩的主体是公司，支付现金补偿的主体是股东，将现金补偿解释为违约金，"违反我国法律关于违约责任主体与合同义务主体应具同一性的要求"。④

第二项说理显不成立，其忽略了在公司违反业绩承诺时，违约责任可以由第三人如股东代为承担；且股东也可成为业绩承诺的主体，承担违约责任。

---

① 参见广东省高级人民法院（2016）粤民申 2202 号民事裁定书。
② 参见最高人民法院（2015）民申字第 2593 号民事裁定书；浙江省高级人民法院（2015）浙商终字第 84 号民事判决书；湖北省武汉市中级人民法院（2014）鄂武汉中民商初字第 00304 号民事判决书。
③ 参见杨超、刘长翠、雒晨旭：《不同补偿方式下并购重组业绩承诺补偿的所得税处理》，载《税务研究》2019 年第 1 期，第 115 页；魏高兵：《企业重组中承诺补偿的税法评价》，载《涉外税务》2012 年第 8 期，第 40 页。上述税法研究的结论不涉及违约金调整，而在于现金补偿是否为违约金、可否税前扣除。
④ 参见湖北省武汉市中级人民法院（2014）鄂武汉中民商初字第 00304 号民事判决书。上文援引的其他相关判决和研究，仅有现金补偿是合同义务而非违约金之论断，缺乏说理。

第一项说理关乎现金补偿的合同目的,可资赞同,但应稍做明确与补充:对赌协议中的现金补偿作为"估值调整机制",旨在向投资方返还出资中的高估价值,即基于承诺业绩得出的股权预估价格与基于实际业绩得出的股权实际价格之差额。[①] 业绩承诺于此有双重功能:首先,业绩承诺是股权预估价格(以及公司预估价值)的计算基准;其次,业绩承诺之违反将导致现金补偿即估值调整。表面上,欲实现该双重功能,既可以将业绩承诺解释为现金补偿约定的生效条件,也可以将现金补偿约定视为违反业绩承诺之违约金。但后者其实不可:一旦现金补偿是业绩承诺之违约金,其就可能被调减,无法实现足额返还,现金补偿约定的估值调整之合同目的就有落空之虞。

(二)即使业绩承诺是合同义务,现金补偿约定仍非违约金

退一步,即使业绩承诺是对赌协议的一项合同义务,现金补偿约定仍然不是违反业绩承诺之违约金。以下讨论两种潜在见解。

(1)现金补偿或为投资方分红损失之违约金。如有判决认为,在与股东对赌场合,业绩承诺是股东的合同义务,股东"经营管理不善"导致业绩承诺未能兑现,系违反义务;投资方因此遭受分红损失,有权请求股东支付现金补偿即违约金,并受制于违约金调减规则。[②]

该分析不能成立,因为业绩承诺并不等于分红承诺(利润分配承诺)。即使有业绩承诺义务及其违反,公司通常也无义务向作为股东的投资方分配利润。投资方不会因业绩承诺的违反遭受分红损失,自无权请求损害赔偿。[③] 而一旦法定的损害赔偿请求权阙如,作为约定损害赔偿的违约金亦如无本之木。

退一步,即使业绩承诺在解释上包含分红承诺,或者对赌协议就此另

[①] 参见徐睿:《以目标公司作为对赌义务人的合同效力研究》,载《证券市场导报》2015年第5期,第77页;季境:《"对赌协议"的认识误区修正与法律适用》,载《人民司法》2014年第10期,第16—17页;彭冰:《对赌协议:未来不确定性的合同解决》,载《中国社会科学报》2012年11月28日,第A07版;《上市公司重大资产重组管理办法》(2019年修正)第35条第1款。

[②] 参见广东省高级人民法院(2016)粤民申2202号民事裁定书。

[③] 相反,在合作经营等非对赌场合,若"业绩承诺"构成一项合同义务,且其违反将产生法定的利润损害赔偿请求权,则所谓"业绩补偿条款"应解释为违约金。参见北京市第二中级人民法院(2019)京02民终8048号民事判决书。

有约定,现金补偿约定仍然与违反该分红承诺之违约金无关。理由有二:其一,现金补偿与分红损失补偿可以并存,前者为出资交易之估值调整(对价调整),后者为出资后投资方所享有之股东特别权益。其二,现金补偿与投资方的分红损失在计算上有重大差别,难以解释为后者之预先约定即违约金。现金补偿通常以出资本金为基数,乘以(以实际业绩与承诺业绩之比值为主要变量的)一定比例;公司分红以及对应的分红损失,则须以实际可分配利润为限(《公司法》第 166 条)。① 两者风马牛不相及。

须指出,基于实际可分配利润的分红义务,亦不同于基于实际业绩与承诺业绩之差额的分红补足义务。后者性质上与对赌协议中的现金补偿类似,都是公司对特定股东的特别资产分配。因此,在业绩承诺未兑现时,对赌协议不大可能叠床架屋,同时约定分红补足义务与现金补偿义务。

再退一步,即便业绩承诺在解释上还包含分红补足承诺,现金补偿约定仍然不是违约金。在通常情形,现金补偿义务以出资本金为基数,与分红补足义务明显有别,上文的两项理由亦可适用于此。在少数情形,即使两者的计算不无相似,例如现金补偿等于实际业绩与承诺业绩之差额②,或者该差额的一定比例③,两者原则上也可能并存;倘若认为两者相同,则现金补偿约定应解释为分红补足义务之数额的细化规定,仍与违约金无涉。

(2)现金补偿或为投资方所持股权贬值损失之违约金。这亦不成立。因为投资方就股权贬值欠缺法定的损害赔偿请求权,无从就此约定违约金。

首先,股权贬值并非瑕疵担保意义上的瑕疵,投资方无权请求减价或者违约损害赔偿。相反,投资方作为股东,原则上应以所持股权为限,一方面分享股权增值之收益,另一方面也须承担公司经营不善以及股权贬值之风险。

---

① 实践中对赌协议所包含的分红承诺,如"公司每年可分配利润至少 30%用于现金分红"。参见甘肃省高级人民法院(2016)甘民初 80 号民事判决书。
② 参见福建省高级人民法院(2018)闽民终 1190 号民事判决书;上海市第一中级人民法院(2014)沪一中民四(商)终字第 2045 号民事判决书。
③ 参见湖南省高级人民法院(2017)湘民终 502 号民事判决书。

其次，公司或股东承诺未来业绩（而非夸大现实业绩），并以此作为公司估值和交易定价之基础，也不构成欺诈，投资方无缔约过失损害赔偿请求权。以承诺业绩即未来收益预估公司价值和股权价格，具有天然的不确定性，投资方作为商事主体，既然认可此种估值方法以及交易对方声称的承诺业绩，从而接受较高的公司估值与股权价格，自应预见出价过高之风险，不论现金补偿约定即估值调整机制之有无，均难谓遭受欺诈。

退一步，纵然投资方有权基于瑕疵担保、缔约过失等请求赔偿股权贬值损失，即现金补偿可以被认定为该股权贬值损失之违约金，鉴于现金补偿数额恰等于股权预估价格与股权实际价格之差额，即股权贬值损失，现金补偿也无任何调减余地。

二、现金补偿有上限吗？利息管制及合同解释

上述分析有一前提：现金补偿约定是真正的、科学的估值调整机制。如果现金补偿的计算公式不无瑕疵，导致其在一定情形下与估值调整无关，自当别论。实践中的典型为，因计算公式不当，现金补偿的数额高于出资本金。[①] 通常而言，在现金补偿以出资本金为基数时，主要涉及两类情形[②]：

其一，净利润可以为且实际为负值，导致现金补偿高于出资本金。由于很少明确排除净利润为负值之情形，绝大多数现金补偿计算公式都有此风险。如海富案之公式：补偿金额＝（1－2008年实际净利润/3000万

[①] 严格说来，但凡估值调整后的股权交易价格高于股权实际价值，都有悖于估值调整之本义。但这涉及更为复杂的计算和估值，尤其是股权实际价值之确定，包括股权实际价值可否等同于其清算价值、如何在清算之前确定该价值等，笔者无法详论，仅略做说明。以海富案为例，投资方出资本金为2000万元，现金补偿约为1998.2万元，经估值调整的股权交易价格约为1.8万元。鉴于该案中公司的注册资本约为400万美元，投资方持股比例为3.85%，若可假设投资方所持股权的实际价值为100万元，则股权交易价格不足股权实际价值的1/50。基于估值调整之合同目的，估值调整后的股权交易价格不应低于股权实际价值100万元，即现金补偿不得高于1900万元。

[②] 在其他非以出资本金为基数的现金补偿计算公式中，现金补偿同样可能高于出资本金，下文分析亦可适用。例如现金补偿为承诺业绩与实际业绩之差额，而实际业绩可以为负值之计算公式，参见福建省高级人民法院(2018)闽民终1190号民事判决书（该案实际业绩虽为负值，但现金补偿总额尚未超过出资本金）。

元)×本次投资金额。学界就此意见不一,且缺乏说理①;而实务中,有判决曾允许净利润为负值,从而使现金补偿高于出资本金。②

其二,净利润未必可以为负值,但因现金补偿逐年计算,故一旦有两次以上的现金补偿,其总额仍可能高于出资本金。例如,某案的现金补偿在 2012—2014 年逐年计算,公式为:(1− 实际完成净利润/承诺完成净利润)×投资方实际投资总额。投资方实际投资总额约为 1.3 亿元,而 2012 年、2013 年须支付的现金补偿总计约 1.8 亿元。最高人民法院在该案中认为,现金补偿并非违约金,无须调整,间接认可了高于出资本金之现金补偿。③

诚然,前述两类情形下的现金补偿与违约金无涉,无从调减,但却并非没有上限。合同解释于此大有可为。基于现金补偿约定的估值调整之合同目的(以及相应交易习惯),公司方固然可能贱卖甚至白送股权,但绝无可能在白送之余还"倒贴",即附赠金钱。而鉴于股东有限责任,任何股权的价值都不可能为负值,经估值调整后的对赌协议项下之股权亦如此。故现金补偿即股权估值调整之数额应以出资本金为上限。④ 据此,在前述第二种情形下,法院以现金补偿并非违约金为由即不予调减或限制,未尽妥当;相反,基于合同解释,逐年计算的现金补偿之总额,仍应以出资本金为上限。⑤ 同理,在前述第一种情形下,现金补偿计算公式中的净利润

---

① 认为现金补偿无上限者,参见李睿鉴、陈若英:《对私募投资中"对赌协议"的法经济学思考——兼评我国首例司法判决》,载《广东商学院学报》2012 年第 6 期,第 86 页;认为以出资本金为限者,参见彭冰:《"对赌协议"第一案分析》,载《北京仲裁》2012 年第 3 期,第 197 页。

② 参见辽宁省高级人民法院(2015)辽民二初字第 00029 号民事判决书(出资本金为 2750 万元,2012 年现金补偿款为 3952.86 万元)。

③ 参见最高人民法院(2015)民申字第 2593 号民事裁定书;浙江省高级人民法院(2015)浙商终字第 84 号民事判决书(有详细公式)。类似的计算公式,参见最高人民法院(2018)最高法民终 645 号民事判决书;四川省高级人民法院(2015)川民终字第 1135 号民事判决书。

④ 在与现金补偿类似的股权补偿中,则至多只可能出现股权价值为零的情形。参见最高人民法院(2019)最高法民申 3411 号民事裁定书(该案涉及投资方和股东之间的"股权买卖+对赌"交易,依照约定,投资方先不实际支付股权对价,而是等业绩承诺兑现时再行支付;若承诺业绩为零或者为负,投资方将无须支付对价,从而无偿取得股权)。

⑤ 最高人民法院拒绝调整现金补偿的另一理由为,股东在一审阶段未提出违约金调整的请求,故即使现金补偿是违约金,在程序法上也不应予以支持。但是,若从合同解释的角度理解现金补偿以出资本金为上限,该案中现金补偿的调整请求(从约 1.8 亿元调减至约 1.3 亿元)似乎是应由法院依职权审理的抗辩,而非须由当事人主张的抗辩权或形成权。一审未予涉及,不应导致当事人在诉讼法上的失权。

在解释上也不能为负值，而至多为零。

进一步，倘若对赌双方明示或默示约定，现金补偿可以高于出资本金，又当如何？此种约定原则上固应有效，但在合同解释上，此种导致股权交易价格实际为负值之约定，至少在负值区间不复为估值调整机制。诚然，其与违约无关，故并非违约金。而且，显失公平也无用武之地，除了主观要件未必符合，在客观方面，该情形至多涉及合同履行时的客观不公平，但在合同订立时，股权交易价格如此之低仅为众多可能性之一，现金补偿约定整体上未必客观显失公平。笔者认为，此类现金补偿可以高于出资本金之约定，应解释为出资本金的利息约定，即股东或公司不但须返还出资本金，还须额外支付资金占用期间的利息。该约定虽然有效，但仍受制于利息管制，并非没有上限。实践中有对赌协议分别计算现金补偿及其"资金占用费"（对应年利率为10%），亦可资佐证。①

三、股权回购中的违约金调整与利息管制

单独来看，股权回购约定是一个股权买卖合同。因此，股权回购的价款义务作为主给付义务，首先与违约金无涉②；其次，股权回购即使价格过高，至多关乎显失公平，其作为买卖合同而非借贷合同，似不涉及利息管制。

但整体来看，股权回购约定与出资约定共同构成了一个经济上类似于（附生效条件的）借贷合同之安排：经由"出资＋回购"，一方面，投资方先支付出资本金，后获得回购价款，通常包括出资本金加上一定溢价，虽然称谓不一，但该溢价一般以出资本金为基数，根据资金占用期间和一定利率计算得出，实为出资本金之利息（部分对赌协议也明确称该溢价为利息③）；另一方面，公司则先获得出资本金，后返还出资本金并支付相应利

---

① 参见南京市中级人民法院（2019）苏01民终8301号民事判决书。类似公式例如：现金补偿等于出资本金加上年利率为8%的资金占用成本，乘以股东的持股比例。参见北京市高级人民法院（2019）京民终252号民事判决书。

② 明确否定股权回购价格所包含之利息为违约金者，参见最高人民法院（2017）最高法民再258号民事判决书（二审意见）。

③ 参见江苏省高级人民法院（2018）苏民终1259号民事判决书；四川省高级人民法院（2018）川民终69号民事判决书。

息。"出资+回购"虽然不是借贷合同,但在利息管制层面,仍应与借贷合同相同对待,以免利息管制因前述经济上的替代安排而落空。有法院曾指出,前述回购约定"可看做附条件的民间借贷合同"①,表述上或可商榷,但旨趣应予赞同。

在实践中,股权回购价格中的利息所对应的年利率通常为 6%—15%,并未超过 24% 的法定上限。② 但是,在以下两类情形,利息管制仍有适用余地:(1) 股权回购价格中的利息所对应的年利率超过 24%。③ (2) 股权回购价格中的利息与复利、迟延利息、违约金等其他责任并存,导致实际年利率超过 24%。后者较为常见,但容易被忽视。通常的误区如忽略股权回购价格中的利息也涉及利息管制,故以股权回购价格而非出资本金为基数,计算违约金、迟延利息等,导致实际年利率计算有误甚至突破法定上限④;又或者简单以股权回购是股权转让纠纷而非民间借贷纠纷为由,不当排除利息管制之适用。⑤

但也有例外。在最高人民法院的一个二审判决中,两审法院均认识到,股权回购价格中的利息与逾期回购之违约金可能造成利息的重复计算,应予以调减。⑥ 该案中,出资本金为 6000 万元,股权回购价格包括三部分:(1) 出资本金;(2) 在 A 期间的以出资本金为基数,按照年利率 10% 计算之利息;(3) 在 B 期间的以前述两部分价格为基数、按照年利率 15%(复利)计算之利息。此外,逾期回购还应一次性支付前述股权回购价格总额的 20% 作为违约金。两审法院均正确指出,应以出资本金 6000

---

① 参见河北省石家庄市桥西区人民法院(2018)冀 0104 民初 2365 号民事判决书。
② 除海富案中的相应年利率为 10% 之外,还请参见天津市高级人民法院(2018)津民终 442 号民事判决书(6%);最高人民法院(2016)最高法民再 128 号民事判决书(8%);湖南省高级人民法院(2017)湘民终 245 号民事判决书(12%);最高人民法院(2017)最高法民再 258 号民事判决书(15%)。少数案件的利率更高,如北京市高级人民法院(2019)京民终 536 号民事判决书(20%)。
③ 参见福建省泉州市中级人民法院(2018)闽 05 民终 7660 号民事判决书(对应年利率高达 44%,法院未予调整)。
④ 参见四川省高级人民法院(2018)川民终 69 号民事判决书(实际年利率虽未超过 24%,但高于该案违约金对应的 18%);浙江省高级人民法院(2018)浙民终 1086 号民事判决书(出资本金为 3000 万元,法院以 4866.4 万元为基数,按年利率 20% 计算违约金);四川省高级人民法院(2018)川民终 436 号民事判决书(出资本金为 1400 万元,法院以 2049.74 万元为基数,按年利率约 18% 计算违约金)。
⑤ 参见北京市高级人民法院(2019)京民终 536 号民事判决书。
⑥ 参见最高人民法院(2015)民二终字第 204 号民事判决书。

万元(而非股权回购价格)为基数计算违约金。而且回购逾期仅三个月,以股权回购价格的20%计息"显属过高"。①

另外,在金钱之债场合,无论责任名目为何,都应一体适用利息管制,恪守利率的法定上限。原因在于,即使额外适用违约金之调整,结论亦无不同。金钱债权人的实际损失通常为利息损失,在合同未曾约定利息时,利息损失固然是客观市场利率(如银行同期贷款利率)所对应之损失;但在合同已经约定利息或违约金时,只要不拘泥于责任约定之名目,从而避免当事人仅因合同措辞而陷入不利境地,利息损失就不应为一般的客观市场利息损失,而应为前述违约金等具体责任约定所对应的、且为利息管制所容许的主观利息损失。于此,违约金通常等于实际利息损失,或者在适用利息管制后等于实际利息损失,并无调减余地。简言之,前述责任约定纵然解释为违约金,实质上亦仅受制于利息管制。

在实践中,至少在非对赌场合,已有少数判决认识到股权回购价格中的利息之身份,并将其与违约金合并考虑,从而基于违约金调整规则,判定前述利息与违约金之和应以年利率24%为上限。② 此名为违约金调整,实为利息管制,大体亦可资赞同。

还须指出,对赌中的"出资+回购"实为"出资+附生效条件的回购"。只有条件成就,回购约定生效,才涉及利息管制。若条件不成就,股权回购约定不生效,其与法律或经济上的借贷就均无关联。例如,投资方在公司上市后取得巨额股权增值,与利息管制无关,而实为投资方作为股东的当然权利。

四、现金补偿与股权回购并存之特殊问题

(一)股权回购价款是否应扣除已经支付的现金补偿?

作为估值调整机制,现金补偿实为出资之部分或全部返还。故通常

---

① 不过,在该案实际约定年利率远超24%的背景下,两审法院最终单以B期间的约定年利率15%、而非法定上限24%,计算B期间的股权回购价格之利息以及逾期回购之违约金,在当时背景下或可商榷。这实质上仍采取违约金调整之思路,而非利息管制之逻辑。
② 参见北京市高级人民法院(2019)京民终254号民事判决书。

而言,在计算股权回购价格中的出资本金时,理应扣除投资方已经或将要取得的现金补偿,以免重复计算。实践中也有此类明确约定,如海富案的计算公式:回购价格=(海富公司的原始投资金额-补偿金额)×(10%×投资天数/360)。部分回购价格的计算公式还会扣除现金补偿以及公司分红①,或者约定股权回购与现金补偿只能择一行使②。但是,倘若没有约定或者约定不明,常见者如股权回购价格的计算公式并未明确扣除现金补偿,又当如何?

上文已述,股权回购约定(以及出资约定)作为一种类似于借贷的安排,旨在向投资方返还出资本金以及支付利息。基于该合同目的,纵然没有约定或者约定不明,股权回购价格计算公式中的出资本金也应限缩解释为尚未返还的出资本金,从而扣除已经或将要支付的现金补偿,以免出资本金之重复返还。同时,出资本金对应的利息也须相应调整。简言之,股权回购与现金补偿虽可并存,但股权回购价格的数额应经由合同解释相应予以调减。

在实践中,如果投资方同时请求股权回购和现金补偿,部分法院已能正确否定现金补偿,而仅支持股权回购。这在教义学上虽可改进,但效果与前述在股权回购价格中扣除现金补偿无异,应予肯定。例如,有对赌协议约定,"上述股权回购价款应当根据公司分红、拆股、配股、增资、减资等因素相应调整",其虽未包括现金补偿,但法院仍据此直接否定了投资方的现金补偿请求权。③ 又如,有法院认为,业绩补偿的前提是投资方拥有股东身份,股权回购的前提是投资方不再拥有股东身份,两者不无矛盾,故否定了现金补偿。④

但是,在现金补偿已经依照约定或者以其他替代方式(如股权补偿)履行完毕,投资方仅请求股权回购的情形下,实践中仍有可能忽略股权回购价格中业已支付的现金补偿之扣除。倘若双方另有其他争议焦点(如现金补偿或业绩对赌条款之解除,是否一并解除了股权回购约定),更是

---

① 参见最高人民法院(2014)民二终字第 111 号民事判决书;湖南省高级人民法院(2017)湘民终 245 号民事判决书;南京市中级人民法院(2019)苏 01 民终 8301 号民事判决书。
② 参见上海市浦东新区人民法院民事判决书(2018)沪 0115 民初 45918 号。
③ 参见上海市第二中级人民法院(2019)沪 02 民终 10826 号民事判决书。
④ 参见北京市第一中级人民法院(2017)京 01 民初 814 号民事判决书。

如此。[1]

当然，若当事人有不予扣除的明确约定，原则上自应尊重。不过，利息管制仍有适用余地。上文已述，现金补偿作为估值调整机制，原则上与利息及利息管制无涉。可是，股权回购价格中与现金补偿等额、原本应予扣除的相应出资本金，则仍受制于利息管制——其虽因合同特别约定而无须扣除，但此时在经济效果上与股权回购价格之利息无异，故应与后者合并视为利息，一体受制于利息管制。

例如，投资方的出资为 100 元，投资期限为 1 年，股权回购价格为 110 元（相当于年利率 10%），现金补偿为 30 元。为避免现金补偿支付在先而导致利息的复杂计算，假定现金补偿与股权回购同时发生。投资方一年前投入出资 100 元，一年后共获得 140 元。其中，30 元的现金补偿性质上为出资之部分返还，与利息和利息管制无关。至于 110 元的股权回购价格，则包含尚未返还的出资本金 70 元、被重复计算的出资本金 30 元以及利息 10 元，后两者均应视为利息，对应年利率为 40%！受制于利息管制，投资方有权请求的股权回购价格并非合同约定的 110 元，而应仅为 94 元，包含尚未返还的出资本金 70 元（另外 30 元的出资本金以现金补偿的形式被同时返还），以及利息 24 元（100 元出资本金之利息法定上限）。

在上例中，若现金补偿仅为 10 元，则被重复计算的出资本金亦为 10 元。股权回购价格虽仍为 110 元，但其实际利息仅为 20 元（对应年利率为 20%），无利息管制之适用余地。故投资方不仅可以请求 10 元的现金补偿，亦可请求 110 元的股权回购价格。

（二）上市成功时，投资方是否还有现金补偿请求权？

这是一个更为隐蔽的重复计算难题。在我国，上市成功定然意味着投资方的原始股权巨额增值，因此事后来看，出资交易中的股权价格肯定未被低估。基于估值调整之理念，投资方应无权请求估值调整即现金补偿。实践中也不乏对赌协议明确约定，一旦公司上市，现金补偿条款即自

---

[1] 参见最高人民法院（2018）最高法民终 645 号民事判决书；四川省高级人民法院（2018）川民终 436 号民事判决书。两个判决均忽略了现金补偿的扣除问题。

动失效①;或者约定,一旦公司上市,即取消当年的现金补偿(间接保留了此前的现金补偿)。②

但是,倘若前述自动失效之约定阙如,又应如何处理?③ 笔者认为,在业绩承诺未兑现时,依照约定,股东或公司诚然应支付现金补偿,这是估值调整机制的应有之义。不过,该机制存在固有局限:其至多基于对赌年限内的公司业绩,评估公司和股权价值,忽略了公司上市对于公司价值尤其是投资方所持股权价值的巨大影响。基于现金补偿约定的估值调整之合同目的,应将其适用范围限缩解释为公司未曾上市时,以免公司及其股权的实际价值在公司上市场合明明很高,无估值调整之余地,但公司和股东却仍须向投资方支付现金补偿之矛盾情境。一旦公司上市,除非另有约定,现金补偿约定即自动失效,尚未支付的现金补偿无须支付,已经支付的应予返还。④

---

① 参见北京市第二中级人民法院(2015)二中民(商)终字第12699号民事判决书;南京市中级人民法院(2019)苏01民终8301号民事判决书。
② 参见四川省高级人民法院(2015)川民终字第1135号民事判决书。
③ 此类案例,参见浙江省高级人民法院(2019)浙民申3640号民事裁定书。
④ 当事人有相互矛盾的约定之案例,参见浙江省高级人民法院(2019)浙民申3640号民事裁定书。

第二编
法律评注

第五章 法律评注:法教义学的巅峰

一、引言:法教义学的兴起与萌芽中的法律评注编写运动

法律评注近年来在国内颇受关注。在民法学界,王利明教授主持了中国法学会2013年度重点课题"中国民事法律评注"并已结项①;徐涤宇教授主持了2014年度社科基金重大课题"中国民法重述、民法典编纂与社会主义市场经济法律制度的完善",亦致力于编写与法律评注相似的法律重述;由婚姻法学会推动、夏吟兰和龙翼飞两位教授任总主编的《家事法评注丛书》②更是已经部分出版。在民事诉讼法、刑法等部门法领域,亦不乏类似项目或动向。③ 此外,在2013年8月于德国柏林自由大学举办的第三届中德私法论坛上,与会者曾就中国如何继受德国的法律评注做过开拓性探讨,并且还自2015年起举办一年一度的中德民法评注会议,为法律评注的编写做了诸多有益准备。《法学家》杂志自2016年以来亦特辟"评注"专栏,专门刊发学者撰写的针对某一法律条文的单条评注。④

---

① 该课题最终仅对《合同法》第三章总计16个条文作了评注。参见王利明:《中国民事法律评注的研究意义与编纂方法》,载《法制日报》2015年8月26日,第12版。
② 如夏吟兰主编:《中华人民共和国婚姻法评注·总则》,厦门大学出版社2016年版。另参见雷明光主编:《中华人民共和国收养法评注》,厦门大学出版社2016年版。
③ 在民诉法领域,其代表为中国民事诉讼法学会推动的《民事诉讼法评注大全》;在刑法领域,参见陈兴良:《法律图书的历史演变》,载《北大法律评论》第16卷第1辑,北京大学出版社2015年版,第251—252页。另请参见陈兴良:《刑法疏议》,中国人民公安大学出版社1997年版。此外,2020年8月以来,北京大学法学院江溯教授主持了"德国人如何编撰刑法评注系列讲座",由德国刑法学家主讲,可谓国内刑法学界关于法律评注本体论研究之先声。
④ 其刊发的第一篇评注为朱庆育:《〈合同法〉第52条第5项评注》,载《法学家》2016年第3期。刊发时,评注的部分特征如首部的目录、参考文献等均被删去。相关评注的后续结集,参见朱庆育主编、辛正郁副主编:《合同法评注选》,北京大学出版社2019年版。另外,在朱庆育教授等的推动下,《南京大学学报(哲学·人文科学·社会科学)》也自2020年第4期开辟"法典评注"专栏。

法律评注本是一类有欧陆特色尤其是德国特色的法律文献。[1] 它在国内渐受瞩目,首先与学者的"事功情结"不无关联。[2] 我国的许多部门法都直接或间接受到德国法的熏陶,而德国的法律评注文化灿若星辰,这难免会令一些学人生发感喟:"何时也能撰写一部中国的法典评注?"[3]事实上,在深受德国法影响的日本、韩国等地,如今都不乏法律评注;在我国台湾地区,20世纪90年代学者也曾有过编写各式法律评注的努力,可惜因种种原因(主要是人手不足、人心不齐),后来大多中道而废。[4]

法律评注日渐受到瞩目还有一深层次原因,即随着法律体系基本完备,我国部门法研究的重点已经逐渐从立法论转向解释论。这一转向的最突出标志就是"法教义学"这一原汁原味的德国法学概念的被发现与流行,从最初的本体论探讨到如今遍地开花的各式应用研究,从一个略微拗

---

[1] 法律评注(Kommentar, Gesetzeskommentar)在德国、瑞士、奥地利等德语区普遍存在,但以德国的法律评注文化最为昌盛。在意大利等国,承徐国栋教授和娄爱华博士告指,也有法律评注存在。但是德国学者对此似有不同认识。参见 Wissenschaftsrat, *Perspektiven der Rechtswissenschaft in Deutschland*, Drs. 2558-12, 2012, S. 67(指出意大利、法国、西班牙等国虽然有法律评注,但缺乏"体系建构"之追求,因而更近于"判例汇编")。该报告还有英译本(Prospects of Legal Scholarship in Germany)。最近几年,国内外涌现了一大批对法律评注文化的(比较法)研究。参见李昊、徐海雷:《美国法律重述鸟瞰》,载《苏州大学学报(法学版)》2020年第2期;彼得·A.温德尔:《德国评注文化——是为中国之范例?》,李雨泽译,载《苏州大学学报(法学版)》2020年第2期;吕琳华:《法律评注的历史流变、方法与范式——法国视角》,载《苏州大学学报(法学版)》2020年第2期;程জ:《日本民法评注的方法论演变与结构内容》,载《苏州大学学报(法学版)》2020年第2期;载《苏州大学学报(法学版)》2020年第2期;卜元石:《德国法律评注文化的特点与成因》,载《南京大学学报(哲学·人文科学·社会科学)》2020年第4期;朱晔:《日本民法注释的演变对我国的启示》,载《南京大学学报(哲学·人文科学·社会科学)》2020年第4期;娄爱华:《意大利民法典评注的撰写——以三个条文为切入点的观察》,载《南京大学学报(哲学·人文科学·社会科学)》2020年第4期;姚明斌:《论中国民法评注之本土化》,载《南京大学学报(哲学·人文科学·社会科学)》2020年第4期。同期的国外研究,vgl. David Kästle-Lamparter, Nils Jansen, Reinhard Zimmermann, Juristische Kommentare: Ein internationaler Vergleich, Mohr Siebeck, 2020.

[2] 黄卉:《法律技术亦或法律文化?——关于中德合作编纂中国法律评注的可能性的讨论记录》,载王洪亮等主编:《中德私法研究》第11卷,北京大学出版社2015年版,第336页(语出朱庆育教授)。

[3] 杜涛:《涉外民事关系法律适用法释评》,中国法制出版社2011年版,序言。另参见朱岩、高圣平、陈鑫:《中国物权法评注》,北京大学出版社2007年版,序言。

[4] 感谢詹森林教授指明个中原因。另参见王泽鉴:《民法五十年》,载《民法学说与判例研究》(第5册),1996年自版,第38页;苏永钦:《法学发展与社会变迁》,载《司法改革的再改革》,台湾月旦出版社1998年版,第418页;苏永钦主持:《民法第六条至第十五条之注释》,1997年(未刊本);苏永钦:《法律作为一门学问》,载陈林林主编:《浙大法律评论》(2018年卷),浙江大学出版社2017年版,第24页(其指出,台湾地区仅公平交易法领域有过法律评注,后因缺乏更新也不再具有实益)。此外,民法领域至少还有按评注体例写作的图书,参见马维麟:《民法债编注释书》,三卷本,台湾五南图书出版公司1995—1996年版。

口和别扭的外来词到如今绝大多数部门法学者习以为常甚至引以为傲，其间不过短短十年左右的时间。① 而在如今这样一个大致已有共识的"法教义学的应用"时代，学者们自然会面临以何种形式、何种载体来更好地实践与推进法教义学研究的问题。此际，作为受德国法教义学百余年浸润并当之无愧是其集大成者的法律评注，无疑会进入我国学者的视野，并成为模仿和追逐的对象。

国内学者关于特定法律评注的编译②、翻译③或撰写④，这些年来一直都零星存在，但在本体论层面对法律评注予以留意则是近几年才有的事情，而且均为附带涉及⑤，专题研究尚属罕见。⑥ 在德国法学界，或许是身在此山中的缘故，各类法律评注虽然发达，但除了大量关于特定评注的书

---

① 关于法教义学研究阶段的两篇有标志意义的文献，参见许德风：《论法教义学与价值判断》，载《中外法学》2008 年第 2 期；许德风：《法教义学的应用》，载《中外法学》2013 年第 5 期。

② 杜景林、卢谌：《德国民法典全条文注释》，中国政法大学出版社 2015 年版；杜景林、卢谌：《德国民法典评注：总则·债法·物权》，法律出版社 2011 年版；〔澳〕诺瓦克：《〈公民权利和政治权利国际公约〉评注》，孙世彦、毕小青译，生活·读书·新知三联书店 2008 年版。

③ 〔德〕埃贝尔—博格斯：《德国民法动物饲养人责任（§§833，834 BGB）施陶丁格注解》，王强译，中国政法大学出版社 2013 年版；〔德〕埃贝尔—博格斯：《德国民法遗产分割（§§2042—2057a BGB）诺莫斯注解》，王强译，中国政法大学出版社 2014 年版；〔德〕德特勒夫·乔斯特：《〈德国民法典慕尼黑评注〉之第 861 条》，张双根译，载《中国应用法学》2017 年第 1 期。关于法律评注某种程度的"不可译"，参见卜元石：《法教义学：建立司法、学术与法学教育良性互动的途径》，载田士永、王洪亮、张双根主编《中德私法研究》第 6 卷，北京大学出版社 2010 年版，第 15 页。

④ 参见朱岩、高圣平、陈鑫：《中国物权法评注》，北京大学出版社 2007 年版，序言；夏吟兰主编：《中华人民共和国婚姻法评注·总则》，厦门大学出版社 2016 年版。

⑤ 参见庄加园：《教义学视角下私法领域的德国通说》，载《北大法律评论》第 12 卷第 2 辑，北京大学出版社 2011 年版，第 330 页；黄卉：《论法学通说（又名：法条主义者宣言）》，载《北大法律评论》第 12 卷第 2 辑，北京大学出版社 2011 年版，第 381 页；卜元石：《法教义学：建立司法、学术与法学教育良性互动的途径》，载田士永、王洪亮、张双根主编：《中德私法研究》第 6 卷，北京大学出版社 2010 年版，第 15，17 页；卜元石：《德国法学界的现状与发展前景》，载方小敏主编：《中德法学论坛》第 12 辑，法律出版社 2015 年版，第 49—50 页。

⑥ 参见王剑一：《德国法律评注的历史演变与现实功能》，载《中国应用法学》2017 年第 1 期（最初发表于微信公号"中德法教义学苑"）。该文主要基于下文 Henne 和 Willoweit 两人的研究对德国法律评注的历史与功能做了介绍。另参见张双根、朱芒、朱庆育、黄卉：《对话：中国法律评注的现状与未来》，载《中国应用法学》2017 年第 2 期；黄卉、朱芒、庄加园、纪海龙、杜仪方：《五人对话：法律评注中的案例编写》，载《法律适用》2017 年第 8 期；黄卉：《法律技术亦或法律文化？——关于中德合作编纂中国法律评注的可能性的讨论记录》，载王洪亮等主编：《中德私法研究》第 11 卷，北京大学出版社 2015 年版；Hui Huang, Vom Rechsideal zur Rechtspraxis—zur Diskussion über Voraussetzungen und Schwierigkeiten bei der Entwicklung eines chinesischen Gesetzeskommentars zum Zivilrecht und die Möglichkeiten einer deutsch-chinesischen Kooperation, in: Hui Huang/Franz J. Säcker/Claudia Schubert (Hrsg.), *Juristische Methodenlehre und Immobiliarsachenrecht—Deutsch-chinesische Tagung vom 21.-23. 8. 2013*, 2015; Shiyuan Han, "The Legal Commentary Culture in China", in: Michèle Schmiegelow, Henrik Schmiegelow (eds.), *Institutional Competition between Common Law and Civil Law*, Springer, 2014. 该文后被译为中文，且有所更新，参见韩世远：《法律评注在中国》，载《中国法律评论》2017 年第 5 期。

评外,一般性的思考在很长时间内同样乏善可陈。① 直到 2006 年,法兰克福的马克思—普朗克欧洲法制史研究所举办了一场题为"法律评注:法律交流的工具"的研讨会,对法律评注的历史、形式、功能、各学科的代表性评注、法律评注与圣经的关系、普通法上为何没有法律评注等多个议题做了讨论,上述局面才得以改观。② 会后,法史学者 Thomas Henne 发表的《法律人的影响力:以法律评注为中心》一文,可谓该领域的开山之作。③ 2016 年,德国第一篇关于法律评注的博士论文出版,从历史、结构和功能三个角度对以往文献做了细致的爬梳④;而在此前 2014 年,该论文作者还与其导师合编了一本专题文集《法律与宗教中的评注》,中间也有不少相关论文。⑤ 此外在不少老牌的法律类出版社的社庆文集中,通

---

① 在此之前,一般认为德国已经有过两次关于法律评注的讨论,一次是在纳粹时期,一次是在 20 世纪 70 年代。前一次与其说是讨论,不如说是传统法律评注遭到攻击,当时固有的评注悉数被禁,取而代之的是奉行纳粹价值观的评注(如大名鼎鼎的《帕兰特民法典评注》);后一次讨论则在对象、主题等方面有较大局限,其由"离经叛道"的《民法典替代评注》引发,讨论对象主要限于大型民法典评注,而主题亦限于法律评注在法律科学体系建构中的角色。Thomas Henne, Die Prägung des Juristen durch die Kommentarliteratur—Zu Form und Methode einer juristischen Diskursmethode, *Betrifft Justiz* 87(2006), 352, 354 f.; Peter Rieß, Einige Bemerkungen zum Stellenwert und zur Funktion juristischer Kommentare, in: Reinhard Böttcher/Götz Hueck/Burkhard Jähnke(Hrsg.), *FS-Odersky*, 1996, S. 82。
② Max Planck-Institut für europäische Rechtsgeschichte, *Workshop*: Der Kommentar als Medium von Kommunikation über Recht, Freitag, 20. Januar 2006(电子海报)。
③ Thomas Henne, Die Prägung des Juristen durch die Kommentarliteratur—Zu Form und Methode einer juristischen Diskursmethode, *Betrifft Justiz* 87(2006), 352(该文发表时略有删节,其完整版可在网络上找到)。另一篇内容有相当重复的文章, Thomas Henne, Die Entstehung des Gesetzeskommentars in Deutschland im 19. und 20. Jahrhundert, in: David Kästle/Nils Jansen(Hrsg.), *Kommentare in Recht und Religion*, 2014, S. 317-329。
④ David Kästle-Lamparter, *Welt der Kommentare*: Struktur, Funktion und Stellenwert juristischer Kommentare in Geschichte und Gegenwart, 2016. 关于法律评注的功能,该文总结了十项,而此前 Henne 总结了七项, Thomas Henne, Die Prägung des Juristen durch die Kommentarliteratur—Zu Form und Methode einer juristischen Diskursmethode, *Betrifft Justiz* 87(2006), 352, 353 f.; Thomas Henne, Die Entstehung des Gesetzeskommentars in Deutschland im 19. und 20. Jahrhundert, in: David Kästle/Nils Jansen(Hrsg.), *Kommentare in Recht und Religion*, 2014, S. 318 ff. 。
⑤ Gralf-Peter Calliess, Kommentar und Dogmatik im Recht, in: David Kästle/Nils Jansen(Hrsg.), *Kommentare in Recht und Religion*, 2014, S. 381 ff.; David Kästle, Juristische Kommentare—theologische Kommentare, in: David Kästle/Nils Jansen(Hrsg.), *Kommentare in Recht und Religion*, 2014, S. 393 ff.(后被收入其博士论文); Nils Jansen, Kommentare in Recht und Religion, in: David Kästle/Nils Jansen(Hrsg.), *Kommentare in Recht und Religion*, 2014, S. 1 ff. 。

常也有关于特定评注的介绍乃至一般性思考。①

对于正处在萌芽期的我国的法律评注编写事业而言,最关键的工作仍然是实践,一条一条去写,逐渐积累教训、经验;但是本体论层面的理论研究亦不应缺席。为此,笔者将从比较法研究的视角,基于上述德文文献、少数英文材料②以及有限的个人体悟③,对德国的法律评注及其背后的整个评注文化予以梳理,并在此基础上为我国的法律评注编写事业提供若干指引与建议。需强调的是,本章虽是比较法研究,但并非对德国法律评注作面面俱到式的复述,而毋宁是基于一个局外人视角,心怀我国的法律评注编写而有所提炼与取舍,所关注的乃是德国法律评注的当下而非过去,是其关键特征而非一应细节,虽然关注法律评注的皮相,但更关注其内在精神与灵魂。

法律评注的多重身份决定了本章的意义并不局限于评注本身。首先,法律评注是一类文献、一种文本,因而本章关于德国评注的介绍及其中国前景的分析对于所有意在引进、创造此类文献的利益相关者,包括学者、法官、出版社等都有直接借镜意义。其次,法律评注乃是法律文献中的集大成者,一国的法学方法论如何运行在其中展露无遗,因而在方法论层面,本章对德国法律评注中法教义学的境况及其与社会科学关系的刻画,亦足以为思考我国方兴未艾的法教义学运动以及近来的法教义学与社科法学之争④提供灵感或素材。最后,法律评注在德国亦是一种文化现象,它深深地嵌入在德国的法律生活和法律人共同体当中。它在文本

---

① 较晚近的有 Uwe Wesel/Hans Dieter Beck (Hrsg.), *250 Jahre rechtswissenschaftlicher Verlag C. H. Beck: 1763-2013*, 2013; Dietmar Willoweit (Hrsg.), *Rechtswissenschaft und Rechtsliteratur im 20. Jahrhundert: Mit Beiträgen zur Entwicklung des Verlages C. H. Beck*, 2007; Michael Martinek (Hrsg.), *100 Jahre BGB-100 Jahre Staudinger: Beiträge zum Symposium vom 18.-20. Juni 1998 in München*, 1999。

② David J. Gerber, "Authority, Community and the Civil Law Commentary: An Example from German Competition Law", *American Journal of Comparative Law*, vol. 42, no. 3, 1994, p. 531; Nils Jansen, *The Making of Legal Authority*, Oxford University Press, 2010, ch. 4; Christian Djeffal, "Commentaries on the Law of Treaties: A Review Essay Reflecting on the Genre of Commentaries", *European Journal of International Law*, vol. 24, no. 4, 2013, p. 1223.

③ 参见贺剑:《法律评注若干问题研究》,中国人民大学 2015 年度博士后出站报告;贺剑:《〈合同法〉第 54 条第 1 款第 2 项(显失公平制度)评注》,载《法学家》2017 年第 1 期。

④ 例如侯猛:《社科法学的传统与挑战》,载《法商研究》2014 年第 5 期。

当中所反映的案例与学说之互动,在作者层面所彰显的学者与法官之协力,它的成长与繁荣所仰赖的诸多利益群体,以及这些群体在追逐各自利益或声望之时所采取的行动,它在法学研究、教育和实务中的巨大影响力,以及这些领域中的不同制度与法律评注相互加强、协调而形成的你中有我、我中有你式的路径依赖局面,这一切都比名曰评注的文献本身来得亲切、真实和丰富,法律评注也因此成为观察整个德国法律文化的一扇窗户。

在文章结构上,本章首先将对德国法律评注作一概述,然后阐释其核心特征即为司法实践服务以及由此衍生的一系列特征,继而本章将分析德国法律评注得以存在与繁荣的诸多制度条件以及相关利益群体在其间的作用,并以法律评注在普通法中的境遇为例予以佐证,在前述研究基础上,将分析法律评注在我国的意义与前景,最后是简短的结论。

二、德国法律评注概述

在德国,不夸张地说,有法律处即有评注。民法、刑法、行政法、宪法,甚至于诸多细小的特别法,如政治庇护程序法、建筑法、联邦废物排放法、动物保护法等,都有相应的法律评注。[①] 限于学力与篇幅,以下介绍仅以其代表者民法典评注为例。

(一) 评注举隅

迄今仍在出版或使用的德国民法典评注共计十余种,依规模大小,可分为小型评注和大型评注。前者以单卷本居多,后者一般为动辄数卷数十卷的大部头。

(1)《帕兰特民法典评注》(Palandt)。这是德国使用范围最广、最具影响力的民法典评注,单卷本,初版于1939年,以时任帝国考试委员会主

---

① Wissenschaftsrat, *Perspektiven der Rechtswissenschaft in Deutschland*, Drs. 2558-12, 2012, S. 16.

席的 Otto Palandt 命名。但是创刊主编其实并非 Palandt，而是另有其人。① 二战期间共出 6 版，1949 年第 7 版，此后每年一版②，至 2016 年时已是第 75 版。从第 7 版至今一直由慕尼黑的贝克出版社（C. H. Beck）出版。

（2）《施陶丁格民法典评注》（Staudinger）。这是迄今仍在使用的最古老的民法典评注③，由当时的慕尼黑高等法院院长 Julius von Staudinger 创立。第 1 版始于 1898 年（《德国民法典》施行前两年）终于 1903 年，共 6 卷。第 12 版的出版周期为 1973—1999 年，历时 26 年，总计 44 卷。自第 13 版起不再成套出版，而仅根据需要随时更新个别卷册。目前是由两家大出版公司联合设立的塞利尔/德古意特出版社（Sellier/de Gruyter）出版。

（3）《慕尼黑民法典评注》（Münchener Kommentar）。1978 年开始出版，由德国柏林自由大学 Franz Jürgen Säcker 教授与当时离婚法改革委员会的主席 Kurt Rebmann（后任联邦总检察长）共同主编，迄今部分卷册已出至第 7 版，预计共 12 卷。一直由贝克出版社出版。

（4）《帝国法院民法典评注》（Reichsgerichtsrätekommentar）。1910 年由德国帝国法院创立，1945 年后由德国联邦最高法院接手，几乎完全由法官执笔。第 12 版始于 1974 年终于 2000 年，共 7 卷 20 册，此后未再版。第二次世界大战后由德古意特出版社出版。

（5）《索戈尔民法典评注》（Soergel）。1921 年由 Hans Theodor Soergel 和 Otto Lindermann 联手创立，第 1 版时仅两卷，如今第 13 版则有 21 卷总计 27 册。一直由斯图加特的科尔汉默出版社（Kohlhammer）出版。

（6）《埃尔曼民法典评注》（Erman）。这是罕有的两卷本评注，由法学教授及曾任法官的 Walter Erman 创立，1952 年第 1 版，如今已出到

---

① 创刊主编是曾任德累斯顿高等法院法官的 Gustav Wilke，后者自 1934 年起负责筹划与主编工作，但在付梓之前不幸遭遇车祸身亡，所以才有了后来 Palandt 的临危受命。Klaus W. Slapnicar, Der Wilke, der später Palandt hieß, *NJW* 2000, 1692.

② 1954 年出了第 12 版和第 13 版，后者未作任何改动。

③ 更早出版、但早已作陈迹者，如《普朗克民法典评注》（Planck），1897 年第 1 版，1898 年开始出第 2 版，1903 年开始出第 3 版，风靡一时。对早期民法典评注的梳理，参见 Fritz Sturm, Der Kamf um die Rechtseinheit in Deutschland—Die Entstehung des BGB und der erste Staudinger, in: Michael Martinek (Hrsg.), *100 Jahre BGB-100 Jahre Staudinger: Beiträge zum Symposium vom 18.-20. Juni 1998 in München*, 1999, S. 31。

2014 年的第 14 版。最初由明斯特的阿圣多夫出版社（Aschendorff）出版，目前由其与科隆的施密特出版社联合出版。

（7）《尧尔尼希民法典评注》（Jauernig）。由 Othmar Jauernig 教授创立，1979 年第 1 版，最新版为 2015 年的第 16 版，单卷本。目标读者为法科学生以及对法律问题感兴趣的非法律人。[①] 由贝克出版社出版。

（8）《民法典替代评注》（Alternativkommentar）。第 1 版始于 1979 年终于 1990 年，共 6 卷；此后未再版。主编为当时的下萨克森州宪法法院法官 Rudolf Wassermann，出版社为科隆的鲁赫特汉德出版社（Luchterhand）。

（9）《学生版民法典评注》（Studienkommentar）。1992 年由 Jan Kropholler 教授创立，最新版为 2015 年的第 15 版，单卷本。其目标读者为法科学生，自诩乃"教科书、法律评注与司考复习资料的完美结合"。[②] 也是由贝克出版社出版。

（10）《民法典历史批判评注》（Historisch-kritischer Kommentar）。2003 年开始出版，由法史学者 Reinhard Zimmermann 等人主编，计划出版 6 卷，已出 4 卷。由图宾根的摩尔·兹贝克出版社（Mohr Siebeck）出版。

（11）《诺莫斯民法典评注》（Nomos）。起初名为《律师版民法典评注》，初版于 2004 年，部分卷册现已出至第 3 版，目前共 6 卷 7 册。由诺莫斯出版社出版，该出版社隶属于贝克出版集团。

（12）《诺莫斯便携式民法典评注》（Nomos Handkommentar）。2001 年第 1 版，最新版是 2016 年的第 9 版，单卷本。由 Reiner Schulze 教授主编，诺莫斯出版社出版。

（13）民诉法大家普维庭教授等人主编的《民法典评注》（Prütting/Wegen/Weinreich），其通常直接以三位主编的姓氏作为简称。2006 年第 1 版，此后每年一版，2016 年时已至第 11 版，单卷本。由鲁赫特汉德出版社出版。

（14）《班贝克·罗特民法典评注》（Bamberger/Roth）。由当时莱茵兰—普法尔茨州司法部长 Bamberger 与雷根斯堡大学 Roth 教授共同主

[①] Vgl. Aus dem Vorwort zur 1. Auflage (1979), in: *Jauernig*, 12. Aufl., 2007.

[②] 参见贝克出版社官网关于该评注的介绍。《学生版民法典评注》此前有同名者，但后者仅涉及《德国民法典》前三编，在 1975 年和 1979 年出过两版后就未再版，出版社为法兰克福的 Metzner 出版社。

编,2003 年第 1 版,为三卷本评注。2012 年第 3 版后,改为电子出版,并更名为《贝克网络民法典评注》(Beck'scher Online-Kommentar BGB)。自然也是由贝克出版社出版。

(15) 网络法律评注。近年来,除了将纸质评注如《施陶丁格民法典评注》《慕尼黑民法典评注》等电子化之外,还出现了若干纯粹的网络法律评注。以国内不少高校都有的贝克在线法律数据库(beck-online)为例,其除了前述《贝克网络民法典评注》外,还有一个巨无霸型的《贝克网络大型评注》(beck-online. GROSSKOMMENTAR),内容详尽、更新极快,大致每三个月即更新一次。在这些商业评注之外,值得一提的还有免费的《网络版民法典评注》(Der online BGB-Kommentar),其于 2014 年试水运行,许多内容尚不完整。

(二) 直观特征

法律评注最直观的特征为逐条释义,在此,法律文本为评注的对象,单个条文为评注的基本单元。一条评注通常包含法条原文和评注正文两部分,有时还会单列目录及参考文献。其中让人印象深刻的是评注正文中一级又一级逻辑严谨的小标题,若评注规模较大,还会有单独的、精致的目录与之对应,此外再配以正文当中对关键词的斜体或者加粗,从各方面让读者感受到内容的清晰与查找的便利。与之配套的还有页码之外根据意群而增设的边码,一个边码通常覆盖一个或几个段落,引用评注时,通行的做法是不引页码而引边码,以便于更精确地定位内容(如 Staudinger/*Thiele*,§1365 Rn. 40,其指《施陶丁格民法典评注》第 1365 条评注,Thiele 执笔,边码 40)。①

许多人去德国法律图书馆,一定会感叹那堆满书架、小山一般的各色评注。这一来是因为法律评注很厚,单卷本的小型评注一般 2000—3000 页,采用特薄的字典纸印刷;多卷本的大型评注一般每卷 1000—2000 页,并采用较为厚实的纸张。二来,一些大型评注卷帙浩繁,从十几册至几十册不等,现今规模最大的《施陶丁格民法典评注》竟有 97 册之多,且仍在

---

① Vgl. Wolfgang Zöllner, Das Bürgerliche Recht im Spiegel seiner großen Kommentare, *JuS* 1984, 730 (732 ff.).

持续出版中。如此庞大的内容,自然也要求数量可观的作者,就单卷本的小型评注而言,这一情况尚好,如 2016 年版的《帕兰特民法典评注》作者仅 8 位;但就大型评注而言,作者从几十位到上百位都不稀奇。以 20 世纪 80 年代德国学者所统计的五种大型民法典评注为例,其作者人数分别为 24、39、58、75 和 88 位。① 其中,88 位还仅是当时《施陶丁格民法典评注》作者人数的不完全统计,因为第 12 版(共 45 册)要等到十多年后的 1999 年才出版完毕;据此推算,以其如今 97 册之洋洋大观,作者人数超过两百都有可能。就此而言,法律评注的编写注定是一项法律人的集体事业,甚至可能须举全体法律人之力方能完成。另外,就作者身份而言,学者与法官乃是法律评注编写的两大主力。②

(三) 巨大影响

很多留德学人在碰到德国法问题时,通常不是去查法律条文,而是去查相应的法律评注。之所以如此,与法律评注在德国法律生活中的重大影响密不可分。

首先,法律评注在德国法律文献大家族中可谓稳坐第一把交椅。它是最经常被引用和最富影响力的一类文献。③ 比较法大家、《比较法总论》的作者之一克茨教授,曾对 1985 年的德国《联邦最高法院民事判决集》(BGHZ)做过一项统计,发现在其所载的 41 篇判决中,法律评注的被引用率是 6.2 次/篇,高居所有文献之首。④ 新近也有一项类似统计,在其抽样的《联邦最高法院民事判决集》中,总共有 1574 条对法律评注的引

---

① Wolfgang Zöllner, Das Bürgerliche Recht im Spiegel seiner großen Kommentare, *JuS* 1984,730 (732). 除《慕尼黑民法典评注》的 75 位作者是完全统计外,其他数字都是不完全统计。

② Vgl. Harm Peter Westermann, Glanz und Elend der Kommentare, in: Heinz Eyrich/Walter Odersky/Franz Jürgen Säcker (Hrsg.), *FS-Rebmann*, 1989, S. 106 (指出学者与实务工作者是评注编写的主力).

③ Wissenschaftsrat, *Perspektiven der Rechtswissenschaft in Deutschland*, Drs. 2558-12, 2012, S. 51; Nils Jansen, *The Making of Legal Authority*, Oxford University Press, 2010, p. 121.

④ 其他法律文献的引用情况分别为:论文 3.5 次,教科书 2.5 次,案例评析 0.4 次。See Hein Kötz, "Scholarship and the Courts: A Comparative Survey", in: David S. Clark (ed.), *Comparative and Private International Law: Essays in Honor of John Henry Merryman on his Seventieth Birthday*, Duncker & Humblot, 1990, p. 193.

证；而对于专著（含博士论文）的引证只有318条，对于所有期刊论文的引证也不过1404条。而且，法院通常是在法律评注"缺位"的情况下才引用专著和论文；引用期刊主要是在涉及前沿问题的场合，法律评注对此尚未来得及作出回应；引用专著则或者是因为在相关领域法律评注尚付之阙如，或者是因为法院想偏离以往判例，因而在论证时不惜大量罗列文献。①

其次，法律评注深深地"嵌入"在德国的法学教育当中。在德国，法学教育的关键并非大学的法学院教育，而是各州的（两次）国家考试。只有通过国家考试，法科学生才能取得执业资格，才能成为"完全法律人"（Volljurist）。国家考试的成绩与排名在相当一段时期内会对考生的求职、出国等产生决定性影响。而法律评注于此的重要性体现于，在第二次国家考试中，法律评注是除法典外唯一允许被带入考场的考试辅助资料②，当然也是考试答题必不可少的资料。可见，法律评注的熟稔运用乃是法律人养成必不可少的一环。由于其价格不菲，甚至催生了法律评注的租赁行业，囊中羞涩的学子可以改买为租，以供备考之需。③

最后，在司法实践中，法律评注的地位更是举足轻重。这当然不仅是因为法律人已经习惯于使用和依赖法律评注；更是因为若不勤加阅读，便有承担现实责任之虞。德国联邦最高法院在1986年的一个判决中即指出，"律师在上诉时，至少负有借助通行法律评注了解现行法状况之义务"。④ 这一观点后来又被重申："律师有义务依据相应专业文献，尤其是专业期刊和法律评注，对判例现状予以了解。"⑤在某些下级法院，律师们的上述义务被表述得更为直白和具体：为避免疏漏，律师们应阅读"通行的法律评注（《帕兰特民法典评注》）"。⑥ 或许正因为如此，才会有德国学

---

① Nils Jansen, *The Making of Legal Authority*, Oxford University Press, 2010, p. 108 (note 80).

② 德国各州规定大致相同，以拜仁州为例，在第二次国家考试中，考生可以携带不同部门法领域的共八种法律评注（以及一本相关计算公式和表格合集）进入考场。Landesjustizprüfungsamt des Bayerischen Staatsministeriums der Justiz, Hilfsmittel für die Zweite Juristische Staatsprüfung (Hilfsmittelbekanntmachung ZJS). 而在第一次国家考试中，考生通常只能携带法典进入考场。

③ 从相关网站（lehmanns、KommentarMiete）来看，在笔试（长约四周）和口试（长约一周）期间租一整套法律评注需花费80—100欧元。

④ BGH VersR 1986, 892.

⑤ BGH NJW 2011, 386 (388).

⑥ LG Lüneburg-18.08.2005-2 O 124/05.

者声称:"如今,很多下级法院的法官相信,《帕兰特民法典评注》所言者即为法律"。① 在此,个别法律评注与法律本身已有混同之势,此种错把评注当法律的"法律评注实证主义"一方面值得警惕②,另一方面却也折射出法律评注在司法实践中的巨大影响力。

三、法律评注的实务导向

德国法律评注的"灵魂"在于其实务导向,即为司法实践服务。这是法教义学作为一门解释之学和应用之学的应有之义。需注意的是,法律评注旨在为司法实践服务并不意味着它仅仅能为司法实践服务,相反,法律评注大都是所谓"通用型评注"③,其目标读者固然首先是法官、律师等实务工作者,但同时也完全可以是法科学生和学者。④ 在发达的法律评注文化下,当然也会有一些别具个性的评注,如旨在助力法律学习和司法考试的学生版评注,由律师团体主编因而至少名义上更契合律师需求的律师版评注,以及专注于法制史研究或者比较法研究的另类评注。这些不同寻常的评注之存在及其个性,也反过来凸显了通常法律评注的宗旨与共性,即为司法实践服务以及由此衍生的一系列关键特征。⑤

---

① Nils Jansen, *The Making of Legal Authority*, Oxford University Press, 2010, p. 90. 类似观察,参见 Christian Djeffal, "Commentaries on the Law of Treaties: A Review Essay Reflecting on the Genre of Commentaries", *European Journal of International Law*, vol. 24, no. 4, 2013, p. 1235, 其认为法律评注具有"准立法"功能(quasi-legislative function);卜元石:《法教义学:建立司法、学术与法学教育良性互动的途径》,载田士永、王洪亮、张双根主编:《中德私法研究》第 6 卷,北京大学出版社 2010 年版,第 17 页,其指出,"在大陆法系的很多国家,法官离开了法律评注进行判案简直是无法想象"。

② Peter Rieß, Einige Bemerkungen zum Stellenwert und zur Funktion juristischer Kommentare, in: Reinhard Böttcher/Götz Hueck/Burkhard Jähnke (Hrsg.), *FS-Odersky*, 1996, S. 91, 93.

③ Ibid., S. 86.

④ Vgl. Harm Peter Westermann, Glanz und Elend der Kommentare, in: Heinz Eyrich/Walter Odersky/Franz Jürgen Säcker (Hrsg.), *FS-Rebmann*, 1989, S. 106.

⑤ 正如一千个人眼中有一千个林黛玉,立足点不同,所观察到的法律评注的特征也就有别。另请参见王泽鉴先生所作的总结:"注释书的主要特色在于对某个法律的条文说明其规范目的,阐明条文间的体系关联,综合整理学说与判例,分析讨论解释适用的问题。"王泽鉴:《王序》,载马维麟:《民法债编注释书》(一),台湾五南图书出版公司 1995 年版。

(一) 以解释现行法为中心

　　法律评注在德国逾百年而不衰,秘诀之一在于它解释的是现行有效的法律,回应了司法实践的客观需求。很多人都有过这样的经历,在德国,每当图书馆淘汰旧书时,如果运气好,便能以区区几欧元的价格买下原价上百欧元的较老版本的《帕兰特民法典评注》;其他评注亦复如是。这一现象与法律评注的实务取向密切相关,由于司法判决不断涌现,立法时有更迭,所以一旦新版本的评注面世,之前的老版本便日渐丧失价值。"立法者改正法律规则的三个词,整个图书馆就变成废纸",这对于法律评注同样适用。①

　　与法律评注着眼于解释现行法相一致,比较法、法律史和立法论在法律评注中普遍遭受冷遇。就比较法而言,既然着眼的是解释本国现行法,外国法状况自然无关紧要。以民法典评注为例,即便是同为德语区的瑞士和奥地利的法律,其最初也罕有被参考②;近来情况虽有改观,但也纯属个例。③ 以比较法研究为特色的评注当然也有,如针对《欧洲示范民法典草案》(DCFR)的评注④,但其评注对象已不再是一国现行法,而是并无任何法律效力的立法草案,因而严格说来能否称之为"法律"评注都是问题。在法律史方面,法律评注通常惜墨如金,至多是交代条文立法史以服务于历史解释。⑤ 动辄追溯至罗马法的法制史研究正统在此是罕见的——唯一的例外是由法制史学者主编、与通常法律评注迥异的《民法典

---

　　① Julius von Kirchmann, *Über die Wertlosigkeit der Jurisprudenz als Wissenschaft*, 1848, S. 17. 在其所说的将沦为废纸的图书馆文献中,法律评注赫然在列。

　　② Ernst Rabel, Rezension: J. v. Staudingers Kommentar zum BGB, in: *Rheinische Zeitschrift für Zivil und Prozeßrecht*, Bd. 7(1915) = in: Ernst Rabel, *Gesammelte Aufsätze*, Bd. 1(1. Arbeiten zum Privatrecht 1907-1930), 1965, S. 297.

　　③ 比如在暴利行为问题上,由于《德国民法典》第 138 条第 2 款和《奥地利民法典》第 879 条第 2 款第 4 项如出一辙,部分评注也会参考和引用奥地利最高法院的判例。如 Armbrüster, in: MüKo BGB, 7. Aufl., 2015, §138, Rn. 153 (Fn. 871, 872)(奥地利判例被作为正面依据), §138, Rn. 154 (Fn. 876)(奥地利判例被作为不同见解罗列)。

　　④ 其中译本共五册,由数十位学者翻译,参见〔德〕克里斯蒂安·冯·巴尔、〔英〕埃里克·克莱夫主编:《欧洲私法的原则、定义与示范规则:欧洲示范民法典草案》,翻译顾问:梁慧星,法律出版社 2014 年版。

　　⑤ Franz Jürgen Säcker, *Redaktionelle Richtlinien für die Bearbeitung der 5. Auflage des Münchener Kommentars zum Bürgerlichen Gesetzbuch (einschließlich Ergänzungsband)*, November 2005, S. 3, §1.c. 中译本参见〔德〕弗朗茨·尤尔根·塞克尔:《〈慕尼黑民法典评注〉(第五版)编辑指南》,黄卉译,载《中国应用法学》2017 年第 2 期。

历史批判评注》。至于立法论,通例似乎是只有当某一法律条文正处于立法改革阶段时,法律评注方可就其发表立法论上的见解。①

(二) 竭力回答一切问题

法律评注的实务导向也决定了,它的首要任务是为司法实践中已经和可能发生的一切问题提供答案。试想,"一套评注在手、所有答案都有",这对于法官、律师等而言有何其大的吸引力！但法律评注只是竭力提供答案,未必同时提供关于答案的说理,因为对绝大多数评注而言,篇幅所限,不可能去一一说理,而且也没有必要。对于实务工作而言,重要的是答案,即现行法是什么,只有当现行法是什么不清楚时,才需要问为什么,这时才需要说理。事实上,绝大多数评注都秉持了这样的标准:对于有定论的问题,原则上惜墨如金②;只有对于有争议者,才可能有所展开,但也只是点到为止,罕有长篇大论。

法律评注对于一个问题应提供何种答案？这涉及一个极有德国特色的概念:通说(herrschende Meinung)。几乎在所有评注中,它都化身为一个略有几分神秘的缩写(hM),其直译是"占统治地位的观点",也曾被戏称为"统治者的观点"(Meinung der Herrschenden)。③ 现有研究已指出,通说特指在实务界和理论界同时占据支配地位的观点④;法律评注"反映了通说的形成和演进"⑤,是"最权威、最有用的通说载体"⑥。关于通说的生成以及法律评注在其间的角色,兼治民法和法制史的 Uwe Wesel 教授有如下观察⑦:

> 出现一个新问题后,先总是会有一篇论文出来,发表在法学期刊、普通文集或是祝寿文集里面。第一批的判决也跟着出来。它们

---

① 〔德〕弗朗茨·尤尔根·塞克尔:《〈慕尼黑民法典评注〉(第五版)编辑指南》,黄卉译,载《中国应用法学》2017 年第 2 期,第 175 页。
② 同上书,第 176 页。
③ Uwe Wesel, *Aufklärung über Recht：Zehn Beiträge zur Entmythologisierung*, 1981, S. 16.
④ 庄加园:《教义学视角下私法领域的德国通说》,载《北大法律评论》第 12 卷第 2 辑,北京大学出版社 2011 年版,第 325 页。
⑤ 同上书,第 330 页。
⑥ 黄卉:《论法学通说(又名:法条主义者宣言)》,载《北大法律评论》第 12 卷第 2 辑,北京大学出版社 2011 年版,第 381 页。
⑦ Uwe Wesel, *Aufklärung über Recht：Zehn Beiträge zur Entmythologisierung*, 1981, S. 16 f. 该段文字的其他译本参见同上书,第 340 页。

通常是基层法院或中级法院的判决,同样会被公布。也许还会有人写一本专著,对这一问题做专门讨论。而这一切,都会被记录在相关的、最新版的法律评注当中,而且,这些评注在记录之外还会发表自己的见解。此外,若一个问题具有一般意义,相关的法律教科书——通常是那些读者众多且定期更新的教科书——也会跟进。就这样,经过一段时间的讨论,对于一个问题往往会见仁见智,这时,最高层级法院(联邦最高法院、联邦劳动法院、联邦行政法院或联邦宪法法院)的判决往往就登场了。这些判决一旦做出,相关问题如何解决基本上就尘埃落定。对此,文献中或许还有一些批评,少数法律评注或教科书或许还持另一种观点,但是大多数文献通常都会追随最高层级法院的意见:通说,就这样诞生了。

由上可见,法律评注的主要工作乃是记录通说从而回答现行法是什么;在通说阙如之处,法律评注的工作则为记录不同学说或案例,有时也包括发表自家观点,从而一方面忠实反映现行法一时的混乱,另一方面也参与通说之形成。① 要胜任这些工作,势必面临篇幅、材料、文字等诸多方面的挑战,这在单卷本的小型评注中体现尤为明显。《德国民法典》两千余条,一般的单卷本评注也已多达 2000—3000 页,这在篇幅上已近极限,在判例、学说不断增长的大背景下,要想保证信息量并控制篇幅,只能在材料和文字上下工夫。这就无怪乎通常会看到,法律评注中对于许多问题的交代与回答,往往都是一句话甚至半句话,一笔带过。而《帕兰特民法典评注》中随处可见的天书一般的缩写,则可谓上述精简主义之极端,甚至还曾引来了大众媒体的揶揄与批评。②

---

① Vgl. Harm Peter Westermann, Glanz und Elend der Kommentare, in: Heinz Eyrich/Walter Odersky/Franz Jürgen Säcker (Hrsg.), *FS-Rebmann*, 1989, S. 105 ff. 作者是传统法律评注的反对者,《民法典替代评注》的鼓吹者,其对法律评注能否完成记录与影响通说之使命持怀疑态度,认为这虽是法律评注的"荣光"(Glanz)所在,却也是其"不幸"(Elend)根源。

② „a) Zul ist die anfängl rgesch Begr von nicht mit Löschgs-Anspr ausgestatteten GrdPfdR; Änderg des ges Inhalts des GrdPfdR. Forml Enigg zw Eigtümer u Gläub (Köln RhNK 79, 39) u Eintr (auf Bewilligg des Eigtümers) erforderl." 这是 20 世纪 80 年代某版《帕兰特民法典评注》中的一句话,《明镜周刊》认为此类极端缩写在该评注中随处可见。Der Spiegel 8/1981, *Herrschende Meinung*, S. 96; Thomas Henne, Die Prägung des Juristen durch die Kommentarliteratur—Zu Form und Methode einer juristischen Diskursmethode, *Betrifft Justiz* 87 (2006), 352, 354。

(三) 重视案例甚于学说

随便打开一本德国法律评注检视其脚注,会很快得出其案例与学说并重的观感。事实也确乎如此,最有力的证据就是前述"通说"的内涵。其实就司法实践而言,回答现行法是什么,有实务界通说(herrschende Rechtsprechung)或者说通行判例(ständige Rechtsprechung)足矣,但是这尚不能被称为"通说"。只有当通行判例与学界通说(herrschende Lehre,hL)一致,或者说当通行判例得到了后者的认可时,通说才告形成。① 简言之,对于通说的"加冕",学界与实务界均享有一票否决权。这与学者在德国法律人共同体内所享有的崇高地位是一脉相承的。当然,通说比通行判例享有更高的地位,不意味着作为通说载体的法律评注也享有较判例更高的地位,它仅仅是载体;有学者谓"法官国王之上还有评注皇帝"②,颇容易引发误会。

在案例与学说中间,法律评注通常更重视案例。譬如在引用时,案例总是先于学说而被引用,以凸显其重要性。③ 极端者如《帝国法院民法典评注》,其副标题为"特别关注帝国法院和联邦最高法院的判例",与之一致,其大多一味援引案例而几乎无视学说;但这仅是个例,且备受批评。④

法律评注重视案例甚于学说是由其实务导向所决定的。在实务中,必然是法院尤其是最高层级的法院说了算。就具体案件而言,不管学界如何反对,最高层级的法院怎么说,案件就怎么判,法律就是什么;力量的

---

① Rita Zimmermann, *Die Relevanz einer herrschenden Meinung für Anwendung, Fortbildung und wissenschaftliche Erforschung des Rechts*, 1983, S. 25. 另参见庄加园:《教义学视角下私法领域的德国通说》,载《北大法律评论》第 12 卷第 2 辑,北京大学出版社 2011 年版,第 325—327 页; Uwe Wesel, *Aufklärung über Recht: Zehn Beiträge zur Entmythologisierung*, 1981, S. 17("一般说来,通说都意味着,文献中最重要的声音与最高层级法院的观点达成一致")。

② 其意乃是强调法律评注在确认通说过程中的重要地位,以及在引证率(阅读率)方面的垄断优势。Thomas Henne, Die Prägung des Juristen durch die Kommentarliteratur—Zu Form und Methode einer juristischen Diskursmethode, *Betrifft Justiz* 87 (2006), 352, 354。

③ 〔德〕弗朗茨・尤尔根・塞克尔:《〈慕尼黑民法典评注〉(第五版)编辑指南》,黄卉译,载《中国应用法学》2017 年第 2 期,第 178 页。但是法律评注所援引的案例数量未必多于文献数量,一个抽样统计参见 Peter Rieß, Einige Bemerkungen zum Stellenwert und zur Funktion juristischer Kommentare, in: Reinhard Böttcher/Götz Hueck/Burkhard Jähnke (Hrsg.), *FS-Odersky*, 1996, S. 85(在逾 6000 页的评注文字中,共有约 6 万个案例和 6.5 万条文献被引用)。

④ Vgl. Wolfgang Zöllner, Das Bürgerliche Recht im Spiegel seiner großen Kommentare, *JuS* 1984, 730 (732 f.)。

逻辑在此优于逻辑的力量。而且,重视案例甚于学说也并非法律评注所独有,它毋宁是德国法律文献的共性——正因为如此,才会有学者警告德国传统的"法律科学"(Rechtswissenschaft)有沦为"判例科学"(Rechtsprechungswissenschaft)之危险。① 笔者借助谷歌书籍词频统计器(Google Books Ngram Viewer)所作的一项简单统计亦可资证明。以《帕兰特民法典评注》《施陶丁格民法典评注》作为学说代表,以德国《联邦法院民事判例集》(BGHZ,1951 年至今)、德国《帝国法院民事判例集》(RGZ,1879—1945 年②)作为案例代表,笔者统计了相应关键词在谷歌图书馆所藏德语图书中的词频(粗略等同于引证率)。其结果是,判例集在相应时期的引证率明显高于法律评注。③ 具体如下图。

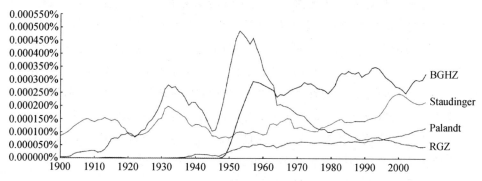

图 5.1　RGZ、BGHZ、Staudinger、Palandt 在谷歌图书馆
所藏德语图书中的词频(1900—2008 年)

(四)秉承法教义学方法:兼及社科法学的尴尬

法律评注作为德国法律文献之集大成者,自然深深带有德国法教义

---

① Horst Eidenmüller, *Effizienz als Rechtsprinzip*, 1995, S. 1 f., 490.
② RGZ 总共 173 卷,其最后一卷(1944/1945 年卷)因故迟至 2008 年时才出版。
③ 本检索完成于 2015 年 12 月 15 日。检索结论大体可靠的两点证据:第一,Staudinger 和 RGZ 自 1900 年以来即开始被引证,而 Palandt 与 BGHZ 分别在 1940 年和 1950 年前后才开始被大量引证,这与它们各自的出版时间吻合。第二,RGZ 在 20 世纪 50 年代引证率持续走高,与当时德国联邦最高法院"二战"后全盘继受帝国法院民事判决的史实相符(Franz Wieacker, *Privatrechtsgeschichte der Neuzeit*, 2. Aufl., 1967, S. 525);至于 RGZ 的引证率在 20 世纪 60 年代后开始走低,则与此时德国联邦最高法院已积累了较丰富的判例、帝国法院判例的重要性日益减弱相吻合。

学的印记。就正面证据而言,主要有两点:一是恪守法律解释方法。例如在每条评注的第一段,几乎毫无例外都有关于条文立法目的(以及立法历史)的交代。《慕尼黑民法典评注》的"编辑指南"亦指出,法律评注原则上应致力于目的解释,不过在顺序上应先从文义解释出发,经由历史解释和体系解释,最后才做目的解释,因为如此方能考虑周全。①

二是注重体系。这不仅与法教义学注重概念和体系一脉相承,也是法律评注的实务导向使然。这方面的细节不胜枚举,例如,每一条评注正文都尽可能遵循"构成要件—法律效果"的逻辑展开;其通常还会辅以案例的类型化梳理;在不少评注中,一、二、三乃至四级小标题都是精心设计,以彰显条文的内在条理。当然,受制于逐条释义的形式,法律评注对体系的推崇与尊重仍然无法与教科书或专著相提并论;它更像是螺蛳壳里做道场,只能针对某一条文做有限的体系化工作。这种有限的体系性所预设的读者乃是有相当知识背景并且熟悉法条内在关联的法律人;对于其他人而言,这无疑会带来找法不便或不全等困扰。作为前述囿于单个法条的有限体系性的补救,不少法律评注在逐条释义之外还特设一些教科书式的概要文字,称为导言或引言,置于特定的编、章、节之前。②

法律评注秉承法教义学方法的反面印证,是社会科学方法或曰社科法学在法律评注中的不彰。需指出,德国法学虽然向来被视为法教义学的大本营,但其并非从来都排斥社会科学。回顾历史,在20世纪六七十年代,德国法学界也曾有过轰轰烈烈的拥抱社会科学的运动,法律评注中的体现,如《慕尼黑民法典评注》第一版前言就曾申明,在致力于建构民法的现代体系时,亦要注重引入法政策学的考量与社会科学的知识。③ 又

---

① 〔德〕弗朗茨·尤尔根·塞克尔:《〈慕尼黑民法典评注〉(第五版)编辑指南》,黄卉译,载《中国应用法学》2017年第2期,第175页。

② Vgl. Wissenschaftsrat, *Perspektiven der Rechtswissenschaft in Deutschland*, Drs. 2558-12, 2012, S. 67; Peter Rieß, Einige Bemerkungen zum Stellenwert und zur Funktion juristischer Kommentare, in: Reinhard Böttcher/Götz Hueck/Burkhard Jähnke (Hrsg.), *FS-Odersky*, 1996, S. 87 („Quasi-Lehrbuch"). 但也有批评观点,认为这混淆了法律评注与教科书及专著的界限,参见 Werner Flume, Die Problematik der Änderung des Charakters der großen Kommentare, *JZ* 40 (1985), 470, 475。

③ 原文为:[…] bemüht sich der Kommentar um eine moderne rechtssystematische Aufbereitung des bürgerlichen Rechts, die auch rechtspolitische Gesichtspunkte und Erkenntnisse der Tatsachenwissenschaften einbezieht.

如作为这方面典型的《民法典替代评注》,更声称要揭示法律规范的"社会、经济和政治基础"以及"法律执行、适用和法学研究中所沉淀下来的社会、经济与政治考量"。[①] 但是这场将社会科学引入法学的运动并不成功,社会科学之于法学,其作用通常仍仅限于"装点门面"而已[②];在;法律评注中亦复如此。以下以法社会学和法经济学在法律评注中的表现为例予以说明。

法社会学研究在法律评注中可谓命途多舛。以《民法典替代评注》为例,诸多统计数字均因其装点门面的性质而备受批评。如在该评注第631条之前的导言中,评注者罗列了一连串数字,包括:截至1974年,德国每14个雇员当中就有一个人的收入与建筑业相关;建筑业产值在1967年下降了6.4%,在1975年下降了10%等。批评者对此的经典质疑是:对于《德国民法典》第631条以下承揽合同相关法律问题的解释,这些数字有什么用?[③] 在笔者看来,法社会学研究对于法教义学甚少助益,原因有二:其一,法律解释尤其是疑难法律问题的解决多数时候关乎价值判断,法社会学所擅长的事实判断在此难有作为;其二,法社会学研究通常偏于宏大,无法为具体制度的解释提供直接有用的信息。[④]

法经济学与法社会学虽同为难兄难弟,但处境相对要好,关于"汉德公式"的相关争论可资说明。[⑤] 汉德公式乃法经济学标杆理论之一,它是指如果采取适当措施预防事故发生的成本为B,事故一旦发生造成的实际损失为L,事故发生的概率为P,那么,在B〈PL,即当事故的预防成本小于事故损失与事故概率之乘积时,行为人应被认定为存在过失,进而应承担过失侵权责任。[⑥] 对于能否依汉德公式来判定《德国民法典》第276

---

① Herausgeber und Verlag, Geleitwort, in: AK BGB, Bd. 3, 1979, S. VIII.

② Andreas Heldrich, Die Bedeutung der Rechtssoziologie für das Zivilrecht, *AcP* 186 (1986), 74, 109.

③ Wolfram Henckel, Zum gegenwärtigen Stand der Kommentarliteratur des Bürgerlichen Gesetzbuches, *JZ* 39 (1984), 966, 969. 其他例证,Wolfgang Zöllner, Das Bürgerliche Recht im Spiegel seiner großen Kommentare, *JuS* 1984, 730 (735).

④ 可参见托马斯·莱塞尔:《法社会学导论》(第6版),上海人民出版社2014年版,第十五章(关于"合同和合同法"的论述)。

⑤ 运用法经济分析的其他例证,*Wagner*, in: MüKo BGB, 6. Aufl., 2013, § 823, Rn. 862.

⑥ *United States v. Carroll Towing Co.*, 159 F. 2d 169 (2d Cir 1947). 相关厘清及反思,参见冯珏:《汉德公式的解读与反思》,载《中外法学》2008年第4期,尤其是第514页。

条的"过错",主流学说包括法律评注均持否定态度,因为法官在实务中无法对这一公式中的相应变量完成赋值计算。[①] 但支持者亦有之,如《帕兰特民法典评注》自1989年以来就主张,至少在财产侵权(Sachschaden)当中,过错的认定不妨借鉴汉德公式。[②] 这一主张后来得到了部分评注的响应[③],并且至少已在一个案件中得到了州一级高等法院的认可。[④]

四、法律评注的生长土壤

在对法律评注的影响力和诸多特征有所了解后,自然还需追问为何法律评注在德国会如此兴旺发达。这一追问,对于想刨根究底和想预测并影响法律评注在中国之未来的人而言都具有吸引力。以下尝试从两方面作答。

(一) 制度条件

成文法是法律评注的首要前提。没有成文法,自然不可能有以成文法为对象、以逐条释义为特征的法律评注。而法律评注的存在与成功,在相当程度上也巩固了成文法在法律体系中的中心地位:尽管法典本身未必万能,但得益于法律评注,人们却可以从法典中间接得到几乎一切问题的答案;法典万能主义的神话在一定程度上得以维系。

[①] Grundmann, in: MüKo BGB, 6. Aufl., 2012, §276, Rn. 8, 61 ff. 其特别提到(Rn. 61),德国联邦最高法院的判例在作相关利益衡量时,也考虑成本与收益的比较,但只是没有严格遵循法经济学所信奉的成本最小化或收益最大化,即没有唯成本收益是从罢了。其还提到两个判例,其中一个要求,损害发生的概率愈大,所采取的预防措施就应愈完善;另一个则要求,损害预防的成本愈小,即便损害发生的概率很低,也有采取预防措施之必要。

[②] Heinrich, in: Palandt, 48 Aufl., 1989, §276 4). B). c); Gründberg, in: Palandt, 73 Aufl., 2014, §276, Rn. 19. 相关述评,参见 Wolfgang Baumann, Ökonomie und Recht, *RNotZ* 2007, 297, 299.

[③] Lorenz, in: BeckOK BGB, Stand: 01.03.2011, §276, Rn. 25 (但有所限定:只有当《德国民法典》第276条的交易上"必要的注意"基于现有规则无从确定时,才能借助利益衡量的管道,将法经济学的考量即汉德公式纳入考虑)。

[④] OLG Rostock NJW 2006, 3650 (3653). 有学者认为还有一个德国联邦最高法院的判决(BGH NJW 2007, 762)与该判决类似,Gründberg, in: Palandt, 73 Aufl., 2014, §276, Rn. 19. 但经笔者核实,尽管后者确实涉及成本收益的比较,但并未提及汉德公式,而且也未引证《帕兰特民法典评注》。其实,泛泛的成本收益比较在德国的案例中间并不鲜见,因为这本就是利益衡量的应有之义。

与成文法相表里的是作为其配套的法学方法——法教义学。法教义学提供了一套大致统一的法律解释框架,使得大批量的、质量较稳定的评注工作成为可能;它所推崇的体系建构,也使得法律评注告别了单纯的文献综述或案例综述的角色,一系列逻辑严谨、彼此相关、富有解释力的概念不但拓展了法律评注的信息容纳能力,还提升了其问题处理能力,特别是使其能够未雨绸缪,对各种理论上存在但实践中尚未出现的问题作出预先回应。

在成文法与法教义学之外,法律评注的繁荣还端赖于司法的统一。很难想象,如果德国司法不统一,比如民、刑事案件的终审权不专属于德国联邦最高法院一家,而是分属于各州二十多个州高等法院,德国的法律评注还能有今天的繁荣。仅以判例的梳理为例,如果对于同一法律文本中的同一问题,各州法院存在几种或十几种互不相同但各有约束力的观点,法律评注除了罗列上述观点,还能做什么?任何一种在全国范围内统一观点的努力都将因为与各州司法实践的疏离而不具有实务价值。退一步,即便改为以州高等法院为界,让各州法律人就同一法典分别撰写评注,亦势必面临人手不足、动力不足、需求不足以至品质无法保障的问题。因为对于大多数国家的法律人而言,虽然他们不得不承认法律是地方性知识,但是这个"地方"至少也应当是一个国家,而不是一国之内的某个州或省,任何地方性法律文献包括法律评注在内,对于其作者、出版者等利益群体而言,都难谓有足够吸引力。

(二) 利益群体

1. 出版社

2016 年,德国最大规模的法律评注《施陶丁格民法典评注》总计 97 册,整套售价逾 2 万欧元(单册购买价格更高)[①];同样有影响力的大型批注《慕尼黑民法典评注》总计 12 册,售价约 3200 欧元;市场上行销最广且每年一版(因而可能相对便宜)的单卷本评注《帕兰特民法典评注》,售价亦超过 100 欧元。这些表明,对于出版社而言,法律评注是不可多得的香饽饽。事实上,出版界人士很早就预见到了这一点,早在 1900 年前后,包

---

① 这是其官方网站(http://www.staudinger-bgb.de/)上截至 2017 年 1 月 1 日的数据。

括《施陶丁格民法典评注》在内的许多重要评注得以产生,很大程度上就归功于少数出版社的高瞻远瞩与大力推动。① 而法律评注延续至今的实务导向,也与出版社招徕和服务读者(主要是实务工作者)的逐利冲动紧密相关。

出版社的上述逐利冲动有好的一面,这包括:长期的市场竞争促成优胜劣汰,大浪淘沙后留下的都是精品;品类日益多元,小型评注、大型评注、针对普通法律人的评注、针对法科学生的评注应有尽有,满足了多元需求;部分评注逐年更新,出版社获利丰厚,法律人亦得以掌握最新资讯。但上述冲动也有其阴暗面。如今,德国的法律评注已牢牢掌控在少数几家出版社手中,其中影响最大的非贝克出版社莫属。在前述十余种民法典评注中,有近一半都属于该出版社。为了保持竞争力和影响力,其难免会有一些不大光彩的举动,比如强行要求作者在撰写评注时,优先引用其旗下评注或其他出版物②;又如在利益驱使下,向作者施压而影响评注的特定内容③;再如,通过一些重复的、规模庞大的(网络)法律评注项目去锁定尽可能多的作者,让他们无暇参与其他出版社的同类评注项目,真正有意义的竞争因此可能被抑制。此外,另一备受同行艳羡和指责的事情是:在绝大多数州的第二次国家考试中,以民法为例,唯一可以带入考场的评注就是贝克出版社的《帕兰特民法典评注》。④ 背后因由如何不得而知,但这无疑在客观上进一步强化了贝克出版社的独大地位。

2. 作者

如果说出版社是法律评注的发包方与销售者,那么作者就是法律评注的承包方与生产者。法律评注的作者通常包括评注主编和具体条文的评注者两类,其中主编负责全局统筹(通常也参与写作),在规模庞大的评

---

① David Kästle-Lamparter, *Welt der Kommentare: Struktur, Funktion und Stellenwert juristischer Kommentare in Geschichte und Gegenwart*, 2016, S. 244 f.

② Thomas Henne, Die Prägung des Juristen durch die Kommentarliteratur—Zu Form und Methode einer juristischen Diskursmethode, *Betrifft Justiz* 87 (2006), 352, 355.

③ Vgl. z. B. *Helmut Kramer*, Was wir schon immer wissen wollten oder: Wie die „herrschende Meinung" entsteht, *verdikt* 12/2003, S. 15 (涉及的也是贝克出版社)。

④ 这也引出了一系列出版社之间的公案,参见 VG Düsseldorf, Urteil vom 11.04.11-15 K 5117/09; Martin W. Huff, *Platzhirsch Palandt vor dem Kadi*, 14.11.2011, Legal Tribune Online。

注中,还会在总主编之下设置分卷主编。

通常而言,对于法律评注,出版社重利而作者重名。这就使得至少在法律评注的初创期,潜在的作者对于法律评注感兴趣的程度远不及出版社。因为对作者而言,此时写法律评注与写专著、教科书或论文一样,都不过是学术研究与发表,并无高下好恶之分。在这一时期,出版社要想使特定评注得到市场认可,除确保质量外,主要是仰赖"名家效应"。这方面的例子不胜枚举。《帕兰特民法典评注》之所以以帕兰特作为主编并以之冠名,正是看中了后者帝国考试委员会主席的身份和在实务界尤其是考生当中巨大的号召力[1];《慕尼黑民法典评注》创立时,虽然创立者其实仅 Säcker 教授一人,但基于类似考虑,出版社最终还是采取双主编制,增聘了实务界的代表 Rebmann 作为共同主编。[2]

但在法律评注作为一种文献类型得到一定认可后,作者与法律评注之间的关系就进入了蜜月期。就单个评注者而言,其个人可以数十年如一日将精力与时间奉献于法律评注的撰写,创造双赢的佳话。譬如民法学者梅迪库斯先生,其自 20 世纪 80 年代以来就同时负责《慕尼黑民法典评注》第 249—254 条和《施陶丁格民法典评注》第 985—1007 条的撰写[3];又如民诉法学者莱波尔德及其导师波勒,在大半个世纪时间里,师徒两人"最核心的工作"都是续写享有盛名的《施泰因/约纳斯民事诉讼法评注》。[4] 就整个作者群而言,法律评注作为一类文献日渐得到认可,也会吸引愈来愈多优秀的学者与实务界人士加入。在一些小的领域(如反垄断法[5]),或许就会出现群贤毕至、整个领域的法律精英共襄一部大型评

---

[1] 除了 Palandt 帝国考试委员会主席的身份所具有的广告效应(吸引广大考生购买)外,还有政治和意识形态方面的考虑。Klaus W. Slapnicar, Der Wilke, der später Palandt hieß, *NJW* 2000, 1692, 1695。

[2] Franz Jürgen Säcker, Münchener Kommentar zum BGB, in: Dietmar Willoweit (Hrsg.), *Rechtswissenschaft und Rechtsliteratur im 20. Jahrhundert: Mit Beiträgen zur Entwicklung des Verlages C. H. Beck*, 2007, S. 406.

[3] Gottfried Schiemann, Dieter Medicus zum 70. Geburtstag, *NJW* 1999, 1382, 1383.

[4] 参见〔德〕莱波尔德:《德国民事诉讼法 50 年:一个亲历者的回眸》,吴泽勇译,载徐昕主编:《司法》第 4 卷,厦门大学出版社 2009 年版,第 416—417 页。莱波尔德从 1967 年其导师去世后接手前述评注第 19 版的编写工作,截至 2013 年的第 22 版,他仍是作者之一。

[5] See David J. Gerber, "Authority, Community and the Civil Law Commentary: An Example from German Competition Law", *American Journal of Comparative Law*, vol. 42, no. 3, 1994, p. 531.

注的盛况,这样的评注影响力可想而知。而在大的部门法领域,如民法,尽管庞大者如《施陶丁格民法典评注》也只能罗致一两百位作者,而无法穷尽所有,但其影响力显然也不容小觑。何况这只是就单个评注而言,若将所有同类评注纳入考虑,就会发现,几乎没有哪个部门法学者不是某一法律评注的作者。这种极其广泛的参与亦是法律评注在德国长久繁荣的一大保障。

另外,对于那些享有盛誉的法律评注而言,其作者身份本身即为一项荣誉与资源,而主编通常就此荣誉与资源的分配享有很大话语权。此种个人利益的掺杂其间,一方面有利于学派的传承,另一方面也可能会催生学术山头,其间利弊或可见仁见智[1];但毫无疑问,它进一步强化了作者与法律评注之间的纽带。

总结而言,出版社与作者乃是德国法律评注之存续与繁荣背后的两股重要力量。除此之外,法律评注的其他伴生制度,如前文述及的将法律评注作为司法考试指定辅助资料之规定、将法律评注的阅读与律师责任相挂钩之判例等,也都与法律评注相辅相成,在路径依赖的意义上强化了法律评注在整个德国法律生活中的重要地位。原本只是用来评释法条、大多深居图书馆中的法律评注,就这样冥冥中成为整个德国法律生活和法律文化的缩影。

五、为什么普通法没有法律评注?

"为什么普通法没有法律评注?"在前述 2006 年马普所研讨会上,德国学者曾有此一问,不过由于其发言嗣后并未形诸文字,笔者不知其详。[2] 但如果依照上文分析,普通法没有法律评注与德国法有法律评注其实是相通的,都可以从成文法、法教义学、司法统一这三方面予以解释。

---

[1] See David J. Gerber, "Authority, Community and the Civil Law Commentary: An Example from German Competition Law", *American Journal of Comparative Law*, vol. 42, no. 3, 1994, pp. 540-541.

[2] 这是拜罗伊特大学的 Oliver Lepsius 教授 2006 年的口头报告题目(Warum gibt es im common law keine Kommentare?)。参见 Max Planck-Institut für europäische Rechtsgeschichte, *Workshop: Der Kommentar als Medium von Kommunikation über Recht*, Freitag, 20. Januar 2006 (电子海报);以及 Lepsius 在主页上的著述清单(截至 2015 年 7 月)。

需指出的是，普通法领域（主要是民法和刑法）没有法律评注，不意味着普通法国家没有法律评注或者与之类似的文献，这是两个不同问题，以下分别分析。

普通法领域没有法律评注，首先源于普通法是案例法，连成文的法律文本都没有，对文本作逐条释义的法律评注自然无从谈起。关于方法论，虽然普通法也有教义分析（doctrinal analysis）的传统，但它们的成就和影响力显然无法与德国的法教义学相提并论。[①] 尤其是在美国，自20世纪60年代以来，法律和社会科学运动风起云涌，传统的旨在为司法实践服务的法教义学研究已经日渐式微和沦为末流。此外，同样是在美国，由于普通法属于州法，五十个州各行其是，司法的不统一也注定了法律评注难以兴起。

有人或许会问，普通法领域真的没有法律评注吗？这是一个好问题，它取决于对法律评注作何界定，若以德国的法律评注为标准，显然是没有的；但若不纠结于形式，普通法领域未尝没有一些与德国法律评注在某些方面相似的文献，但是，两者仍然不可同日而语。[②]

其一，美国法学会的法律重述（以及示范法典等）。[③] 与法律评注类似，法律重述也包含对条文的注释和对既往判例与文献的整理，但二者的关键不同在于，法律评注所评述的条文是现行有效的法律，而法律重述所评述的条文却是没有法律拘束力的从先前各州判例中抽取出来的共通原则或规则。法律重述好比屠龙术式的法律评注。另外，法律重述乃至美

[①] 新近有一个不无争议的论断："德国的法教义学研究总是强过其他国家"。See Robert Howse," Will Germany always really best the US (and the world) in doctrinal legal scholarship?", *VerfBlog* 2014/2/19；Ralf Michaels,"Culture, Institutions, and Comparison of Legal Education and Scholarship——A Response to Rob Howse", *VerfBlog* 2014/2/20。

[②] 极少数学者认为，应区分法典评注与法律评注，后者不必然以成文法为评注对象，因此英美法上的体系书与德国的法律评注最为相像。Gralf-Peter Calliess, Kommentar und Dogmatik im Recht, in: David Kästle/Nils Jansen (Hrsg.), *Kommentare in Recht und Religion*, 2014, S. 383. 相关批评参见 David Kästle, Juristische Kommentare——theologische Kommentare, in: David Kästle/Nils Jansen (Hrsg.), *Kommentare in Recht und Religion*, 2014, S. 397。

[③] 如朱晓喆：《比较民法与判例研究的立场与使命》，载《华东政法大学学报》2015 年第 2 期，第 160 页。尽管法律重述与法律评注相似，但据考证，法律重述所借鉴的并非欧陆的法律评注，而是英国的教科书（textbook），尤其是 Albert Venn Dicey 的冲突法著作（当然并非照搬，而是有所改进）。后者旨在将英国的冲突法以一种有体系的方式呈现出来，在阐释相关规则和例外时，也已经开始运用法律重述中常见的评论（comment）、示例（illustration）等技术。See Nils Jansen, *The Making of Legal Authority*, Oxford University Press, 2010, pp. 128-135。

国法学会的产生①都有其时代背景,即在 20 世纪二三十年代的美国,居于主流的仍然是法教义学;后来法教义学日渐没落,法律重述也就再无昔日的辉煌了。②

其二,在普通法领域,各州也有一些配注释的成文法(annotated statutes)。但这些立法注释极其简陋,仅仅是对案例、论文的罗列,毋宁称之为"参考文献目录"。③ 这种局面,除了源于人力、效益、方法论等因素的影响外,或许还因为在普通法领域,法律仍需从先例而非法典中去寻找,成文法地位低下,远不如大陆法系的成文法④,故亦无认真对待必要。

其三,名为注释的文献,如《美国法律报告》中的"注释"(ALR annotations)。虽然名为注释,但其注释对象既非法条亦非判例,而是有争议的特定问题,即系以问题为中心梳理案例及文献,勾勒现行法的图景。⑤ 这在反映现行法状况的旨趣上与法律评注是相通的,但在类型上显然属于论文的合集或者文献及案例综述的合集,而非法律评注。

虽然普通法领域无法律评注,但普通法国家却未必没有。⑥ 仍以美国为例,在其联邦法领域,就不乏德国式的法律评注,其典型如由 West 公司出版的《美国法典注释》(USCA)和由 Lexisnexis 公司出版的《美国法典服务》(USCS)。它们都是针对《美国法典》(含 50 余部联邦法)所作的逐条释义,不仅有丰富的参考文献,内容也颇为详尽,每一部联邦法释

---

① 美国法学会创立于 1923 年,第一部法律重述《合同法重述》出版于 1932 年。Charles E. Clark, "The Restatement of the Law of Contracts", *The Yale Law Journal*, vol. 42, no. 5, 1933, p. 643.

② Nils Jansen, *The Making of Legal Authority*, Oxford University Press, 2010, pp. 104 f.

③ See Oregon Revised Statutes Annotated §75.1160. 另参见郎贵梅:《美国联邦最高法院判例汇编制度及其启示》,载《法律文献信息与研究》2008 年第 2 期。

④ Thomas Henne, Die Prägung des Juristen durch die Kommentarliteratur—Zu Form und Methode einer juristischen Diskursmethode, *Betrifft Justiz* 87 (2006), 352, 353.

⑤ See e. g. Dale Joseph Gilsinger, "Annotation: When is Warrantless Entry of House or other Building Justified under 'Hot Pursuit' Doctrine", in: *American Law Reports*, 6th ed., 2006, vol. 17, p. 327.

⑥ 这不包括翻译为英语的德国法律评注,以及在英美出版但主要是由德国人发起和撰写的针对国际条约的法律评注,后者如 Stefan Vogenauer & Jan Kleinheisterkamp (eds.), *Commentary on the UNIDROIT Principles of International Commercial Contracts (PICC)*, Oxford University Press, 2015. 相关梳理参见 Gralf-Peter Calliess, Kommentar und Dogmatik im Recht, in: David Kästle/Nils Jansen (Hrsg.), *Kommentare in Recht und Religion*, 2014, S. 390 f.

义的体量大致与德国的小型评注相当。更为罕见的是少数关于联邦法的体系书,如大名鼎鼎的《科利尔论破产》,其名为体系书,实为法律评注,中间有相当篇幅是对《美国破产法》的逐条释义,体量上也直追德国的大型评注。① 在同为联邦法的诉讼法领域,West 公司和 Lexisnexis 公司亦各有一套相当于大型评注的体系书。②

总之,不管是普通法领域没有法律评注还是普通法国家有法律评注,都可以从成文法、法教义学、司法统一这三大因素的消长与互动中得到解释。在美国的普通法领域,纵然不具备成文法和司法统一两项条件,但当其法教义学昌盛之时,仍然会诞生与法律评注形似的法律重述;而在那些部分包含成文法的普通法领域,还会产生徒具法律评注之形的简陋的立法注释。在联邦法领域,由于是成文法且司法统一,也由于法教义学不曾缺席(其实在任何法域从来都不会缺席),前述规模可观的两套《美国法典》评注之产生可谓必然。③ 当然,受制于法教义学不彰的大环境,这些评注往往不注重体系建构,并且有明显的重案例轻学说现象。④ 另外,就利益群体而言,出版社显然是各类联邦法评注的强有力的推动者。在各自官网上,一套包含三年更新服务的《美国法典服务》售价约为 1 万美元,而一套不含后续更新服务的《美国法典注释》要价更是超过 1.8 万美元。与德国同行的煊赫相比,上述美国法律评注的作者仅扮演一个不温不火的角色,他们主要都是由出版社罗致的实务界人士(律师),绝少见到顶尖学者。在法律评注声望不高且市场有限的背景下,出版社占据主导地位

---

① Alan N. Resnick, Henry J. Sommer (eds.), *Collier on Bankruptcy*, 16th ed., Matthew Bender & Co., Inc., 2009. 其总计 28 卷,含正文 19 卷、附录 9 卷,其中第 2—9 卷(共 8 卷)为对《美国破产法》的逐条释义。该释义篇幅不小,但部分是拜《美国破产法》条文较长之赐:一个条文一般要占到 2 页篇幅,而极端者如开篇的第 101 条居然长达 21 页(其释义则长达 220 页)。

② 参见 Westlaw 数据库收录的 Wright & Miller's Federal Practice & Procedure 和 Lexis 数据库收录的 Moore's Manual: Federal Practice and Procedure,二者均涵盖民事诉讼法和刑事诉讼法。

③ 在作为成文法的国际公约领域,也都涌现了一批法律评注,除上文 Vogenauer 关于 PICC 的评注外,相关梳理还可参见 Christian Djeffal, "Commentaries on the Law of Treaties: A Review Essay Reflecting on the Genre of Commentaries", *European Journal of International Law*, vol. 24, no. 4, 2013, pp. 1223-1238; Wissenschaftsrat, *Perspektiven der Rechtswissenschaft in Deutschland*, Drs. 2558-12, 2012, S. 47.

④ 如 11 USCS § 302(破产法);35 USCS § 302(专利法)。

而作者退居幕后甚至作为附庸,实在也是情理之中的事情。

六、法律评注在中国有未来吗?

(一) 法律评注在中国的意义

尽管各类评注的编写在我国已处于萌芽阶段,但是仍有必要检视其之于我国法律生活的意义。毕竟,法律评注的宗旨并非满足学者的事功情结,而是服务于一国的司法实践。

在任何国家的司法实践中,法律人的头等需求都不外乎回答下述问题:现行法是什么? 为了回答此问题,在普通法系国家,法律人会去研读判例,随着研究的深入与知识积累和传承的需要,其法律文献会经历一个类似于物种进化的演化过程:最初是旨在单纯记录法院判决的案例报道,然后是包含评论的案例评析,再是旨在系统处理特定问题的论文或专著(其中也包含大量的案例评述),最后才是某种竭力穷尽所有问题与材料的集大成作品。当然,正如不同物种可以共存于同一世界一样,上述法律文献完全可能共存,它们的进化或演化并非是线性的,在不同国家和地区也可能存在差别,但是,从低级到高级、从简单到精致、从碎片化到集大成的演化趋势却不会改变。因为愈高级、愈精致、愈集大成的作品,就能愈好、愈准确、愈快捷地满足司法实践的需求,并满足与之相关的法学教育与法学研究的需求。在大陆法系国家,虽然法律解释的对象不再是案例而是法条,但只要法条还需要解释,作为终局解释和权威解释的案例同样会成为法律解释的最重要素材,因而同样会产生案例评析、论文、专著等文献类型的演化与分野,并最终发展出某种集大成文献。在此种"法律文献进化论"的意义上,法律评注(以及部分教科书)等集大成式文献确实可以作为衡量大陆法系一国法学之成熟度的标志[1];而至少就德国蔚为壮观的法律评注而言,其也很可能代表了法教义学发展到巅峰时一国的法律文献所能企及的极限。

---

[1] 参见苏永钦:《法律作为一门学问》,载陈林林主编:《浙大法律评论》(2018年卷),浙江大学出版社2017年版,第23页。

自改革开放以来,我国法律与法学发展业已催生了门类大体齐全的法律文献,其中不乏与法律评注在形式或功能上相似者。但就更好地满足司法实践的需求而言,它们与法律评注之间仍然有不小的差距,因而也就反衬了法律评注之于我国司法实践的意义。

(1) 教科书。我国目前集大成式的法律文献主要是在各学科广受好评的少数教科书。这些教科书其实是有些名不符实的,它们受欢迎并非因为它们简单清晰、便于教学,而是因为它们都是大部头、巨细靡遗、甚至包含不少案例,除了作教学之用,还可以作为研究者与实务工作者的案头参考书。严格说来,此类教科书或许应该称为"体系书"。① 而且与英美法上的体系书一样,它们也借助于资料的梳理以及尽可能处理较多问题而部分承担了为司法实践服务的职能。但是与旨在竭力回答一切问题、全面整理案例与学说的法律评注相比,它们还是相形见绌。当然,尽管难免会有交叉,但教科书和法律评注在理论上仍可以各擅胜场,教科书长在可以不受法条拘束,建构体系、反思批判,法律评注则长在可以法条为线索,逐条梳理、整合重要的判决与文献;教科书的精华在于其理论贡献,在于一家之言,而法律评注的精华和价值则在于最全面地展示现行有效的法律是什么。

(2) 释义书。有人或许会问,我国是不是早就有法律评注了? 若仅就逐条释义的形式而言,我国的法律评注文化的确源远流长,历史上有《唐律疏议》,现如今也有立法机关的立法释义、司法机关的司法解释"理解与适用"以及学者撰写的各类名为释义或评注的著作。② 但是众所周知,立法机关和司法机关的释义书在品质乃至学术规范方面都还有很大改善空间③;学者的各类释义书也多徒具逐条释义之形,而无法律评注之实,实质上更接近于教科书。或许正因为如此,现阶段的诸多法律评注项目才会有意无意区分源自域外的法律评注和我国目前已有的各类释义

---

① 有些作者对此有清醒的定位与界分,参见程啸:《侵权责任法》(第 2 版),法律出版社 2015 年版,第二版序言。

② Shiyuan Han, "The Legal Commentary Culture in China", in: Michèle Schmiegelow, Henrik Schmiegelow (eds.), *Institutional Competition between Common Law and Civil Law*, Springer, 2014, pp. 334-336.

③ 如薛军教授的评价:"质量参差不齐,有些甚至不忍卒读,但定价永远畸高"。薛军:《当我们说民法典,我们是在说什么》,载《中外法学》2014 年第 6 期,第 1407 页。

书。除了潜在的外来和尚好念经的用意外,这一区分最主要是基于学者在方法论上的自觉、对于高品质的追求以及对于司法实践庞大需求的洞察,欲借此革"故"(释义书)鼎"新"(法律评注),摆脱以往各类释义书的积弊。当然,究竟是革故鼎新另起炉灶更好,还是接续传统、以旧瓶装新酒更好,在策略上确乎还可以见仁见智。

(3)钥匙码。这原本是指美国 Westlaw 数据库的钥匙码系统(Key number system),其本质上是一个裁判要点的分类系统,通过诸如"合同—履行或违约—因履行不能而违约"等关键词,逐级将重要案例的裁判要点有体系地整合成一个案例法系统,以便查阅和检索;与此同时,还借助引文溯源与链接技术,将同一数据库中嗣后援引过该案例的案例、论文、图书等相关资料一并列出,以备参考。早在 2009 年,West 公司即已推出该数据库的中国版"中国钥匙码系统";此后中国同行们陆续跟进,其代表如天同律师事务所的"天同码"、最高人民法院法信平台的"法信大纲"等。其中,法信大纲与 Westlaw 的钥匙码无异,特色在于对法院系统的图书和期刊资源都作了整合,天同码则专注于案例的精简与分类,可谓传统钥匙码的简化版。与以往的案例丛书和其他实务类文献相比,上述各类钥匙码系统的信息量更大、更有条理、也更便于检索和查阅。但是与法律评注相比,它们仍然有明显差距,因为钥匙码系统毕竟只是一个初级的资料汇编,不仅缺乏评论和思考,甚至也缺乏精细的整理(比如整理出少数观点和多数观点);受数据库资源所限,它们也未必能囊括所有的重要文献;而且,它们似乎沉浸在案例法的传统之中,安排资料的框架和线索都是"合同""履行或违约"一类的概念,而弃现成的法条体系于不用,实在有忽视我国的成文法大背景之嫌。

除了在司法实践层面的功用,法律评注对于我国的法学教育、法学研究乃至立法工作都同样富有意义。[①] 法学教育固然直接以优秀的教科书为根基,但教科书若想删繁就简、授人以渔,最好能有对现行法全面而扎实的知识性整理即法律评注作为配合。法学研究若想避免重复劳动,同

---

① See also Shiyuan Han, "The Legal Commentary Culture in China", in: Michèle Schmiegelow, Henrik Schmiegelow (eds.), *Institutional Competition between Common Law and Civil Law*, Springer, 2014, pp. 337-339.

样可以参考法律评注,从而快速可靠地发现共识、分歧乃至盲区之所在。至于立法工作,以正在进行的民法典编纂为例,全面反映司法与学说现状的集大成作品弥足珍贵,因为倘若不知历史与现状,任何有意义的传承与创新都无从谈起。

(二) 法律评注在中国的可行性

前文已述,法律评注有其特定的生长土壤,需要相应制度条件和利益群体作为支撑。而在我国现阶段,成文法的传统无可撼动,法教义学普遍获得肯认,司法统一似乎更不成问题,此外更是有一群热心的有欧陆留学背景的作者以及对法律评注市场有敏锐嗅觉和较充足动力的出版人;法律评注的中国事业可谓"万事俱备只欠东风"——只等有人来写了。话虽如此,但现实远比理想复杂,法律评注要想在中国扎根,仍将面临诸多挑战。其中,最大的挑战不是别的,正是刚才未予质疑的颇有我国特色的司法统一体系。

在我国,最高人民法院历来主要通过发布司法解释而非审理案件的方式来实现司法的全国统一。这就导致了在司法解释所不及之处或其本身有疑义之处,各地法院无所适从,进而促使各地高级人民法院(乃至中级人民法院)多年来持续发布了为数众多的地方性司法文件或曰"小司法解释",以统一本地司法;而不同的"小司法解释"难免会有冲突。因此,从北京到上海、湖北到湖南、江苏到江西,"不同省市不同法"的司法割据现象早已成为我国法律生活的常态。与这些更具体、细致、更契合审判实践需求的地方性司法文件相比,最高人民法院的判决数量虽然可能更多,但却甚少被赋予也很少能承担起全面统一法律适用的使命(想想数量极为有限的指导性案例)。凡此种种,对于法律评注的编写提出了巨大的挑战,即在法律、司法解释尚付阙如或有疑义之处,评注作者们很可能无从确定在全国层面现行有效的法律是什么。是不是只能退而求其次,逐一按省甚至按市梳理地方性司法文件?如果这些文件不公开怎么办?这些文件在法律渊源层面应该如何定位?如何处理各地法院之间甚至其内部不同文件的冲突?类似的,就最高人民法院的判决而言,如何处理其内部不同庭室乃至不同合议庭之间的观点冲突?① 总之,与德国的评注作者们大多有丰富、现成的最高层级法院的判例可资拣选不同,中国的评注作者们面临的案例拣选工作将更繁重、更艰巨。但换个角度,也正因为如此,中国的评注作者们的工作却可能更富有贡献,因为司法四分五裂之际,往往是学说大有可为之时,中国的评注作者们因而有更多的机会凭借案例的甄选、评说与理论的建构参与到法律的发展中来。在这个意义上,对于法律评注在中国的落地而言,一定程度的司法不统一是挑战也是机遇,法律评注更有可能通过回答这一问题而发展出自身的特色,它的中国作者们也因此可能有一番更大的作为。

此外,法律评注在中国的推行还将面临以下两项挑战:

一是激励机制尚未形成。诚如笔者敬重的一位学者所言,目前在中国编写法律评注是一项非常需要公心的事业。因为在现有评价体制下,法律评注的撰写并不能被折算为有效的学术工分。但所幸局面也在改观,破冰者如前述《法学家》杂志自 2016 年以来开辟的"评注"专栏。当然,这仍然属于曲线救国的无奈之举,即先化整为零以论文发表换取学术工分,然后再集腋成裘,结集出版真正的法律评注。

二是学术不端和知识产权保护不周的风险。由于着眼的是现行法的梳理,法律评注之间难免有较高的同质性。对于第一部评注而言,案例与学说的整理固然费时费力、颇具贡献,但对于同领域的第二部评注而言,上述工作却可能只意味着选择性的复制、粘贴以及稍做更新而已。这一方面使得一本法律评注要想获得成功,极有必要发展出自身的特色;另一方面,也使浑水摸鱼者有机可乘。事实上,即便是在德国,也有不少法律评注扮演着不大光彩的"二道贩子""二手评注"的角色。② 其中最极端的莫过于 2006 年普维庭等人主编的民法典评注所爆出的丑闻:在这本约 3000 页的评注中,居然有上百页内容属于赤裸裸的抄袭。③ 可以想见,未

---

① 这方面的比较法研究,参见卢佩:《司法如何统一?——以德国联邦最高法院判例为实证分析对象》,载《当代法学》2014 年第 6 期。

② Peter Derleder, Von Schreibern und Textorganisatoren, NJW 2007, 1112.

③ Hermann Horstkotte, Plagiate: Ein Professor und sein Schreibknecht, Spiegel Online (Unispiegel), 28. 11. 2010; Hng Lahmn, CHBck gg Luchtrhnd—eine Groteske, JuraHH Magazin 11/2006.

来中国法律评注的防不端、防抄袭、防盗版之路,亦任重而道远。

(三) 编写法律评注的注意事项

在 2015 年第一期中德民法评注会议上,朱庆育教授曾结合其个人撰写《合同法》第 52 条第 5 项评注的感悟,提出了比较法资料运用、案例与文献择取、通说与个人见解平衡、资料缩写规范以及篇幅大小等方面的问题。① 这些问题有相当部分在之后的类似会议上被重复提出,可谓代表了中国第一批法律评注作者们的共同困惑与思考。笔者不揣浅陋,结合上述问题以及有限的个人体会,尝试提出法律评注编写过程中的若干注意事项:

(1) 简洁。文字、资料、论证均应如此。

(2) 以现行法的解释为中心。这是法教义学也是法律评注的立身之本。

(3) 穷尽问题而非穷尽材料。要竭力回答一切现行法上已经出现和可能出现的问题,并有体系地予以呈现。案例、文献等材料固然重要,但贵在精而不在全。在新法刚颁布、材料尚匮乏时,评注者应有"法律人的想象力"②,预见可能发生的问题并予以解决。

(4) 以反映法律现状为重点。这既表现为交代通说,也表现为在通说阙如时分述不同学说与案例,并阐发自家观点。③ 不同评注可以有不同侧重。但要强调的是,法律评注的主要工作仍然是反映法律现状而非

---

① 朱庆育:《〈合同法〉第 52 条第 5 项评注》,载《法学家》2016 年第 3 期,第 153 页。如今已形成中国版的评注写作指南。参见朱庆育:《中国民法典评注写作指南(第 1 版)》,载微信公众号"天同诉讼圈",2020 年 8 月 25 日。更微观的研究,参见黄卉:《德国法律评注及其案例编写体例——以〈德国基本法〉第 14 条私有财产权条款为例》,载《法律适用》2017 年第 8 期;姚明斌:《法律评注撰写中的案例运用》,载《法律适用》2017 年第 8 期。

② Dieter Medicus, Die Phantasie des Juristen, in: Michael Martinek (Hrsg.), *100 Jahre BGB-100 Jahre Staudinger: Beiträge zum Symposium vom 18.-20. Juni 1998 in München*, 1999, S. 171 f.

③ 在有通说时,是否还有必要表达个人意见?这可以见仁见智。比如梅迪库斯教授就认为,仍有必要,作用之一在于防止人云亦云、避免产生"伪通说"。Dieter Medicus, Die Phantasie des Juristen, in: Michael Martinek (Hrsg.), *100 Jahre BGB-100 Jahre Staudinger: Beiträge zum Symposium vom 18.-20. Juni 1998 in München*, 1999, S. 172.

自行发展法律①,法律评注的水平,大体无法超越同时代的法学研究与司法裁判的水平。

(5)原则上只引用权威案例。这是为司法实践服务之必然。案例的审级愈高,就愈具有权威性,愈可能为下级法院所遵从。下级法院的判决除非说理充分,原则上不予引用,即案例的价值与其权威性和说服力成正比。

(6)原则上拒斥比较法资料。这与解释中国法的宗旨一脉相承。从法律解释角度看,外国法资料只有在两种情形下有必要出现于法律评注之中:一是在确定明显有外国法渊源的某法律条文的立法目的时,经由目的解释引证外国法资料,二是借鉴外国案例、学说中的说理时对其予以引用。② 甚至在后一情形下,也不妨对外国法资料作策略性的舍弃。

(7)把握互联网时代的机遇。在互联网时代,电子数据库的海量信息和检索便利无疑增强了人们的信息获取能力,但是,只要法律评注不是简单的资料堆砌,人们对它的需求和倚赖就不会减弱,反倒会因为使用上的便利而愈加增强。③ 至于法律评注如何以电子化的方式呈现④,又如何与传统的纸质版相得益彰,尽可以有无穷的想象空间。

(8)正确对待社会科学研究。在方法论层面,应谨记法教义学与价值判断的包容关系⑤,切不可让法律评注沦为狭隘的法教义学故步自封、盲目排斥社会科学研究的万里长城;只要有适当的着眼于具体制度之适用的社科研究,就理应将其纳入考虑或予以接纳。

---

① 弗卢梅教授认为大型评注尤应恪守此点,评注者不能过多发挥。Werner Flume, Die Problematik der Änderung des Charakters der großen Kommentare, JZ 40 (1985), 470。

② 参见贺剑:《认真对待案例评析:一个法教义学的立场》,载《比较法研究》2015年第2期,第185页。

③ 类似观点,Peter Rieß, Einige Bemerkungen zum Stellenwert und zur Funktion juristischer Kommentare, in: Reinhard Böttcher/Götz Hueck/Burkhard Jähnke (Hrsg.), FS-Odersky, 1996, S. 90 f. 不同观点,〔德〕施蒂尔纳:《德国民法学及方法论——对中国法学的一剂良药?》,黎立译,载方小敏主编:《中德法学论坛》第12辑,法律出版社2015年版,第39页;〔美〕波斯纳:《波斯纳法官司法反思录》,苏力译,北京大学出版社2014年版,第388页。

④ 一些激进建议,比如将音频乃至视频也纳入网络法律评注,参见 Christian Djeffal, "Commentaries on the Law of Treaties: A Review Essay Reflecting on the Genre of Commentaries", *European Journal of International Law*, vol. 24, no. 4, 2013, pp. 1237-1238。

⑤ 参见许德风:《论法教义学与价值判断》,载《中外法学》2008年第2期。

七、结　　语

　　在德国,法律评注本质上不过是一类法律文献,但又不仅仅是法律文献。作为一类文献,法律评注的灵魂在于为司法实践服务,这一方面成就了其在德国法律生活中的巨大影响力,另一方面也衍生出其以解释现行法为中心、竭力回答一切问题、重视案例甚于学说、秉承法教义学方法等诸多关键特征。法律评注是法律文献中的集大成者,亦可视为一国法教义学成熟或臻于巅峰时之标志性事件。法律评注在德国的成功还使其成为管窥德国法律文化的窗口,它的产生与繁荣仰赖于成文法、法教义学、司法统一等制度条件,并得益于出版者和作者等利益群体的支持;法律评注在普通法领域以及普通法国家的不同形态与境遇亦可资印证。

　　基于上述研究可知,目前正处于萌芽阶段的我国的法律评注编写事业,绝不仅仅是少数学者一厢情愿的对于某种情怀或事功的追求,它冥冥中更是诸多要素基本齐备后法律文献不断向前演进的必然结果,它的一头是日益增长且一直嗷嗷待哺的司法实践的庞大需求,另一头是日益得到重视的法教义学方法以及矢志于该方法之应用的部门法学者们的巨大供给,二者一拍即合。在这一过程中,人的因素功不可没,但这同时也是时势造英雄的结果。中国的第一部真正的法律评注未必指日可待,但那一天的到来,必将开启一个时代。

第六章 《合同法》第 54 条第 1 款第 2 项（显失公平合同）评注

> » 写作说明

本章与第五章大致写作于同一时期。一面思考法律评注之一般问题，一面将所思所想付诸实践，并据此补充或修正诸多一般思考，实为艰辛但颇有收获之研究体验。如今回看，除了少数瑕疵，本章是笔者能力所及范围内较为成熟的法律评注，也大体契合第五章所描绘的中国法上的法律评注之形象。

《合同法》第 54 条：
下列合同，当事人一方有权请求人民法院或者仲裁机构变更或者撤销：
……
（二）在订立合同时显失公平的。
……

文献：

巴晶焱：《股权转让协议中欺诈和显失公平的认定》，载《人民司法·案例》2011 年第 14 期；**曾大鹏**：《论显失公平的构成要件与体系定位》，载《法学》2011 年第 3 期；**陈广华、王逸萍**：《建设工程价款优先受偿权预先放弃之效力研究》，载《西部法学评论》2015 年第 4 期；**陈璐、龚箭**：《显失公平原则在工伤赔付协议中的适用》，载《人民法院报》2012 年 9 月 20 日，第 7 版；**崔建远**：《合同效力瑕疵探微》，载《政治与法律》2007 年第 2 期；**顾建兵、龙汉青**：《协议显失公平 法院判决撤销》，载《人民法院报》2013 年 8 月 27 日，第 3 版；**胡康生**主编：《中华人民共和国合同法释义》，法律出版社 2009 年版；**金语**、**张玮**：《用人单位支付经济补偿金是竞业限制条款生效的条件》，载《人民法院报》2012 年 11 月 1 日，第 7 版；**李馨**：《撤销之诉中显失公平的认定标准》，载《人民司法·案例》2013 年第 20 期；**梁慧星**：《关于中国统一合同法草案第三稿》，载《法学》1997 年第 2 期；**梁慧星**：《论可撤销合同——兼答曹瑞林同志》，载《法律学习与研究》1988 年第 4 期；**梁书文**主编：《民法通则贯彻意见诠释》，中国法制出版社 2001 年版；**林少兵**：《国内仲裁协议效力之认定》，载《人民司法》2002 年第 6 期；**冉克平**：《显失公平与乘人之危的现实困境与制度重构》，载《比较法研究》2015 年第 5 期；**邵建东**：《论可撤销之法律行为——中德民法比较研究》，载《法律科学》1994 年第 5 期；**施杨**、**朱瑞**：《格式条款提供方的合理提示义务与格式条款效力的认定》，载《人民司法·案例》2010 年第 18 期；**王伟伟**：《以显失公平原则规制"一案暴富"》，载《检察日报》2013 年 9 月 25 日，第 3 版；**吴学文**：《工伤赔偿协议是否具有可撤销性的认定》，载《人民法院报》2015 年 8 月 5 日，第 7 版；**徐涤宇**：《非常损失规则的比较研究——兼评中国民事法律行为制度中的乘人之危和显失公平》，载《法律科学》2001 年第 3 期；**尹田**：《乘人之危与显失公平行为的性质及其立法安排》，载《绍兴文理学院学报》2009 年第 2 期；**朱宏亮**、**谢娜**：《显失公平规则在中国大陆建设工程领域的适用性探析》，载台湾《月旦民商法杂志》2008 年 6 月（第 20 期）；**最高人民法院民一庭**：《如何认定合同的显失公平》，载《民事审判指导与参考》第 35 辑，法律出版社 2009 年版，第 137—141 页。

目录：

一、规范目的与立法历史……1—11

（一）规范目的……1—4

（二）立法历史……5

（三）适用范围……6—11

二、在订立合同时显失公平……12—58

（一）共识与争论……12—19

（二）双重要件说……20—36

（三）单一要件说……37—42

（四）折中说……44—47

（五）显失公平制度是公序良俗原则的体现……48—52
（六）与相关制度的关系……53—58
三、法律效果……59—75
（一）概述……59—61
（二）撤销……62
（三）变更……63—72
（四）撤销和变更的关系……73—75
四、常见案例类型……76—87
（一）特别法规定……76—77
（二）司法实务……78—87
五、证明责任……88
六、立法论……89—90

> » 写作说明
>
> 目录并非评注之所必需。但若篇幅较长，则宜设置目录，便于检索。纸版评注如此，电子版评注亦无不同。为便于按图索骥，在超长评注之中，甚至不妨设置词条索引（如德国《施陶丁格民法典评注》）。

一、规范目的与立法历史

（一）规范目的

1 本项规定在学理上通常称为显失公平制度（显失公平合同）。它构成对合同自由原则的限制：通过赋予一方当事人事后撤销或变更合同的权利，合同的约束力（《合同法》第8条第1款）在此被突破。

2 有争议的是，在显失公平制度背后，立法者乃是基于何种规范目的而否定合同的拘束力？直观的理解似乎是公平原则。《合同法》的起草机关即持此见解①;《最高人民法院关于贯彻执行〈中华人民共和国民法通则〉若干问题的意见(试行)》(以下简称《民通意见》)第72条以公平原则作为显失公平的判定标准,也支持此种见解。

　　需指出,《民通意见》第72条还将等价有偿原则作为显失公平的判定标准。据此,显失公平制度似乎也体现了等价有偿原则。② 这并不妥当。等价有偿乃公平原则的应有之义,而且,等价有偿原则自身的妥当性也多受质疑。③ 这些因素,很可能使得《合同法》没有再因循《民法通则》第4条将等价有偿原则和公平原则并举,而是仅规定了后者。④ 最高人民法院后来在判断显失公平时,也不再提等价有偿,而仅以公平原则作为判断标准。⑤

　　也有人将公序良俗原则(《合同法》第7条)作为显失公平制度背后的依据。这显然是受《德国民法典》第138条第2款(将暴利行为作为法律行为违背公序良俗的特例)的影响。⑥ 我国法上,早期也曾有规定从"单方获取暴利"的角度定义显失公平制度。⑦ 此外,显失公平制度也可能被视为公平原则与诚信原则(《合同法》第6条)的共同体现。⑧

---

① 胡康生主编:《中华人民共和国合同法释义》,法律出版社2009年版,第98页。
② 参见梁书文主编:《民法通则贯彻意见诠释》,中国法制出版社2001年版,第53页;韩世远:《合同法总论》,法律出版社2011年版,第200页;崔建远:《合同法总论》,中国人民大学出版社2011年版,第353页。
③ 分别参见曾大鹏:《论显失公平的构成要件与体系定位》,载《法学》2011年第3期,第137页;朱广新:《合同法总则》,中国人民大学出版社2012年版,第236页(主观和客观价值论之争)。
④ 立法起草机关也将"公平原则"与"等价公平原则"混用。胡康生主编:《中华人民共和国合同法释义》,法律出版社2009年版,第98页。
⑤ 参见《最高人民法院关于稷山县关公洗煤厂与垣曲县晋海实业总公司、张喜全货款纠纷一案的复函》([1999]民他字第33号):"……扣罚洗煤厂18万元煤款的协议,明显违背公平原则,可认定为显失公平";《家园公司诉森得瑞公司合同纠纷案》,载《最高人民法院公报》2007年第2期(二审法院尽管引用了《民通意见》第72条,但裁判理由以及裁判摘要中都只认可公平原则)。
⑥ 梁慧星:《民法总论》,法律出版社2011年版,第202页;巴晶焱:《股权转让协议中欺诈和显失公平的认定》,载《人民司法·案例》2011年第14期,第81页。也有学者将德国法上的暴利制度视为公平原则(给付均衡法理)的体现。韩世远:《合同法总论》,法律出版社2011年版,第39页。
⑦ 《国家工商行政管理局经济合同司关于如何处理申请变更或者撤销内容有重大误解或显失公平的合同案件的复文》([1989]同字第3号)第2条第2款:"显失公平的合同,是指……单方获取暴利"。
⑧ 有此种倾向者,王利明:《合同法研究》(第一卷),中国人民大学出版社2015年版,第701、710页。

4　显失公平制度的规范目的为何,即体现了何种法律原则,与其构成要件密切相关。大致而言,如果采单一要件说,显失公平制度是公平原则的体现;但若采其他学说,则未必。【48—52】* 当然,显失公平制度是否体现了公平原则,还与对公平原则的界定相关。如果对公平作宽泛理解,使其等同于合同正义,因而可以涵盖诚实信用、情势变更、公序良俗等概念,显失公平制度无疑是公平原则之体现。① 但这一无所不包的公平,并非《合同法》第 5 条意义上的公平;后者仅关注"各方的权利和义务"是否对等。

> **》 写作说明**
>
> 评注开篇就谈法条之规范目的(法条背后的价值判断),是法教义学之必然。从法律解释来看,法条的主观目的对应于历史解释,客观目的对应于目的解释,以上两种解释方法对于理解法条的含义至关重要。通常而言,除非社会情事变迁,法条的主观目的和客观目的大抵一致。但在我国,因官方立法资料之缺位,半官方的(由立法起草机关主编的)立法释义又良莠不齐,特定法条之主观目的(立法者原意)往往晦暗不明。探求法条之客观目的,因而成为法教义学的常规作业。上文显失公平制度的目的或价值为何,即属此类。在形式层面,这须求诸裁判和学说;在实质层面,则涉及不同价值或原则之权衡。

(二) 立法历史

5　显失公平制度的源头是《民法通则》第 59 条。② 之后的类似规定还有《最高人民法院关于适用〈涉外经济合同法〉若干问题的解答》(法[经]

---

* 此处数字指本章段落边码,后同。

① 如《最高人民法院副院长唐德华在国家法官学院中级人民法院院长培训班上的讲话》第二点第 3 条。关于合同正义,参见王利明:《合同法研究》(第一卷),中国人民大学出版社 2015 年版,第 199—202 页;隋彭生:《合同法要义》,中国人民大学出版社 2015 年版,第 4 页。

② 新中国成立后,最早有关显失公平的规定似乎是 1951 年《最高人民法院华东分院关于解答房屋纠纷及诉讼程序等问题的批复》第 4 条。该条规定:"承典人未得出典人同意,将出典物变卖,应先审究典权契约内容是否公平合理……如果典权契约内容,显失公平……自许原出典人依法诉追回赎。"这相当于赋予了原出典人撤销或变更典权契约(以及对抗第三人)的权利。

发[1987]27号,失效)第4条第1款第2项、1989年《技术合同法实施条例》(失效)第29条第2项。上述三项规定对显失公平的时点均无限制,而《合同法》第54条要求显失公平须发生于"订立合同时"。

> **» 写作说明**
>
> 此处的立法历史主要涉及法条之变迁,无关乎历史解释意义上的立法史。其主要功能是"历史"的而非"法律"的,仅能记录过去的事实,而无助于法条之解释。若严格贯彻解释现行法之宗旨,无须知过往,而只问当下,该段文字似可舍弃。但仍须注意,当下条文之历史变迁,在有些场合也可能反映立法者之意图,故仍可作为历史解释之潜在资料。尽管未必适用于本评注之显失公平制度,但聊备一格,亦无不可。

(三) 适用范围

1. 适用于合同和合同条款

显失公平的可能是整个合同,也可能是合同价格、竞业禁止或风险分配等合同条款。从维护合同效力、尊重意思自治的角度讲,显失公平制度可以仅适用于部分合同条款。① 其实益在于,在撤销时,仅相应条款被撤销,其他条款仍然有效。原则上,一切合同条款(包括关于附随义务②的条款)都可能显失公平。

6

某合同条款是否显失公平,应结合其他相关条款综合考察。比如,在建设工程合同实务中,让承包人预先放弃价款优先受偿权的条款原则上显失公平;但如果合同中还有其他条款足以保障承包人的债权(如发包人提供其他有效担保),则仍不构成显失公平。

7

---

① 最高人民法院(2012)民二终字第43号民事判决书。比较法上的例证,如美国《统一商法典》第2-302条、《合同法重述》(第二版)第208条所规定的都是"显失公平的合同或合同条款"(unconscionable contract or term/clause)。

② 不同观点,《家园公司诉森得瑞公司合同纠纷案》,载《最高人民法院公报》2007年第2期(涉及保守商业秘密的义务)。

2. 不限于双务合同

8   显失公平制度适用于有偿合同,但并不限于双务合同。① 因为其着眼点为经由合同实现的"交换"(对价关系)是否不公,这与合同是双务还是单务无必然联系。② 因此,少数单务合同,如自然人之间的有偿借款合同(《合同法》第 210 条),由于也有"交换",仍可能适用显失公平制度。③ 少数无名合同,主要是和解合同,如一方免除部分旧债务、另一方为剩余债务提供担保(单务合同,因为债务免除是处分行为),或一方免除部分旧债务、另一方承诺尽快履行剩余债务(双方在此均未负担新的债务,如工伤赔偿协议【44—46】),因为这些合同中也存在新旧义务之间或处分行为与旧义务的履行之间的对价关系④,因而也可适用显失公平制度。相反,常见的无偿合同如赠与⑤、保证等,因缺乏"交换",故无适用显失公平制度之余地。对于混合合同,如"半卖半送"的合同,是否显失公平应仅就买卖部分做判断。

3. 不限于民事合同

9   我国采民商合一体制,《合同法》总则部分的显失公平制度自然也适用于分则部分的诸多商事合同。不过在商事交易中,合同双方通常势均力敌,因而合同显失公平的概率较低。⑥

10   有论者指出,对于不良金融债权处置等交易,要借助显失公平制度防止"一案暴富"及国有资产流失。⑦ 这其实就忽视了商事主体的成熟和不

---

① 试比较,王利明:《合同法研究》(第一卷),中国人民大学出版社 2015 年版,第 708 页:"显失公平主要适用于有偿合同,特别是双务合同。"

② 不同意见,如邵建东:《论可撤销之法律行为——中德民法比较研究》,载《法律科学》1994 年第 5 期,第 53 页。

③ 类似观点,参见曾大鹏:《论显失公平的构成要件与体系定位》,载《法学》2011 年第 3 期,第 137 页。

④ 贺剑:《诉讼外和解的实体法基础》,载《法学》2013 年第 3 期,第 144—147 页。比较法上,和解合同尽管要求"互相让步",但未必是(债法上的)双务合同,参见庄加园:《和解合同的实体法效力》,载《华东政法大学学报》2015 年第 5 期,第 133 页。

⑤ 北京市第一中级人民法院(2015)一中民终字第 2168 号民事判决书(一审见解,二审予以维持)。

⑥ 参见曾大鹏:《论显失公平的构成要件与体系定位》,载《法学》2011 年第 3 期,第 140 页。

⑦ 王伟伟:《以显失公平原则规制"一案暴富"》,载《检察日报》2013 年 9 月 25 日,第 3 版。

良资产交易的高风险特性。①

《最高人民法院关于审理联营合同纠纷案件若干问题的解答》(法(经)发[1990]27)第 4 条第 1 款曾以"共负盈亏、共担风险"原则为由,确认联营合同中的保底条款(指联营一方虽向联营体投资,并参与共同经营和分享联营的盈利,但不承担联营的亏损责任,在联营体亏损时,仍要收回其出资和收取固定利润的条款)为无效。有观点认为,更妥当的做法是将保底条款认定为显失公平,从而将法律效果由无效缓和为可撤销。②对此难以赞同。上述保底条款的无效,宜从当时保护内资的法律政策中去理解。就显失公平而言,联营合同的各方主体都是成熟的商人,上述盈利和风险分担模式也是各方谈判的结果,主观【28—33】和客观【13—17】上都很难满足显失公平制度的要件。

> » 写作说明
>
> 法条的适用范围虽可能由法条的规范目的决定,但两者并不等同。在逻辑上,适用范围是法条的构成要件之一,应与其他要件以及法律后果并立。通常将适用范围作为"概述"的内容,与规范目的等归为一处,主要是基于篇幅考虑。

二、在订立合同时显失公平

《合同法》第 54 条和《民法通则》第 59 条对显失公平均未作界定。目前仅《民通意见》(法(办)发[1988]6 号)第 72 条规定:"一方当事人利用优势或者利用对方没有经验,致使双方的权利与义务明显违反公平、等价有偿原则的,可以认定为显失公平。"

---

① 参见《天津市高级人民法院关于为我市小型微型企业健康发展提供法律服务的指导意见》(津高法〔2012〕118 号)第 10 条(针对小微企业商事合同案件),其指出:"不能片面追求交易结果的所谓完全平等性",轻易以显失公平为由撤销或变更合同;"更不能……片面以避免国有资产损失或防止私有财产所有权遭受侵害为由"通过撤销、无效等方式否认合同效力。

② 孔祥俊:《合同法教程》,中国人民公安大学出版社 1999 年版,第 273—275 页。

(一) 共识与争论

1. 判断时点

显失公平的判断时点是"订立合同时"。合同订立后因市场行情等因素导致的权利义务显著失衡,不适用显失公平制度,而适用情势变更制度[《最高人民法院关于适用〈中华人民共和国合同法〉若干问题的解释(二)》第26条,以下简称《合同法司法解释二》]。

2. 客观要件

在客观方面,显失公平是指"双方的权利与义务"明显违反公平原则(《民通意见》第72条),或者说权利和义务"严重不对等"①,即"合同内容显失公平"②。通常如标的物价值和价款相差悬殊,责任或风险承担显著不合理等。③ 合同客观上是否显失公平,需综合考虑以下因素:

第一,相对比例。以合同价格为例,依《合同法司法解释二》第19条,如果低于当地指导价或者市场交易价的70%,一般可以视为"明显不合理"的低价;如果高于前述价格的30%,则视为"明显不合理"的高价。有地方高院也有类似规定:在民间借贷的以房抵债约定中,若"合同约定的房屋转让价格达不到当时交易地的市场交易价70%的,一般可以视为价格明显过低"。④

第二,绝对金额。⑤ 当绝对数额较大时,即便相对比例未超过30%,比如二手房买卖纠纷中,房屋市价270万元,合同价格为200万元,也可能构成客观上显失公平。⑥

第三,合同性质和目的。有时,合同权利义务严重不对等也未必表明合同内容显失公平。这还需考察合同的性质和目的。⑦ 在半卖半送的混

---

① 胡康生主编:《中华人民共和国合同法释义》,法律出版社2009年版,第98页。
② 《最高人民法院关于审理房地产管理法施行前房地产开发经营案件若干问题的解答》(法发[1996]2号,失效)第37条。
③ 胡康生主编:《中华人民共和国合同法释义》,法律出版社2009年版,第98页。
④ 《北京市高级人民法院关于审理房屋买卖合同纠纷案件若干疑难问题的会议纪要》(京高法发[2014]489号)第24条第2款。
⑤ 类似观点,参见隋彭生:《合同法要义》,中国人民大学出版社2015年版,第128页。
⑥ 参见北京市第一中级人民法院(2014)一中民终字第8042号民事判决书。该案因欠缺主观要件而不构成显失公平。
⑦ 这一表述的灵感源自《国际商事合同通则》第3.2.7条。

合合同中,合同价格明显低于市场价未必显失公平,此时应将赠与部分考虑进来,换言之,应仅考察买卖部分是否显失公平【8】。在投资或者投机交易中,判断权利与义务是否对等须考虑交易的高风险、高收益特点。① 在海难救助合同中,判断对价是否公平除了应考虑救助方的实际支出外,还应考虑救助方或者救助设备所冒的风险等诸多因素(《海商法》第180条)。② 一定期限的竞业禁止条款或保守商业秘密条款可能"看似对一方明显不利",但在某些行业(如房地产中介行业)却仍然可能是公平的。③

第四,与其他交易的关联。有些合同单个来看可能权利义务严重不对等,但如果与其他相关交易一并来看(二者有时可能是一个更大交易的组成部分),却可能是合理、公允的,此时不宜只见树木而不见森林。

17

> » 写作说明
>
> 以上四项考察因素,并非实务或学说之共识,而是评注者之整理,不无"六经注我"的意味。更严谨的处理,应先交代缺乏共识,再表明此为个人见解。诚然,相比于单纯阐发一己之见,借现有材料之口发声,更易为人所接受,也是尊重前人成果的应有之义;但务须警惕曲解或偏颇之风险。

3. 主观要件的有无之争

显失公平制度要想适用,除了合同内容显失公平(客观要件)以外,是否还要求一定的主观要件?即是否要求显失公平这一后果是由一定的主观原因(如《民通意见》第72条的"一方当事人利用优势或者利用对方没有经验")所造成的?就此主要有三种观点:(1)单一要件说,认为只需客观要件即可;(2)双重要件说,认为需主客观要件兼备;(3)折中说,或者以单一要件说为原则、以双重要件说为例外,或者相反。④

18

---

① 例如,最高人民法院民一庭:《如何认定合同的显失公平》,载《民事审判指导与参考》第35辑,法律出版社2009年版,第141页(葛文执笔)。有学者将投机交易放在主观要件下讨论,似有不妥。参见隋彭生:《合同法要义》,中国人民大学出版社2015年版,第124页。

② 参见胡正良主编:《海事法》,北京大学出版社2009年版,第123页。

③ 《家园公司诉森得瑞公司合同纠纷案》,载《最高人民法院公报》2007年第2期(裁判摘要)。

④ 一个概览,参见曾大鹏:《论显失公平的构成要件与体系定位》,载《法学》2011年第3期,第137页。

19 　　需注意,判断合同内容客观上显失公平时,也可能需考察当事人订立合同时的意思等主观因素,即上文所说的合同性质和目的。这不同于显失公平制度的主观要件。①

(二) 双重要件说

1. 实务与学说

20 　　《民通意见》第72条是双重要件说最坚实的依据。学者对显失公平的界定多源于此。② 立法起草机关亦采此说。③ 不过,其以我国司法实践"一般认为"显失公平制度包含主客观要件,即得出"必须"采双重要件说的结论④,从不绝对到绝对,从事实判断到规范判断,在说理上还有待加强。《合同法》起草时,曾有草案明确采双重要件说⑤,但最终未被采纳。立法者的这一举动也很难说是反对双重要件说;结合起草机关的释义,将其解释为立法者的沉默,甚或是对《民通意见》第72条的默许,应当更为合适。

21 　　《合同法》颁行后,最高人民法院虽未通过司法解释或者指导性案例

---

① 正确指出此点者,王利明:《合同法研究》(第一卷),中国人民大学出版社2015年版,第709页。相反,《国际商事合同通则》第3.2.7条的评注者认为,即便合同一方没有利用其谈判地位优势损害合同另一方,客观上的显失公平也仍然可能是"不正当的",因而可以适用显失公平制度。例如:合同中约定了非常短的货物或服务存在瑕疵时的通知期间,对于货物或服务提供者来说,这可能是过分有利的,也可能不是。至少就该举例而言,它只涉及客观上是否显失公平,而不涉及显失公平是否正当的问题。See UNIDROIT, *Principles of International Commercial Contracts*, Art. 3.2.7, Comment 2.b.

② 参见王利明:《合同法研究》(第一卷),中国人民大学出版社2015年版,第700页;曾大鹏:《论显失公平的构成要件与体系定位》,载《法学》2011年第3期,第137页;隋彭生:《合同法要义》,中国人民大学出版社2015年版,第122页;朱广新:《合同法总则》,中国人民大学出版社2012年版,第236页;杨立新:《债与合同法》,法律出版社2012年版,第409页;刘凯湘:《合同法》,中国法制出版社2010年版,第243—244页(似有矛盾者,参见刘凯湘:《民法总论》,北京大学出版社2011年版,第349页);尹田:《乘人之危与显失公平行为的性质及其立法安排》,载《绍兴文理学院学报》2009年第2期,第12页;尹田:《论显失公平的民事行为》,载《政治与法律》1989年第5期,第44页;李永军:《合同法》,法律出版社2010年版,第315页;柳经纬主编:《合同法》,中国民主法制出版社2014年版,第128页;张民安、王荣珍主编:《民法总论》,中山大学出版社2013年版,第380页。

③ 参见胡康生主编:《中华人民共和国合同法释义》,法律出版社2009年版,第98页(尤请注意对显失公平合同所作界定)。

④ 参见胡康生主编:《中华人民共和国合同法释义》,法律出版社2009年版,第98页。

⑤ 参见梁慧星:《关于中国统一合同法草案第三稿》,载《法学》1997年第2期,第49页;曾大鹏:《论显失公平的构成要件与体系定位》,载《法学》2011年第3期,第136页。

明确表态,但大体上是采双重要件说。2007年的一则《最高人民法院公报案例》的"裁判摘要"指出:"合同的显失公平,是指合同一方当事人利用自身优势,或者利用对方没有经验等情形,在与对方签订合同中设定明显对自己一方有利的条款,致使双方基于合同的权利义务和客观利益严重失衡,明显违反公平原则。"①最高人民法院也大多明确采双重要件说。②

双重要件说的另一补充性支持是情势变更制度。显失公平制度调整的是合同订立时的显失公平,情势变更制度调整的是合同订立后的显失公平,二者的适用结果都是突破合同的拘束力。而情势变更制度的适用前提,除了合同因客观情况变化而"明显不公平"之外,还要求客观情况的变化,即明显不公平的原因,必须是当事人在订立合同时无法预见的(《合同法司法解释二》第26条)。以此类推,显失公平制度的要件也不应仅限于合同内容客观上显失公平;这也间接证明了主观要件的必要。③

> » 写作说明

在我国,梳理学说易而梳理实务难。其背景为,因两审终审制等原因,司法实务的见解往往未能统一。在对其予以梳理时,从律师或法官的角度,应注重材料的权威。如美国的杰克逊大法官(Robert H. Jackson)所言,"我们说了算不是因为我们有道理,我们有道理,只因我们说了算"。④ 在权威的意义上,可作为反映实务见解的材料主要包括:司法解释;指导性案例;非司法解释的最高人民

---

① 《家园公司诉森得瑞公司合同纠纷案》,载《最高人民法院公报》2007年第2期。
② 最高人民法院(2012)民申字第1560号民事裁定书;最高人民法院(2013)民申字第1951号知识产权裁定书;张雅芬:《当事人以合同内容存在重大误解、显失公平或受欺诈、胁迫或乘人之危订立请求撤销的如何认定》,载《民事审判指导与参考》第40辑,法律出版社2010年版,第173页(最高人民法院案例)。其他下级法院的权威案例,参见最高人民法院民一庭:《如何认定合同的显失公平》,载《民事审判指导与参考》第35辑,法律出版社2009年版,第141页(葛文执笔);付国华:《显失公平构成要件之适用》,载《民事审判指导与参考》第50辑,人民法院出版社2012年版,第202—207页。隐含采单一要件说者,最高人民法院(2012)民二终字第43号民事判决书。
③ 上述分析的灵感,参见隋彭生:《合同法要义》,中国人民大学出版社2015年版,第123页。
④ "We are not final because we are infallible, but we are infallible only because we are final." *Brown v. Allen*, 344 U.S. 443, 540.

法院司法文件;最高人民法院裁判;各省高级人民法院的地方性司法文件或参考性案例(司法解释和指导性案例之"地方版");高级人民法院裁判;《最高人民法院公报》《人民法院案例选》《人民司法》、各类《审判指导与参考》等渠道发布的案例。2020年《最高人民法院关于统一法律适用加强类案检索的指导意见(试行)》第4条第1款提及的四类"类案",亦大体是从权威角度出发,可资参考。包括:(1)最高人民法院发布的指导性案例;(2)最高人民法院发布的典型案例及裁判生效的案件;(3)本省(自治区、直辖市)高级人民法院发布的参考性案例及裁判生效的案件;(4)上一级人民法院及本院裁判生效的案件。

2. 利用优势或者利用对方没有经验

(1)何谓"利用"

23 一般认为,一方当事人须具有利用优势或利用对方无经验的故意。① 而故意利用是指,获益一方明知合同权利义务严重不对等、明知相对方处于困境,并故意利用了这一困境。对此有几点说明:

第一,重大过失应等同于故意。从设置主观要件的目的来看,不管其背后的指导原则是公序良俗还是诚实信用【48—52】,故意利用与因重大过失而利用都可能构成悖俗或背信行为。相反,由于与悖俗或背信无关,基于一般过失的利用则不构成"利用"。②

第二,若显失公平的合同内容是一方当事人自己没有经验所致,而非另一方当事人利用其没有经验所致,则不适用显失公平制度③;而且也不能类推适用。因为从规范目的来看,此种情形与悖俗或背信【48—52】无关。

第三,若一方当事人不仅有利用优势的故意,还有加损害于相对人的故意,则在显失公平制度之外,还可能构成侵权。这在诉讼时效方面有特

---

① 例如王利明:《合同法研究》(第一卷),中国人民大学出版社2015年版,第710页;李馨:《撤销之诉中显失公平的认定标准》,载《人民司法·案例》2013年第20期,第33页;黑龙江高级人民法院(2013)黑高商终字第8号民事判决书。

② 不同观点(可能是无心提及),参见王利明:《合同法研究》(第一卷),中国人民大学出版社2015年版,第711页("知道或者可以合理期待其知道对方处于弱势地位")。

③ 参见浙江省绍兴市中级人民法院(2013)浙绍民终字第1432号民事判决书(一审见解);王利明:《合同法研究》(第一卷),中国人民大学出版社2015年版,第710页。

别意义。

（2）利用优势与利用对方没有经验之关系

从体系来看，利用（己方）优势、利用对方没有经验是并列关系，且二者分别指涉不同当事人，逻辑上似乎泾渭分明；其实不然。

"优势"在此应是一个主观、相对的概念，即合同一方相对于另一方的优势；它不是客观、绝对的概念，即合同一方相对于社会一般人的优势。因为显失公平制度的主观要件所关心的，是合同一方相对于另一方具有优势并且利用这种优势导致了不公平的结果，至于相对于社会一般人是否具有优势，并非其所关心。同样的道理也适用于"没有经验"。

基于上述理解，利用（己方）优势与利用对方劣势可谓一体两面，它们在概念上都可以包含利用对方没有经验。① 后者只是一个"注意规定"。② 从比较法来看，目前尚未见到有国家或地区同时从优势和劣势两方面来界定显失公平制度的主观要件。常见的做法是从利用对方劣势的角度作列举式规定，如规定利用对方的急迫、轻率、无经验等。③

> » 写作说明
>
> 解释现行法，并非固守法条的一字一句，逐一予以拆分和评注。以上认为，利用己方优势和利用对方劣势是一体两面，即为例证。当然，评注者虽可发表个人意见，将两者统一于"利用优势"；但在评注时，如下文所示，仍不宜忽略"利用对方劣势"，而应如实综述相应实务及学说。有"注"有"评"，和而不同。

---

① 类似观点，王利明：《合同法研究》（第一卷），中国人民大学出版社 2015 年版，第 711 页："'利用优势'通常要求，一方获得的优势是在其知道或者可以合理期待其知道对方处于弱势地位"。但需指出，该文参考《国际商事合同通则》第 3.2.7 条［第 1 款(a)项］，认为"利用优势"包括"不公平地利用了对方当事人的依赖、经济困境和紧急需要"等情形，或有未当。因为在官方评论中，第 1 款(a)项所列举的情形均属于"谈判地位不平等"，并未提及利用优势、利用对方劣势一类的区分。UNIDROIT, Principles of International Commercial Contracts, Art. 3.2.7, Comment 2.a；中译本参见张玉卿主编：《国际商事合同通则 2010》，中国商务出版社 2012 年版，第 266—267 页。

② 就措辞而言，"利用对方没有经验""利用对方劣势"与"利用优势"在举证内容和要求上并无实质差别。因为只要认可了优势和劣势只是相对概念，那么，证明了合同一方具有优势，也就证明了合同另一方具有劣势。而且，不管采取哪种措辞，前述主观要件的证明责任原则上都是由受损害方承担。

③ 如《德国民法典》第 138 条，台湾地区"民法"第 74 条，《国际商事合同通则》第 3.2.7 条。

27 将"优势""没有经验"理解为绝对的概念,即合同一方相对于社会一般人所具有的优势或劣势①,不仅与主观要件的设置目的有违,还将导致如下概念困境:当合同一方高于而另一方低于社会一般人水平时,是属于利用优势,还是属于利用对方没有经验?社会一般人如何界定?尤其是在消费者合同的场合,其涉及的是消费者没有经验,还是经营者具有优势?此外,当合同双方(如商人)都高于社会一般人水平时,是否就不存在利用优势或者利用对方没有经验的可能?

(3) 利用优势

在司法实务基础上,可以将"利用优势"大体分为两类:

28 第一类是利用"结构优势",即合同双方当事人分属于不同群体,而一个群体的成员相对于另一群体的成员通常都享有信息、知识技能、经济地位以及其他可能影响双方谈判地位的优势。其典型如用人单位相对于劳动者的优势、生产者和经营者相对于消费者的优势、医院和医生相对于患者的优势,甚或监管机构相对于被监管对象的优势②。

不管是利用优势还是劣势,其都须与合同内容的显失公平相关(条文要求"致使")。比如,用人单位与劳动者签订低于最低工资标准的劳动合同时,固然可能利用了结构性优势("活少人多")③,但如果涉及劳动者发生工伤且已辞工的情形,二者签订不公平的工伤补偿协议则未必与前述结构性优势有关,而更可能是因为用人单位利用了劳动者经济上的窘境。④

29 第二类是利用"个体优势",即在具体个案中,合同一方相对于另一方具有信息优势或者其他优势,但双方属于同一群体,或者虽属于不同群体却并无结构性的强弱之别。在判断是否构成"利用优势"时,有时需结合

---

① 不同理解,参见朱广新:《合同法总则》,中国人民大学出版社2012年版,第236—237页。

② 《国家工商行政管理局经济合同司关于如何处理申请变更或者撤销内容有重大误解或显失公平的合同案件的复文》第2条第2款("显失公平的合同,是指一方当事人以权谋私……")。

③ 在立法论上,"结构优势"这一概念也可以替换为"结构劣势"。

④ 参见新疆维吾尔自治区高级人民法院伊犁哈萨克自治州分院(2014)伊州民二终字第401号民事判决书。该案涉及工伤赔偿协议纠纷,一审法院从用人单位在经济地位、社会影响和人际关系上的优势出发认定显失公平;二审法院对此委婉地予以纠正,指出该案合同显失公平系用人单位利用劳动者经济条件困难所致。

交易类型和性质等做出不同的价值判断。比如在通常的货物贸易中，精明的商人利用其信息和渠道优势低买高卖，乃是市场经济的要义，优胜劣汰，促进竞争，其固然有"优势"，亦不属于"利用优势"。① 但是如果交易行为是偶发性的，其目的也并非促进财货流通，而只是在当事人之间重新分配财富，那么则有可能构成"利用优势"。

实践中常出现的是在拆迁补偿纠纷中，一方当事人利用提前知晓拆迁补偿价格的信息优势，与被拆迁人或者其他利益相关者签订明显低于拆迁补偿价格的合同。② 此类纠纷中，系争合同于促进竞争、促进财货流通毫无实益，其首要或唯一作用就在于重新分配拆迁补偿款，甚至可以说，是"巧取"受害一方原本可获得的拆迁补偿款，自然宜严加控制。

区分结构优势、个体优势的实际意义在于证明。在合同一方相对于另一方有结构优势时，"利用优势"这一现象是普遍存在的，因而作为一项"日常生活经验法则"，可以适用事实推定③（《最高人民法院关于民事诉讼证据的若干规定》第9条第1款第3项）。亦即，受损害方只要证明存在结构优势，且合同客观上显失公平，即可推定合同相对人利用了上述结构优势导致合同客观上显失公平，主观要件成就。在合同一方相对于另一方仅有个体优势时，利用优势的现象只是个案，故原则上不能适用前述事实推定。

结构优势和个体优势之间也有灰色地带。如在民间借贷场合，就很难一概而论。有地方高院规定，对于民间借贷合同中的以房抵债约定，如果"约定的房屋转让价格明显过低，显失公平的"，可以适用显失公平制度予以撤销。④ 这其实是一概预设了出借人对借贷人有经济优势，进而不分地域、情境地推定主观要件的存在，难谓妥当。

---

① 类似担忧，参见隋彭生：《合同法要义》，中国人民大学出版社2015年版，第126页。
② 吉林省高级人民法院(2014)吉民二终字第89号民事判决书。
③ 学理上的论争，参见周翠：《从事实推定走向表见证明》，载《现代法学》2014年第6期。
④ 《北京市高级人民法院关于审理房屋买卖合同纠纷案件若干疑难问题的会议纪要》(京高法发[2014]489号)第24条第2款。

> **» 写作说明**
>
> 司法裁判之梳理并非"流水账",须有一定标准。于此,评注者可有所发挥。结构优势和个体优势之标准,即属此类。第一次提出某种概念,或许是"某某认为";说的人多了,就成了理论甚至法律。评注者由此可参与法律之发展。

(4) 利用对方没有经验

32　　一般认为,"没有经验"是指缺乏一般的生活经验或交易经验①,这是从绝对、客观意义上所作的理解。但如此一来,"没有经验"将很少有用武之地,因为正常的成年人大抵都不会欠缺一般生活经验或交易经验。罕见的例外,如在一个低价售房产生的合同纠纷中,出卖人是外国人且长期生活在国外,对国内房地产行情所知甚少,如此方构成"没有经验"。② 当然,也可以考虑将"没有经验"的含义放宽,比如界定为缺少相关行业普通交易主体所具备的资质或经验。③ 但即便如此,其适用范围仍然有限。或许正因为此,也有学者主张"没有经验"是一个"相对的概念"。④ 但这又不大合乎"没有经验"的中文含义。对此,上文提及的解决之道是:"利用对方没有经验"只是一个注意规定,属于"利用优势"的子类型,因此前者无法囊括的情形,仍然可以为后者所涵盖。

(5) "利用对方劣势"的其他情形

33　　在概念上,所有利用对方劣势的情形都可以为"利用优势"所涵盖。因此,学说和实务上偶有提及的以下情形,也都可以视为利用优势的子类型:其一,利用对方的轻率。⑤ 所谓轻率,即"订约时的马虎或不细心",如

---

① 王利明:《合同法研究》(第一卷),中国人民大学出版社 2015 年版,第 711 页。
② 李馨:《撤销之诉中显失公平的认定标准》,载《人民司法·案例》2013 年第 20 期,第 35 页。
③ 比如在煤炭企业的股权转让交易中,若受损害方是"老煤炭",其对于所持企业股权价值的判断就并非没有经验。四川省高级人民法院(2013)川民终字第 466 号民事判决书。
④ 崔建远主编:《新合同法原理与案例评释》,吉林大学出版社 1999 年版,第 213 页(王成执笔)。
⑤ 黑龙江高级人民法院(2013)黑高商终字第 8 号民事判决书;山东省高级人民法院(2013)鲁商终字第 249 号民事判决书;孔祥俊:《合同法教程》,中国人民公安大学出版社 1999 年版,第 275 页;王利明:《合同法研究》(第一卷),中国人民大学出版社 2015 年版,第 711 页。

对合同的价格不作审查判断而匆忙订约等。① 其二,利用对方的急迫或紧迫。② 这与乘人之危在概念上有所重合,其意义在于处理那些程度较轻、难以为乘人之危所涵盖的情形。二者之间有时有灰色地带,比如:股权转让一方作为犯罪嫌疑人被羁押,为避免潜在刑罚,亟须资金支付被控拖欠的劳工工资,此时,股权受让人与之签订(客观上可能显失公平的)股权转让合同,是利用了对方的紧迫(或利用己方优势),还是构成乘人之危?③

3. 主客观要件的综合考察

迄今很少被论及的是主观要件和客观要件之间的互动关系。这牵涉两种情形:一种是"以有余而补不足",如客观上权利义务严重失衡,而主观上合同一方仅轻微利用了自己的优势(因而单独来看不能满足主观要件),此时,二者之间能否"互补",从而构成显失公平?另一种情形是"以有余而补缺失",如客观上权利义务极度失衡,而主观要件根本不存在,此时是否构成显失公平? 34

在第一种情形下,一个要件有余而另一要件不足,此时是否显失公平颇有探讨余地。可以肯定,显失公平并不要求两个要件都达到相同程度,但是,这是否意味着二者也都放弃了最低限度的要求?比如,客观上稍失公平或者主观上轻微利用优势,是否一律不构成显失公平?换言之,一方当事人轻微利用优势导致权利义务极度失衡,或者一方当事人极其恶劣地利用优势导致权利义务稍微失衡,它们与通常的显失公平是否应有所区别?笔者认为,这只能回到显失公平制度背后的规范目的予以判断。整体来看,前面两种特殊情形都可能违反显失公平制度背后的法律原则(公序良俗原则)【50】,因而与通常的显失公平没有实质分别。因此,上述情形仍可类推适用《民通意见》第 72 条,从而构成显失公平(纯就学理而 35

---

① 王利明:《合同法研究》(第一卷),中国人民大学出版社 2015 年版,第 711 页。
② 胡康生主编:《中华人民共和国合同法释义》,法律出版社 2009 年版,第 98 页;《国家工商行政管理局经济合同司关于如何处理申请变更或者撤销内容有重大误解或显失公平的合同案件的复文》第 2 条第 2 款;崔建远:《合同法总论》,中国人民大学出版社 2011 年版,第 354 页;王利明:《合同法研究》(第一卷),中国人民大学出版社 2015 年版,第 711 页。反对观点,参见孔祥俊:《合同法教程》,中国人民公安大学出版社 1999 年版,第 273 页。
③ 四川省高级人民法院(2013)川民终字第 466 号民事判决书;四川省高级人民法院(2014)川民申字第 1279 号民事判决书。

言,这也属于动态系统论的适用范畴①)。

36　　在第二种情形下,一个要件完全缺位,很难进行类推适用。与之需区别的是,如果只是无法直接证明主观要件存在,但客观上权利义务极度失衡(比如约定了天价违约金),仍然有可能透过事实推定等途径证明主观要件的存在,从而适用通常的显失公平制度。

> **» 写作说明**
>
> 法律评注的主要工作是"注",但真正有特色和价值者却在于"评"。"注"是梳理现状,厘清共识与争议;"评"是一家之言,旨在引领未来。"注"谁都能做,"评"往往无可替代。本部分提及的显失公平主客观要件之互动,以及蕴含的动态系统论之应用空间,为此前国内裁判和学说之所未见。笔者阅读德国相关评注时偶尔发现,故予以引介和初步阐发。其后学界就此也有一系列研究,或许与之有关。② 评注界定议题、引领学术或实务讨论的功能,可见一斑。不过,受制于时间或学识,评注者之"评",未必总能基于对相关问题之全面深入研究。就论文写作而言,这无异于一场冒险;但就评注写作而言,却几乎无可避免。在无法全面掌握文献的背景下,这对评注写作者的思辨能力与效率提出了更高要求。

(三) 单一要件说

37　　实务中,由于《民通意见》第 72 条的存在,纯粹的单一要件说并无生

---

① 在动态系统论、"沙堆定理"(Sandhaufentheorem)或类似概念下的讨论,参见 BGH NJW 1981, 1206 (1207); Sack, in: Staudinger, 2003, §138 Rn. 217 (德国法); Helmut Koziol, Sonderprivatrecht für Konsumentenkredite?, *AcP* 188 (1988), 183, 188 f. (德国法、奥地利法); Basulto v. Hialeah Automotive, 141 So. 3d 1145, 1161 (美国法例证)。尤需指出,对于第二种情形,德国通说与笔者的主张可谓神似:虽然此种情形不构成《德国民法典》第 138 条第 2 款的暴利行为,但却可能构成第 138 条第 1 款的准暴利行为,二者的法律效果并无不同。国内罕有的讨论,参见解亘:《格式条款内容规制的规范体系》,载《法学研究》2013 年第 2 期,第 108 页。

② 参见武腾:《显失公平规定的解释论构造——基于相关裁判经验的实证考察》,载《法学》2018 年第 1 期,第 126—131 页;王磊:《论显失公平规则的内在体系——以〈民法总则〉第 151 条的解释论为中心》,载《法律科学》2018 年第 2 期,第 96—98 页;朱朝晖:《潜伏于双务合同中的等价性》,载《中外法学》2020 年第 1 期,第 144—147 页。

存空间。即便有极少数案例采取了单一要件说的表述,也只能理解为折中说【43—47】。

1. 潜在理由

单一要件说产生于20世纪八九十年代,如今也不乏支持者。① 主要论据有三:

其一,符合立法初衷。《民法通则》起草时,立法者曾采用"乘人危难显失公平"的表述。但是考虑到乘人危难与欺诈、胁迫近似,因此最终将乘人之危与欺诈、胁迫一同规定,作为法律行为的无效事由;而显失公平则仍被作为法律行为的可撤销事由。上述区分的另一法理基础是当时的《南斯拉夫债务法》,其也区分两类显失公平:一类只问后果是否公平(显失公平合同),一类还有主观要件要求(暴利合同)。② 如今,以上两点理由都难以成立:外国法的做法与法理无关;而欺诈、胁迫也不再是无效而是可撤销事由。而且,在《民法通则》颁行之初,上述立法初衷就已遭到《民通意见》第72条的明确否定;到了《合同法》时代,它更是不具有历史解释意义上的直接参考价值。③

其二,避免概念冲突。显失公平制度应只看后果而不问原因,以免在概念上出现因欺诈、胁迫、乘人之危、重大误解等诸多原因而形成的显失公平。④ 这一说法似是而非。因为,上述诸多类型的"显失公平"以及相应的概念冲突绝大多数只是臆想——《民通意见》第72条所规定的显失公平,从来都有主观要件的限制,上述诸多"显失公平"原本就不是显失公平。相反,只有上述只问后果的显失公平才会在概念上失之周延,正因为此,单一要件说的支持者才会作出如下限定:所谓显失公平,不包括

---

① 参见穆生秦主编:《民法通则释义》,法律出版社1987年版,第72页;佟柔主编:《中国民法学·民法总则》,中国人民公安大学出版社1990年版,第233页;梁慧星:《民法总论》,法律出版社2011年版,第202页;韩世远:《合同法总论》,法律出版社2011年版,第200页;陈小君主编:《合同法学》,高等教育出版社2009年版,第105页。

② 梁慧星:《论可撤销合同——兼答曹瑞林同志》,载《法律学习与研究》1988年第4期,第57页;梁慧星:《民法总论》,法律出版社2011年版,第202页。关于是否受到《南斯拉夫债务法》的影响,持质疑者,朱广新:《合同法总论》,中国人民大学出版社2012年版,第233页。

③ 立法起草机关的释义也可资佐证。胡康生主编:《中华人民共和国合同法释义》,法律出版社2009年版,第98页。

④ 参见崔建远:《合同法总论》,中国人民大学出版社2011年版,第354页。

因欺诈、胁迫、乘人之危、重大误解等原因而产生的显失公平。① 为何要将上述情形从显失公平的概念中排除？为何不允许它们竞合，从而让当事人择一适用（尤其是，显失公平与胁迫等制度在除斥期间的起算方面还有不同之处）？这一切例外，似乎只是为了掩饰概念上的矛盾而存在。

40　　其三，解决举证难题。即免除了受损害方关于主观要件的举证负担，有利于充分保护其利益。② 这也很难成立，若要解决举证难题，似乎应从证据法着手【30】；直接在实体法上舍弃主观要件，有因噎废食之嫌。

41　　实践中，法院采纳单一要件说的理由难以让人信服。以最高人民法院审理的一个技术开发合同纠纷案为例，该案中，技术开发失败，给受托人造成损失。合同双方达成协议，约定终止相关合同的履行，并约定，不得"依据上述合同以任何方式主张任何权利"。换言之，对于受托人而言，其应自行承担损失。依据《合同法》第 338 条第 1 款，技术开发失败的风险责任可以由当事人约定，在没有约定或者约定不明时，可以由合同双方"合理分担"，故前述约定理应得到尊重。但是，最高人民法院却以合同客观上显失公平为由将前述约定撤销，然后依据《合同法》第 338 条第 1 款，将相关损失在当事人之间"合理分担"（平摊）。其主要理由为："在权利义务明显失衡的情形下，法院为实现契约正义得适度干预双方当事人之间的契约自由。"③这不但说理空泛，还违反了《合同法》第 338 条第 1 款——该款规定中，"合理分担"只是当事人意思缺位时补充适用的任意性规范，换言之，《合同法》允许当事人作出在其他人看来未必合理、但却"你情我愿"的约定。④ 此外，最高人民法院对《民通意见》第 72 条也不应全然避而不谈。

---

　　① 参见崔建远：《合同法总论》，中国人民大学出版社 2011 年版，第 354 页。
　　② 参见韩世远：《合同法总论》，法律出版社 2011 年版，第 200 页。在《合同法》之前的类似考量，孟勤国：《论显失公平的民事行为》，载《现代法学》1988 年第 4 期，第 50 页。
　　③ 最高人民法院(2012)民二终字第 43 号民事判决书。
　　④ 类似分析，参见隋彭生：《合同法要义》，中国人民大学出版社 2015 年版，第 124—125 页。

» **写作说明**

法律评注中也可以有微型案例评析。笔者迄今所见,最具功力之微型案例评析是王泽鉴先生对人格权经典案件"荷花女"案的简评:"本件判决甚具启示性:1. 以政治运动中死亡者名誉权保护作为一种法律政策。2. 法律技术上采类推适用的法院造法的方法,肯定一定亲属的侵害中止请求权,对死者名誉权作直接的保护。"①

2. 实质缺陷

单一要件说与双重要件说的区别在于主观要件的有无。二者背后是两种截然不同的合同正义观:坚持主观要件,意味着合同是否公正,合同当事人是最好的判断者。只要有真正的合同自由在,合同正义就在。因此,只有在合同一方利用优势等情形下,一方的合同自由堪忧,并且还因此导致了合同客观上显失公平,才应基于合同正义而对合同自由予以限制。相反,放弃主观要件的单一要件说则相信,存在一个一般化的、客观的合同正义标准,一旦当事人触碰客观上显失公平的红线,合同自由(在此即合同的约束力)就应当被否定。显然,单一要件说容易导致以下"误伤"。其一,它使得事前自愿达成、对合同双方也都有利的合同(如售价奇高、但买受人仍可以更高价格转售的买卖合同),事后仍可能被一方当事人任意推翻。其二,若事后因证据原因无法查明当事人真意,导致合同性质和目的无法判断,在单一要件说之下,合同仍有可能因为"客观上"显失公平而被不当推翻;而在双重要件说之下,则还有主观要件作为第二重保险。以上"误伤",将纵容机会主义的毁约行为,不当破坏合同的稳定性,损害交易安全。② 此外需注意,单一要件说之下,由于显失公平制度的适用和证明都较为简便,少数判决还有"向显失公平制度逃避"的倾向,在本

---

① 王泽鉴:《侵权行为》,北京大学出版社 2009 年版,第 57 页。
② 类似观点,曾大鹏:《论显失公平的构成要件与体系定位》,载《法学》2011 年第 3 期,第 135 页;王利明:《合同法研究》(第一卷),中国人民大学出版社 2015 年版,第 702、707 页。其他批评,参见隋彭生:《合同法要义》,中国人民大学出版社 2015 年版,第 124—125 页。

该适用其他制度的情形下错误(额外)适用显失公平制度。①

(四) 折中说

43　　相比于纯粹的单一要件说,折中说的核心特征在于一定程度上认可单一要件说。其认可程度因人而异:或仍以单一要件说为原则,以双重要件说为例外②;或以双重要件说为原则,而以单一要件说为例外③。由于程度迥异,二者也被分别称为"修正的单一要件说""修正的双重要件说"。④"修正的单一要件说"很大程度上承继了单一要件说的实质缺陷,亦难以为《民通意见》第72条所容,故实践中罕见。相反,"修正的双重要件说"与双重要件说相若,实践中也不乏践行者。

44　　折中说("修正的双重要件说")在现行法上的有力支持,莫过于一则关于工伤赔偿协议的公报案例。⑤ 法院在"裁判理由"中指出,"所谓显失公平,是指双方当事人的权利义务明显不对等,使一方遭受重大不利。其构成要件为:双方当事人的权利义务明显不对等;这种不对等违反公平原则,超过了法律允许的限度;不属于因欺诈、胁迫、乘人之危、恶意串通损害他人利益等原因导致的显失公平"。⑥ 鉴于本案协议所约定的赔偿费用显著低于受害人可得的工伤保险待遇,以及该协议"涉及劳动者的生存权益",法院最终认定,本案协议显失公平。

---

① 如甘肃省高级人民法院(2013)甘民二终字第202号民事判决书。在该案中,承揽人误以为定作物的质量瑕疵系自己造成,故与定作人达成协议,承诺如数退还货款并承担违约金责任。但其实,前述瑕疵至少部分由定作人的过错所造成。法院最终竟然以重大误解和显失公平为依据,允许承揽人变更合同,免除了违约金责任。

② 崔建远:《合同效力瑕疵探微》,载《政治与法律》2007年第2期,第66—67页;崔建远:《合同法总论》,中国人民大学出版社2011年版,第354—355页(较之前有所限定:"在总体上"不要求主观要件)。

③ 崔建远主编:《新合同法原理与案例评释》,吉林大学出版社1999年版,第215—216页(王成执笔)。

④ 曾大鹏:《论显失公平的构成要件与体系定位》,载《法学》2011年第3期,第134页。

⑤ 《黄仲华诉刘三明债权人撤销权纠纷案》,载《最高人民法院公报》2013年第1期。学者持双重要件说,但在论述客观要件时却又援引该案例,似有不妥。王利明:《合同法研究》(第一卷),中国人民大学出版社2015年版,第710页。持类似理由的案例,如广东省江门市中级人民法院(2013)江中法劳终字第706号民事判决书。结论类似但缺乏说理的,如顾建兵、龙汉青:《协议显失公平 法院判决撤销》,载《人民法院报》2013年8月27日,第3版;杨学友:《和解协议显失公平患方可反悔》,载《中国社区医师》2012年6月24日,第25页。

⑥ 该段文字是对学者论述(不加注释)的援引。参见崔建远主编:《合同法》,法律出版社2010年版,第113页;崔建远:《合同法总论》,中国人民大学出版社2011年版,第353页。

对于上述案例的一种解读是,在涉及一方当事人生存权益的场合,显失公平制度可例外采单一要件说。在此,生存权益的保护"补正"了主观要件的缺位。这一解读未必成立。参考相关规定可知,公报案例具有示范意义的并非裁判理由,而是裁判摘要。① 该案裁判摘要为:"用人单位与劳动者就工伤事故达成赔偿协议,但约定的赔偿金额明显低于劳动者应当享受的工伤保险待遇的,应当认定为显失公平。劳动者请求撤销该赔偿协议的,人民法院应予支持。"这并未明示,显失公平制度可例外采单一要件说。而且,前述裁判理由未能成为裁判摘要,也很可能是因为,在案例编辑者看来,这明显与《民通意见》第72条相冲突,因而只是基于实用主义的立场先确立规则,至于主观要件之有无,则被有意淡化处理。

在双重要件说的框架下,上述案例其实可以得到很好的解释。它涉及的是劳动者(更准确说:农民工)和用人单位之间的工伤赔偿协议,在此,受伤的劳动者往往经济窘迫,如果赔偿协议客观上显失公平,通常是用人单位利用其优势所致。换言之,本案属于用人单位利用其"结构优势"(经济优势)致使合同客观上显失公平的案型。故可以基于事实推定【30】,推定用人单位利用优势这一主观要件存在,进而依双重要件说认定协议显失公平。

基于事实推定判定主观要件时,需因人、事不同而有所区别。比如在消费者与经营者之间,从合同客观上显失公平即可推定主观要件存在(但允许推翻推定②);若是企业之间,则应推定主观要件不存在;若介于二者之间,还需进一步甄别。若合同极为不公平,比如约定赔偿金额与法定赔偿之间相差上百倍,则也可以推定主观要件存在。

(五)显失公平制度是公序良俗原则的体现

在明确显失公平制度应包含主客观双重要件后,其规范目的呼之欲出。首先可以确信,显失公平制度并不旨在贯彻《合同法》第5条意义上的公平原则。因为后者无法解释主观要件的存在。有法院曾认为,"显失

---

① 参考《〈最高人民法院关于案例指导工作的规定〉实施细则》(法[2015]130号)第9条("应当参照相关指导性案例的裁判要点")。
② 在利益衡量层面,这比一律采单一要件说更周全。

公平制度设立的目的是禁止或限制一方当事人获得超过法律允许的利益",但却仍然采双重要件说。① 此种误会今后应避免。

49　　显失公平制度也很难视为公平原则（对应于客观要件）和诚信原则（对应于主观要件）的共同体现。因为依据《合同法》第 6 条,诚信原则旨在对合同当事人"行使权利、履行义务"亦即合同的履行加以调整,对于合同的效力,通常不予干涉。这与现行法上并无法律行为违反诚信原则而无效的一般规定,是内在一致的。就中文概念而言,合同一方在合同订立时利用优势"剥削"另一方,也未必总是有悖于"诚实信用"原则。②

50　　显失公平制度应视为公序良俗原则的体现。③ 这首先在概念上是自洽的。凡是满足主客观要件的显失公平的合同或合同条款,其内容都可以被认为有悖于公序良俗（善良风俗）。其次,它也契合公序良俗原则在法律行为效力评价上所扮演的一般角色。不同仅在于,显失公平制度的法律后果是可撤销或可变更,而违反公序良俗的后果是无效。在比较法上,将显失公平与公序良俗挂钩也不乏有力支持,除德国法外,美国法以及《国际商事合同通则》也都持此观点。它们所谓显失公平制度（unconscionability）,文义上就是"有违良心",要件上,也要求权利义务显著失衡以至于"震撼一个理性人的良知",且这种失衡还应当是"没有正当理由的"（unjustifiably）。④

51　　厘清显失公平制度背后的法律原则,有助于避免概念混淆。有论者认为,显失公平制度包含主客观双重要件,它是公平原则的体现,保障了

---

① 北京市第三中级人民法院（2015）三中民终字第 00250 号民事判决书（一审法院的观点）。该观点的出处,王利明:《合同法研究》（第一卷）,中国人民大学出版社 2015 年版,第 705、712 页。

② 当然,在概念上,诚实信用与善良风俗也可能有重合之处。比如德国通说即认为,任何违背善良风俗的行为都同时有悖于诚实信用（但有悖于诚实信用的行为未必都违反了善良风俗）,Sack, in: Staudinger, 2003, § 138 Rn. 154。这或许也是我国部分学者从诚信原则角度解读显失公平制度之主观要件的原因。

③ 从意思表示自愿与真实等角度作"排除法",最终得出相同结论者,参见朱广新:《合同法总则》,中国人民大学出版社 2012 年版,第 235 页。

④ UNIDROIT, *Principles of International Commercial Contracts*, Art. 3.2.7, Comment 1: "[…] the disequilibrium is in the circumstances so great to shock the conscience of a reasonable person"。《国际商事合同通则》自 1994 年发布以来即要求显失公平需包含双重要件。研究者指出,这契合了诸多法域兼顾实质公平和程序公平的趋势。Michael Joachim Bonell, "Unidroit Principles of International Commercial Contracts", *Tulane Law Review*, vol. 69, no. 5, 1995, p. 1140。

合同正义的实现;但在讨论主观要件时,又认为相应的主观状态表明行为人背离了诚信原则的要求;而讨论法律后果时又提及,"在严重违反公平原则,侵害当事人权益的情况下",还可以适用公序良俗原则。① 在此,公平原则、诚信原则、公序良俗原则之间似乎缺少严格的界分。

上述概念辨析更重要的意义在于,现行法上法律行为违反公序良俗而无效的规定,可以作为显失公平制度的兜底规定。当然,二者在法律效果上确有不同。对此一个初步的解释是,显失公平制度系有意在法律效果上作特别规定,旨在通过设置除斥期间,尽可能维护合同效力。此外,法律行为因违反公序良俗而无效,未必总是全部无效、绝对无效,也可能是部分无效、相对无效,因而无效与可撤销之间的差别并没有想象中那么大。 **52**

(六) 与相关制度的关系

1. 乘人之危

在双重要件说之下,显失公平与乘人之危并无实质差别。《民通意见》第 70 条规定:"一方当事人乘对方处于危难之机,为牟取不正当利益,迫使对方作出不真实的意思表示,严重损害对方利益的,可以认定为乘人之危。"由此可见,显失公平与乘人之危均要求合同客观上显失公平。② 二者仅在适用范围上有差别:乘人之危适用于合同一方利用对方危难的情形,显失公平适用于合同一方利用己方优势的情形。但其实,"利用优势"在概念上完全可以包含"乘对方处于危难之机",因此显失公平和乘人之危的差别,主要是现行法(不恰当的)规定使然。 **53**

2. 违约金调整规则

《合同法》第 114 条第 2 款的违约金调整规则,有时也被认为隶属显失公平制度。③ 该规定包含两种情形:一是违约金低于实际损失时,当事人可以请求增加;二是违约金过分高于实际损失时,当事人可以请求适当 **54**

---

① 参见王利明:《合同法研究》(第一卷),中国人民大学出版社 2015 年版,第 705、710、704 页。
② 更相近的表述,参见《最高人民法院关于适用〈涉外经济合同法〉若干问题的解答》(法[经]发[1987]27 号,失效)第 3 条第 7 项:"或者乘人之危,迫使对方违背自己的意志,按不公平的条件订立合同的。"
③ 《上海市高级人民法院关于审理劳动争议案件若干问题的讨论纪要》(沪高法[1993]148 号)第 31 条:"如果劳动合同中违约金数额显失公平的,人民法院可予变更。"类似规定,1989 年《技术合同法实施条例》(失效)第 22 条第 3 款。

减少。严格说来,只有后一情形才可能关乎显失公平①;前一情形(此时的违约金约定可以看成免除部分损害赔偿的免责条款)涉及的是稍失公平,而非显失公平。

55 与显失公平制度不同,违约金调整规则不问主观要件,只要违约金客观上显失公平(过分高于实际损失)即允许变更(适当减少)。这是单纯的后果考量的产物。它体现了公平原则,②而与(双重要件说意义上的)显失公平制度相去甚远。因为只有单纯从公平原则出发,才可以对违约金调整制度的两种类型作一贯解释:当违约金过分高于实际损失时,基于公平考量(损害填补和惩罚违约方),应适当减少违约金;当它低于实际损失时,同样基于公平考量(损害填补),应将违约金增加至实际损失数额。③

3. 格式条款

56 《合同法》第39条、第40条可谓显失公平制度的近亲。④ 以第40条为例,免除己方责任、加重对方责任、排除对方主要权利均属于客观上显失公平;主观上,在格式条款客观上显失公平的情形下,提供格式条款的一方往往利用了己方优势——尽管第40条并未明确规定主观要件。这一法无明定可以有两种解释:一种是立法者为了特别保护接受格式条款的一方而一律推定主观要件存在,这是不可推翻的推定,因此即便可以证明主观要件不存在,也不影响第40条的适用。另一种解释是,《合同法》第40条是显失公平制度的体现,二者在构成要件上并无不同;立法者是因疏漏而未明确规定主观要件。故若可以证明主观要件不存在,仍应排除第40条的适用。后一解释更值赞同。其实益在于,在商事合同等场合,第40条的适用就应当(基于主观要件的要求)有所限制。

在法律效果上,第40条的法律后果为无效,显失公平的法律后果为

---

① 曾大鹏:《论显失公平的构成要件与体系定位》,载《法学》2011年第3期,第138页。
② 《合同法司法解释二》第29条同时强调公平原则和诚信原则,但后者在此更像是合同信守或合同约束力的代名词。换言之,最高人民法院在此欲强调的是,应在公平原则和尊重合同约束力之间作出平衡。
③ 后一种公平考量在立法论上是否妥当,属于另一问题。相关批评,参见韩世远:《合同法总论》,法律出版社2011年版,第662—664页。
④ 类似的是在美国法上,关于格式条款并无专门规则,而是直接由显失公平制度予以调整。

可撤销。这种差别可以从二者的上位原则即公序良俗原则中得到解释。第 40 条直接贯彻了公序良俗原则,而显失公平制度则在法律后果方面有特别规定。

《合同法》第 39 条是显失公平制度的一种特殊类型。① 该条的主观要件是未尽到相应的提示和说明义务,换言之,主要是利用对方没有经验;而其客观要件是免除责任或者限制责任,这虽然包括显失公平和稍失公平两种情形,但因为显失公平情形可以直接适用《合同法》第 40 条而无效,故第 39 条的客观要件宜作限缩解释,仅限于稍失公平。② 类比显失公平制度的通常要件,第 39 条的正当性似乎有问题,其实不然。理由在于,格式条款意味着经常性的大规模交易,而在大规模交易中,尽管就每一次单独交易而言,提供格式条款的一方当事人都只是利用其优势而致使合同稍失公平,但积少成多,其却能利用不是每一个相对人都会起诉撤销而牟取大量利益。这种行为的主观恶性较严重,因此综合考察主客观要件,仍可以主观要件之有余而补客观要件之不足,认定其构成显失公平【34—36】。第 39 条的法律后果为可撤销(《合同法司法解释二》第 9 条),由此也可得到解释。

4. 利息规制

从以往的超过四倍利率无效,到如今的"两线三区"(《最高人民法院关于审理民间借贷案件适用法律若干问题的规定》第 26 条以下),借贷合同中的利息规制规则从来都不要求主观要件。它并非显失公平制度的子类型,而是违反公序良俗原则的子类型。③

---

① 《民法典》第 496 条将此类情形作为格式条款"未订入"、而非可撤销的情形。这在教义学上主要诉诸要的、承诺的内容及其重要性,与显失公平虽仍有相通之处,但不复为后者的子类型。

② 参见施杨、朱瑞:《格式条款提供方的合理提示义务与格式条款效力的认定》,载《人民司法·案例》2010 年第 18 期,第 33 页。换言之,《合同法司法解释二》第 10 条并无实际意义,只是一个注意规定。

③ 这一点与德国法将高利贷规制规则作为"暴利行为"(《德国民法典》第 138 条第 2 款)的子类型有所不同,但仍然殊途同归。因为暴利行为也是违反公序良俗原则的子类型。详尽讨论,参见许德风:《论利息的法律管制——兼议私法中的社会化考量》,载《北大法律评论》第 11 卷第 1 辑,北京大学出版社 2010 年版,第 176—209 页。

> » 写作说明
>
> 法律评注应竭力回答实践中已经或可能出现的一切问题。与相关制度之关联,如显失公平之于相关规则的潜在意义,以及两者的潜在混淆,因而也须予以厘清。

三、法律效果

(一) 概述

1. 性质

59　　对于显失公平的合同或者合同条款,一方当事人请求人民法院或仲裁机构予以撤销或变更,这属于形成之诉。撤销或变更合同的主张只能以诉或反诉的方式,而不能以抗辩方式提出。① 当事人以非诉方式所为的撤销或变更的意思表示,不能产生相应效力。在判定除斥期间经过时,应以当事人提起形成之诉的时点作为计算终点。

60　　在合同一方拥有结构优势且该结构优势持续存在的场合,通常很难期待相对方在此期间即提起撤销或变更之诉。这在劳动合同中颇为明显。如果劳动合同中有关竞业禁止的条款显失公平,劳动者几乎不大会在劳动合同存续期间就主张权利。参照胁迫情形下除斥期间的起算规则,宜将结构优势消失的时点(如劳动合同终止时)作为除斥期间的计算起点;劳动者在此后一年内未提起形成之诉的,除斥期间才算经过。

2. 谁有权起诉

61　　有权请求撤销或变更合同的一方当事人应仅限于因合同显失公平遭受不利的一方。② 这是限缩解释的结果:显失公平制度的法律后果不是一概无效,而是可撤销或者可变更,这意味着,它并非要对显失公平的情

---

① 《江苏省高级人民法院关于适用〈中华人民共和国合同法〉若干问题的讨论纪要(一)》(苏高发审委[2005]16号)第4条(涉及撤销)。
② 参见佟柔主编:《中国民法学·民法总则》,中国人民公安大学出版社1990年版,第251页;李馨:《撤销之诉中显失公平的认定标准》,载《人民司法·案例》2013年第20期,第34页。

形一概予以纠正,而是听凭合同当事人的选择。在此,受损害一方享有选择权无可厚非;但若相对方也享有选择权,将不免和前者的选择权发生冲突,甚至使其落空,这就有违制度设计初衷。①

(二) 撤销

撤销对象有合同和合同条款之别。在撤销前,合同或者合同条款为有效,经撤销后为无效,即"自始没有法律约束力"(《合同法》第 56 条第 1 句)。在部分条款显失公平,而剩余条款仍然有效时,从维护合同效力、尊重意思自治出发,撤销对象应为相应合同条款,而非整个合同。当事人不能一方面以显失公平为由主张撤销整个合同,另一方面又要求适用被撤销合同中的违约金条款。② 在部分条款被撤销时,其他条款仍然有效,因被撤销而缺位的合同条款可依第 61 条、第 62 条作相应补充。

(三) 变更

变更对象仅限于部分合同条款,并且是关于合同内容的条款。③ 理由在于,变更旨在使合同的权利义务即合同的内容恢复到公平状态;而且,也不可能对合同的所有条款(如合同主体)都予以变更。

合同条款的变更是仅取决于变更权人的请求,还是也同时取决于法院的裁量? 参考情势变更制度下当事人请求法院变更合同,法院有权作相应变更的规定,应认为是后者。因为法院既然有能力认定何为(客观上)显失公平,自然也有能力将合同复归到公平状态。一味听凭变更权人单方改变合同内容,而法院并无调整的权利,将导致如下后果:对于离谱的变更请求,法院若全盘拒绝从而维持合同效力,对变更权人显然不公(依《合同法》第 54 条第 3 款,法院此时无权撤销);若全盘支持,又会危及合同相对人的意思自治。需注意,德国法上"撤销带来无效而非变更"的法谚,其所谓变更,很可能是指变更权人可单方改变合同内容(法院没有

---

① 参见朱庆育:《民法总论》,北京大学出版社 2013 年版,第 309 页。
② 参见《江苏省高级人民法院关于适用〈中华人民共和国合同法〉若干问题的讨论纪要(一)》(苏高发审委[2005]16 号)第 5 条。
③ 参见朱庆育:《民法总论》,北京大学出版社 2013 年版,第 317 页。

调整的权利)①,这与我国法上的变更权明显不同。

65　对于法院而言,如何变更合同内容颇具挑战性。假定某货物的市场价是 2000 元,有 30% 的价格浮动区间,一旦超出则为客观上显失公平。对于一个货物价格为 4000 元的显失公平的买卖合同,应如何变更其价格?② 是变更为市场价 2000 元? 还是上浮 30% 后的 2600 元或下浮 30% 后的 1400 元? 甚或这一区间内的任何价格?③

66　上述合同变更的难题大体有两套解决方案。方案一是回归合同法上的任意性规范。比如在价款问题上,可以依照《合同法》第 61、62 条,按照交易习惯、市场价格或者政府指导价等确定价格。

67　方案二是模拟双方当事人的真意。基于当时的个案情境,若一方当事人没有利用己方优势,而是正常谈判磋商,双方会达成何种约定? 比如在工伤赔偿协议中,受伤一方若亟须用钱治病,就可能接受低于法定数额但能更快到手的赔偿;在借款合同中,亟须用钱的一方也会倾向于接受高于市场利率的利息。因此,从模拟当事人真意的角度讲,变更后的合同条款不会总是法定数额或者市场利率,而可能偏高或者偏低。

68　比较而言,回归任意性规范的方案简便易行,而模拟当事人真意的方案更契合意思自治。二者的关键区别在于,后者将个案中双方当事人谈判地位的差别纳入了考虑,而前者则一刀切式地预设,所有情形下的合同主体都是平等的。这就引出了前者的第一个弊端:双方谈判地位的差别,未必会因为法律规定而得到改善。在回归任意性规范方案之下,对于谈判地位占优的合同一方而言,显失公平合同条款的变更无法为他带来经由正常磋商原本可获得的利益,但他仍然可以利用其谈判地位的优势,透过其他方式来获得前述利益。比如透过其他不适用显失公平制度的合同条款,或者在经营者的情形下,前述利益若不能从某一群体的消费者身上

---

① 参见朱庆育:《民法总论》,北京大学出版社 2013 年版,第 317—318 页。所引法谚的原文为:Die Anfechtung kassiert,(aber) sie reformiert nicht。

② 类似探讨,参见 Omri Ben-Shahar, "Fixing Unfair Contracts", *Stanford Law Review*, vol. 63, no. 4, 2011, pp. 869-906。

③ 吉林省高级人民法院(2014)吉民二终字第 89 号民事判决书(征收补偿价格显失公平,法院将补偿价格变更为之前约定数额与可得补偿数额的中间值,即"各打五十大板")。

获得,那就让其他群体的消费者为此买单。① 总之,只要谈判地位的优劣之分不改变,正常磋商下的利益格局就很难改变。

回归任意性规范的方案的第二个弊端在于,长期来看,它有时也不符合合同双方尤其是受损害方的利益。仍以工伤赔偿协议为例,将赔偿数额变更为法律刚好允许的临界值,而不是法定赔偿数额,似乎对受伤的劳动者保护不力。但其实,法定赔偿的适度"打折"是符合劳动者的初衷的,相比于经过漫长诉讼和执行获得法定赔偿,快速取得稍低数额的赔偿更为重要,即"多得不如现得"。对此,实践中工伤赔偿司法调解的结果可资印证,它们也大都是在法定赔偿标准的基础上"打七八折(甚至更低)"②。若令劳动者获得法定赔偿数额,无异于给劳动者以毁约特权,以及对用人单位施以惩罚,此其一。其二,将赔偿数额变更为临界值而不是法定数额,亦有利于劳动者。不然,劳动者会乐于采取先签赔偿协议"套现",然后诉请剩余赔偿的策略,长此以往,用人单位方面将拒绝签订任何事先的赔偿协议,亟须赔偿金的劳动者即便愿意,也再无套现救急的可能。

在模拟当事人真意的方案下,上述两个弊端均不存在,这是它的优点。但该方案也可能遭到质疑:其一,它使得不当行为的合同一方无须承担任何风险,即可试探出法律所允许的边界。③ 其二,它会产生不当激励,即前述合同一方更倾向于订立超越前述边界的合同条款,借此获得更多利益,因为并非所有合同相对人都会选择诉讼来保护他们的权利。④与第一点质疑的泛道德化相比,第二点质疑更切实有力。基于该质疑,模拟当事人真意方案在适用范围上也应有所限定,以下举例说明。

第一,在重复交易的场合,谈判地位占优的合同一方将透过重复交易大量获利,因此为了实现有效预防,原则上不应使用模拟当事人真意方案。其典型如格式条款的规定:格式条款无效后,适用任意性规范,而非

---

① See Omri Ben-Shahar, "Fixing Unfair Contracts", *Stanford Law Review*, vol. 63, no. 4, 2011, pp. 897-898.

② 吴学文:《工伤赔偿协议是否具有可撤销性的认定》,载《人民法院报》2015年8月5日,第7版。

③ 类似担心,参见罗歇尔德斯:《德国债法总论》,沈小军、张金海译,中国人民大学出版社2014年版,第132页。

④ See Omri Ben-Shahar, "Fixing Unfair Contracts", *Stanford Law Review*, vol. 63, no. 4, 2011, pp. 901-902.

当事人在个案情境中最可能达成的规范。

第二，在客观上显失公平的程度极为严重时，可能同时构成显失公平和违反公序良俗①。此时，为了使二者的法律后果尽可能一致（最终都适用相应的任意性规范），宜弃模拟当事人真意方案而采回归任意性规范方案，甚或弃变更而采撤销。

第三，在临界值清楚的场合，合同一方若（往往是故意）超越该临界值而为其他约定，有时就不应适用模拟当事人真意方案。比如对于低于最低工资的薪酬约定，在否定其法律效果的同时，比较法上就有要求用人单位支付同行业通常工资②或者支付惩罚性赔偿（实际工资与最低工资之差额的两倍）③的规定。

总体而言，模拟当事人真意的方案顾及合同双方谈判地位的客观差别，原则上更为可取。对于其可能产生的不当激励以及应对之道，简要说明如下：

第一，即便采取回归任意性规范的方案，上述不当激励同样存在，只是不当行为一方获得的不当利益更少而已。二者仅有程度之别。

第二，上述不当激励应与模拟当事人真意方案的相关优点作综合权衡。尤其是，上述不当激励固然会加剧双方当事人之间财富的不当分配，但回归任意性规范方案的社会后果可能更糟糕。这方面的例子，除了上文的工伤赔偿协议，还包括目前的利率管制规则（若利息一律按法定利率计算，贷款方要么采取其他收费方式规避，要么惜贷甚或退出借贷市场，后者对借款方更为不利）、违反最低工资规定时的差额补齐规则（《劳动合同法》第85条第2项）等。

第三，上述不当激励的应对机制除了私法手段，还有公法手段。在坚守模拟当事人真意方案的同时，完全可以利用行政手段④来遏制前述不当激励。

---

① 类似观点，王利明：《合同法研究》（第一卷），中国人民大学出版社2015年版，第704页。
② Sack, in: Staudinger, 2003, §138 Rn. 218（通说）。
③ Omri Ben-Shahar, "Fixing Unfair Contracts", *Stanford Law Review*, vol. 63, no. 4, 2011, p. 903.
④ 如在高利贷管制方面，就可以采取"超出部分无效＋吊销经营执照"的组合拳。Omri Ben-Shahar, "Fixing Unfair Contracts", *Stanford Law Review*, vol. 63, no. 4, 2011, p. 902.

> 写作说明

以上关于变更之讨论,完全可以作成一篇论文。笔者为此耗费颇多心力和时间,终于写出不足三千字的实质论证。就此而言,一条理想的法律评注,需要评注者对所有相关问题都有能力分别作成一篇独立的论文,再深入浅出予以呈现。

(四) 撤销和变更的关系

在适用顺序上,变更原则上优先于撤销。《合同法》第54条第3款规定:"当事人请求变更的,人民法院或者仲裁机构不得撤销。"《民通意见》第73条第1款进一步规定:当事人请求撤销的,人民法院可以酌情予以变更或撤销。但基于维护合同效力、尊重意思自治的理念,前述"酌情"应解释为:当事人请求撤销的,原则上应变更,例外才可撤销。

需注意,《合同法》第54条第3款并不仅适用于显失公平,它还适用于重大误解、欺诈、胁迫以及乘人之危。在后述情形下,变更是否也原则上优先于撤销?对此应区别回答。对于乘人之危而言,由于其构成要件与显失公平相近,变更原则上应优先于撤销。对于重大误解、欺诈及胁迫而言,变更原则上则不优先于撤销。理由在于:其一,这些制度不以客观上显失公平为必要,因而法院有时根本无从变更。其二,即便恰好客观上显失公平,撤销和变更在结果上也不会不同。就模拟当事人真意而言,显失公平制度否定的是合同一方利用其优势;它并不否认合同一方具有优势,在模拟真意时也会考虑合同双方谈判地位的差别。相反,重大误解、欺诈及胁迫的关注点都是意思表示是否真实或自由,并未考虑双方谈判地位的差别,因此,即便变更优先于撤销,且变更时优先适用模拟当事人真意的方案,其在模拟真意时,也只能预设合同双方处于平等地位。其模拟真意的结果,与撤销后适用相应任意性规范的结果全然相同。其三,在重大误解、欺诈及胁迫之下,当事人意思表示不真实或不自由的程度远甚于显失公平的情形,因此在模拟当事人真意的难度上,二者也有较大差别。比如,在前一情形下就很难回答:如果当事人没有受到欺诈、胁迫,其是会订立不同内容的合同,还是根本不会订立合同?此外,《国际商事合

73

74

同通则》第三章第二节虽然将错误、欺诈、胁迫和显失公平都作为"宣告合同无效的根据",但前三种情形的法律后果均为宣告合同无效(类似于撤销),而唯独显失公平的法律后果为宣告无效和变更,亦可资参考。①

75　在部分合同条款显失公平的情形下,撤销某个合同条款而适用任意性规范,与将某个合同条款变更为任意性规范在实质上完全相同。在此,撤销为变更所涵盖。② 基于此,变更与撤销的关系或许可以重新表述为:在合同整体显失公平时,法律后果为撤销(合同);而在合同部分条款显失公平时,法律后果为变更(合同条款)。

四、常见案例类型

(一) 特别法规定

1. 劳动合同法

76　劳动合同法在多大程度上能适用合同法的规则,在劳动法学界素有争论。2006年3月20日的《劳动合同法(草案)》第19条第1款曾规定,"显失公平的劳动合同"可以撤销,但这最终并未被正式立法所接纳。后来相关司法解释规定:劳动者与用人单位就"解除或者终止劳动合同办理相关手续、支付工资报酬、加班费、经济补偿或者赔偿金等"达成的协议,如果显失公平,当事人可以撤销。③ 与一般的显失公平制度相比,它在法律后果上有所限缩(仅限于撤销)④;但从立法历史来看,它仍然被视为显失公平制度的一种类型。⑤

---

① 分别参见《国际商事合同通则》第3.2.2条、第3.2.5条、第3.2.6条和第3.2.7条。
② 但在法律性质上,仍不能将"变更"理解为"撤销"+"另行形成意思表示"。参见朱庆育:《民法总论》,北京大学出版社2013年版,第317页。
③ 《最高人民法院关于审理劳动争议案件适用法律若干问题的解释(三)》(法释[2010]12号)第10条。
④ 早先在部分地区,显失公平的劳动合同也可以被变更。《山东省高级人民法院关于审理劳动争议案件若干问题的意见》(1998年10月15日)第40条。
⑤ 最高人民法院民事审判第一庭编著:《最高人民法院劳动争议司法解释(三)的理解与适用》,人民法院出版社2015年版,第166页。在黄仲华诉刘三明债权人撤销权纠纷案中,二审法院虽援引了前述司法解释,但该案系争赔偿协议并非劳动合同,所以该案观点对于劳动合同纠纷并无直接参考意义。参见《黄仲华诉刘三明债权人撤销权纠纷案》,载《最高人民法院公报》2013年第1期。

2. 海商法

《海商法》第 176 条认可在两种情形下,当事人可以请求变更(但不能撤销①)海难救助合同:一是合同在不正当的或者危险情况的影响下订立,合同条款显失公平;二是根据合同支付的救助款项明显过高或者过低于实际提供的救助服务。第一种情形类似于乘人之危;第二种情形则通常被认为是(单一要件说意义上的)显失公平,不以主观要件为必要。②鉴于海难救助合同往往是在危急情况下订立,故第二种情形虽不以主观要件为必要③,但这毋宁说是立法者一律拟制了主观要件的存在。它与《合同法》第 40 条之下没有主观要件【56】有相似之处。

基于上述理解,第二种情形其实可以为第一种情形所涵盖,并无太多实益。这一局面可能源自海商法起草时的"一字之差"。《海商法》第 176 条的原型是 1989 年《国际救助公约》第 7 条。后者规定了两种情形,其中第二种情形与《海商法》的规定相同,不同的是第一种情形:"合同在不正当影响下(undue influence)或者危险情况的影响下订立,合同条款有失公平的(inequitable)。"可见,《国际救助公约》第 7 条规定的两种情形是彼此不同的:第二种情形是通常的显失公平(尽管未明确主观要件);第一种情形则可谓在海难救助领域,显失公平的特别体现,即鉴于主观要件的严重性,客观要件的门槛从"显"失公平被降低到"有"失公平【35】。《海商法》第 176 条将这里的"有失公平"改为"显失公平",一字之差,不但上述区分消失殆尽,条文内部的逻辑关系也成为问题。

---

① 这主要是因为立法者当时不想让仲裁庭享有撤销合同的权利。司玉琢主编:《海商法》,中国人民大学出版社 2008 年版,第 271 页;胡正良主编:《海事法》,北京大学出版社 2009 年版,第 123 页。

② 参见司玉琢主编:《海商法》,中国人民大学出版社 2008 年版,第 272 页。至于不正当影响情形下的显失公平,则被认为属于重大误解乃至欺诈。参见邢海宝:《海商法教程》,中国人民大学出版社 2008 年版,第 390 页。

③ 实务中,当事人在主张适用第二种情形时也会提出前述主观要件,而法院也会隐含地加以考虑。《宁波市镇海满洋船务有限公司与金运船舶香港有限公司、台州大创金属有限公司海难救助合同纠纷案》,载《人民法院案例选》2012 年第 1 辑。该案法院认为:受损害方在"……在情况危急的情况下不得已确认显失公平的报价。法院考虑到金运公司确认报价时,救助尚未进行或正在进行中,为防止显失公平",对协议约定价格做了评估;最终认定存在正文中的第二种情形,并对价格条款予以变更。

(二) 司法实务

1. 人身损害赔偿协议

78　　在人身损害赔偿纠纷中,当事人可能私下或者经由调解达成赔偿协议。如果协议中的赔偿金额显著低于法定标准,显失公平制度也有适用余地。①

79　　就主观要件而言,在合同一方相对于另一方有"结构优势"的场合,可以经由事实推定而认定主观要件。这常发生于用人单位与劳动者、医院与患者之间。具体而言,在事故发生后,用人单位往往会利用劳动者(尤其是农民工)的经济窘境、缺乏经验②乃至举证上的困难(如没有签订书面劳动合同)③;而医院也可能利用自己在损害后果方面的判定优势④。在此,基于合同客观上显失公平以及相关主体的结构优势,即可推定主观要件存在。

80　　在其他场合,主观要件仍需由主张合同显失公平的一方当事人举证证明。比如在机动车事故赔偿纠纷中,双方当事人通常并无差别,故很难直接从赔偿数额客观上显失公平即推定主观要件的成就。在一个案件中,赔偿权人已大体知晓赔偿数额为40多万元,但仍然与侵权人达成了16万余元的赔偿协议,由于无法证明主观要件的存在,该案赔偿协议不构成显失公平。⑤ 有法院规定:对于当事人自行达成的和解协议尤其是在交警主持下达成的调解协议,即便赔偿数额与法定标准有一定出入,法院也不宜轻易撤销;但"赔偿数额显失公平"时可例外撤销。⑥ 基于上文

---

①　参见《最高人民法院关于审理涉及人民调解协议的民事案件的若干规定》(法释[2002]29号)第6条第1款第2项。主张基于重大误解而撤销和解协议者,肖俊:《和解合同的私法传统与规范适用》,载《现代法学》2016年第5期,第72—74页。

②　参见陈璐、龚箭:《显失公平原则在工伤赔付协议中的适用》,载《人民法院报》2012年9月20日,第7版;新疆维吾尔自治区高级人民法院伊犁哈萨克自治州分院(2014)伊州民二终字第401号民事判决书(受伤的雇员往往"经济条件困难,文化程度低,认知能力差")。

③　广东省江门市中级人民法院(2013)江中法劳终字第706号民事判决书。

④　有法院在缺乏必要证据的情形下直接认定主观要件的存在,有混淆推定与认定之嫌。黄万飞、张焕杰:《和解协议存在显失公平依法被变更》,载 http://www.gxcourt.gov.cn/info/1110/140796.htm,最后访问时间:2016年3月26日。

⑤　广东省高级人民法院(2013)粤高法审监提字第147号民事判决书。

⑥　上海市高级人民法院民事审判第一庭《道路交通事故纠纷案件疑难问题研讨会会议纪要》(2011年12月31日)第6条第1款。

分析,这里的"显失公平"也应以主观要件为必要。

至于客观要件,在被侵害人死亡的场合,如果侵权人的实际赔偿数额高于法定数额,由于"生命是不能用金钱来衡量的",所以客观上即不构成显失公平。①

2. 离婚财产分割协议

当事人协议离婚时,财产分割协议(或离婚协议中的财产分割条款)也可能适用显失公平制度。《最高人民法院关于适用〈中华人民共和国婚姻法〉若干问题的解释(二)》第9条第2款规定,离婚财产分割协议可以因"欺诈、胁迫等情形"而被撤销,从文义来看,显失公平也属于"等"字之列。但最高人民法院毕竟没有明确列举显失公平,这又表明其审慎的态度:离婚财产分割协议中的财产安排往往兼有经济和感情考虑,判断其是否公平,不能以经济上的权利义务之对等作为唯一标准。② 因此,部分地方高级人民法院亦明确规定,不能轻易将协议中一方放弃主要或大部分财产的约定认定为显失公平。③ 证明方面,事实推定在此很难适用:经济上权利义务极度失衡(如"净身出户"条款),尚不足以表明主观要件的存在。

3. 竞业限制条款

劳动合同中有时会约定竞业限制条款,其中的限制期限、补偿费约定④以及违约金条款⑤等都可能显失公平。在具体认定时,应从竞业限制的必要性和合理性两方面综合考虑。比如,补偿费过低且限制期限过长,或者补偿和期限单独来看虽不苛刻,但欠缺竞业限制的必要性(如只是为了防止员工跳槽),都可能构成显失公平。各地的一些量化标准可资参

---

① 浙江省杭州市中级人民法院(2014)浙杭民终字第153号民事判决书。
② 黄松有:《最高人民法院婚姻法司法解释(二)的理解与适用》,人民法院出版社2004年版,第82页;最高人民法院民一庭:《不宜以显失公平为由支持一方请求撤销登记离婚时的财产分割协议的主张》,载《民事审判指导与参考》第34辑,法律出版社2008年版,第64页(吴晓芳执笔)。
③ 《上海市高级人民法院关于适用最高人民法院婚姻法司法解释(二)若干问题的解答(二)》(沪高法民一[2004]26号)第7条。
④ 《北京市高级人民法院关于审理知识产权纠纷案件若干问题的解答》(京高法发[2002]365号)第15条。
⑤ 《上海市高级人民法院关于审理劳动争议案件若干问题的讨论纪要》(沪高法[1993]148号)第31条。

考:在没有明确约定时,补偿金通常应按劳动者离职前正常工资的20%—50%(20%—60%)计算;竞业限制期限最长不得超过两年;等等。①

在变更竞业限制条款时,应注意平衡双方当事人利益。在一个违反竞业限制义务的案件中,原告劳动者的年收入约3万元,而违约金则高达264万元,法院在综合考虑原告的工作年限、工资报酬等因素后,将违约金确定为3万元。但相关法官也坦陈,上述3万元很可能低于用人单位的实际损失,可能导致竞业限制条款流于虚设。② 对此,更合理的方案或许是以用人单位的实际损失或者劳动者违反竞业限制义务所得收入(扣除合理开销)来确定违约金数额。

4. 单方仲裁选择权条款

如果仲裁协议约定,仅一方当事人享有选择仲裁机构的权利,此类约定至少客观上显失公平。因为它"直接剥夺了一方当事人寻求解决纠纷途径的权利"③,导致其既无权提起仲裁,又无法进行诉讼。④ 实践中曾有地方高级人民法院规定,上述协议因(客观上)显失公平而无效。⑤ 最高人民法院民四庭编写的《涉外商事海事审判实务问题解答(一)》(2008年)第80条也有类似规定:"当事人在涉外合同中约定提请仲裁的权利不平等,违背了公平、合理的法律原则,应认定该仲裁协议无效。"对此有两点说明:第一,合同显失公平的法律后果应为可撤销或可变更,而非无效。第二,前述抛弃主观要件的做法似乎忽视了,仲裁协议的双方当事人通常都是平等的商事主体,有能力通过自由约定

---

① 参见《上海市高级人民法院关于适用〈劳动合同法〉若干问题的意见》(沪高法[2009]73号)第13条;《北京市高级人民法院、北京市劳动争议仲裁委员会关于劳动争议案件法律适用问题研讨会会议纪要》(2009年8月17日)第38条。
② 参见金语、张玮:《用人单位支付经济补偿金是竞业限制条款生效的条件》,载《人民法院报》2012年11月1日,第7版。
③ 参见《北京市高级人民法院关于审理请求裁定仲裁协议效力、申请撤销仲裁裁决案件的若干问题的意见》(1999年12月3日)第5条第3项。
④ 林少兵:《国内仲裁协议效力之认定》,载《人民司法》2002年第6期,第53页。有文献曾提及,最高人民法院在一个个案批复中也持类似见解,但其来源未必可靠。参见赵健:《国际商事仲裁的司法监督》,法律出版社2000年版,第65、67页。
⑤ 《北京市高级人民法院关于审理请求裁定仲裁协议效力、申请撤销仲裁裁决案件的若干问题的意见》(1999年12月3日)第5条第3项。

来维护自己的利益。①

5. 建设工程合同

实践中,发包人与承包人在签订建设工程承包合同时,可能会要求后者预先放弃其依《合同法》第286条享有的建设工程合同价款优先受偿权。这一预先放弃条款剥夺了承包人的法定担保权利,使其价款债权近乎无法实现(因为在建工程上通常还有银行的抵押权),客观上往往显失公平。加之我国建筑行业是甲方市场,发包人通常都可以利用优势令承包人接受前述不公平条款②,故亦可推定主观要件的存在。但是,如果承包人系事后放弃价款优先受偿权,由于此时合同已经订立或者履行,发包人利用自己谈判地位优势的可能性大为降低,则不应再有前述推定。

建设工程合同的工程造价约定也可能适用显失公平制度。③ 在一个案件中,一审法院认为,发包人利用自身优势和承包人急于承接工程的心理,以泄露其他投标单位投标报价等方式使承包人接受了低于实际成本(约1500万元)的工程造价条款(1250万元),因此基于显失公平制度,将合同价款调整为实际成本价。但二审法院持相反观点。理由在于,上述差价的根源是承包人"签订合同时应当预见而没有预见的经营风险",换言之,不是合同内容本身不公平,而是合同订立后的经营风险导致了合同履行不公平。因此本案不适用显失公平制度。④ 对此需指出,二审法院在没有任何新证据的情况下即作出了与一审法院不同的事实认定,并据此否定显失公平制度的适用,说理上颇为无力。⑤

---

① 类似观点,参见王生长:《仲裁协议及其效力确定(2)》,载《中国对外贸易》2002年第4期,第25—26页。
② 参见陈广华、王逸萍:《建设工程价款优先受偿权预先放弃之效力研究》,载《西部法学评论》2015年第4期,第51页。该文主张,此类预先放弃应为无效。
③ 江苏省高级人民法院《2001年全省民事审判工作座谈会纪要》(苏高法[2001]319号)第六点第4条第6款。
④ 参见舒文:《中铁四局集团建筑工程有限公司诉兴田健康产业(合肥)有限公司建设工程施工合同纠纷案——关于显失公平原则的适用问题》,载《民事审判指导与参考》第16辑,法律出版社2004年版,第373—383页。
⑤ 当然,本案客观上是否存在显失公平,以及一审法院所述的利用优势在招标的大背景下是否成立,亦有讨论余地。参见朱宏亮、谢娜:《显失公平规则在中国大陆建设工程领域的适用性探析》,载台湾《月旦民商法杂志》第20期(2008年6月),第112页。

> 写作说明

对案例类型或特别法的关照,是法律评注竭力回答一切问题之体现。不过,尤其是在特别法的问题上,评注者依然可能受制于学识,不得不在时间约束和错误风险之间走钢丝。

五、证 明 责 任

88　本条构成要件诸要素的证明责任,包括合同权利义务显著不对等、一方当事人利用优势(包括利用对方没有经验),皆由行使撤销权或变更权的一方当事人承担。但这并不妨碍法院基于事实推定,推定相应的主观要件成立【30】。

> 写作说明

在民法领域,证明责任似乎是法律评注之标配。但毋庸讳言,至少本评注中的以上证明责任文字,仅聊备一格,较为表浅。主要原因依然在于学识和时间。

六、立 法 论

89　2016年7月5日,全国人大公布《中华人民共和国民法总则(草案)》全民征求意见稿,其第129条规定:"一方利用对方处于困境、缺乏判断能力或者对自己信赖等情形,致使民事法律行为成立时显失公平的,受损害方有权请求人民法院或者仲裁机构予以撤销。"

90　上述规定有三点进步:其一,明确了撤销权仅受损害一方享有;其二,明确了显失公平以主客观双重要件为必要;其三,废除了乘人之危[1],将其并入显失公平。上述进步,体现了《民法通则》颁行三十多年来实务与学说之发展成果,深值肯定。

但上述规定也有可改进之处:其一,"利用对方对自己信赖"所指不明,且缺乏相应司法实践,似删去为佳;其二,将显失公平的法律后果规定为可撤销,而舍弃"可变更",颇为不妥。当然,这一舍弃不仅见于显示公平,也见于重大误解、欺诈、胁迫等制度。但如前所述【63—75】,上述做法在重大误解、欺诈、胁迫等情形下或许是适当的,但对于显失公平则非如此,有忽视"可变更"之于维护合同效力、尊重意思自治(尤其是模拟当事人真意)的重要作用之嫌。相比之下,前述《国际商事合同通则》的二元区分更值得参考,即可撤销法律行为的后果原则上仅为可撤销;但作为例外,因显失公平而可撤销的法律行为其后果不仅包括可撤销,还包括可变更,且变更原则上优先于撤销【73—74】。如今《民法总则》第151条规定:"一方利用对方处于危困状态、缺乏判断能力等情形,致使民事法律行为成立时显失公平的,受损害方有权请求人民法院或者仲裁机构予以撤销。"前述第一点改进已有所体现,而第二点改进能否在民法典之中或民法典施行后的法律解释中成为现实,仍是未定之天。

> 写作说明

法律评注以解释现行法为己任,原则上不谈立法论。本评注写作于《民法总则》颁行前后,故例外予以涉及。注意,《民法总则》的"进

---

[1] 乘人之危和显失公平的关系为何,一直以来争议甚多。以中国法学会主持编纂的专家意见稿为例,其先是因循《民法通则》,将二者分立,但后来又二者统一作为显失公平予以规定。《中华人民共和国民法典·民法总则专家建议稿(征求意见稿)》第146—147条;《中华人民共和国民法典·民法总则专家建议稿(提交稿)》第141条。类似分歧,参见北航法学院课题组(龙卫球主持):《中华人民共和国民法典·通则篇》草案建议稿第140条(二者统一作为显失公平);中国人民大学民商事法律科学研究中心"民法典编纂研究"课题组(杨立新执笔):《中华人民共和国民法·总则编》建议稿第142条(仅规定乘人之危)。在全国人大法工委此前的草案中,也曾因循《民法通则》,将显失公平和乘人之危分开规定。参见《中华人民共和国民法总则(草案)》(征求意见稿)第108条("显失公平的民事法律行为,受损害方有权请求人民法院或者仲裁机构予以变更或者撤销")、第109条("乘人之危的民事法律行为,受损害方有权请求人民法院或者仲裁机构予以变更或者撤销")。

步"规定与本评注的主张相近,固然令人欣慰,但也比较"糟糕"。例如,立法一旦确定采双重要件说,本评注关于双重要件说之争论的梳理就不复有实益。法律评注欲避免"变成废纸"之命运,除了不断更新资料,与时俱进;也须在深度和广度方面用力。例如,本章对双重要件说之规范目的或价值判断的探究、对双重要件之互动关系的探讨等,就仍有可能历经法律变迁而留存。

第七章 《民法典》第9条(绿色原则)评注

》写作说明

法律评注写作之一般事项,在第六章已有充分说明,本章不再重复。本章的特色在于以下两方面:

其一,第六章是对具体规则之评注,本章是对法律原则之评注。具体规则如显失公平,构成要件和法律效果齐备,可以直接作为司法裁判之大前提;法律原则如绿色原则,则欠缺具体要件和效果,只能经由"法官造法"引申出具体规则,或者间接影响具体规则之目的解释。法律适用方式之不同,会导致研究思路和写作体例之差异。

其二,两章篇幅不一;且笔者在撰写第六章之前,并无特别积累,而在撰写本章之前,对绿色原则已有专门研究(当然,《民法典》在《民法总则》的基础上也有补充,但无关大局)。[①] 如果说第六章反映了评注写作的常态,即基于有限积累,尽力完成详尽的、高质量的长篇评注;本章则展示了评注写作的另一种样态,即如何化繁为简,完成兼顾品质和篇幅的短篇评注。

此外,面对《民法典》之诸多绿色原则的新规定,如何发挥梅迪库斯教授所说的"法律人的想象力",亦是评注写作者面临的永恒课题。

《民法典》第9条:
民事主体从事民事活动,应当有利于节约资源、保护生态环境。

---

① 参见贺剑:《绿色原则与法经济学》,载《中国法学》2019年第2期。

一、规范目的与立法历史

(一) 规范目的

1　　本条规定了绿色原则。作为民法基本原则,绿色原则仅调整民事法律关系。其既不能作为立法法或宪法意义上的立法指导原则,约束立法者;亦不能作为公法原则,成为公法性质的环保义务之兜底条款。①

2　　绿色原则旨在节约资源、保护生态环境。保护生态环境是指环境法意义上的环境保护。但节约资源含义为何,不无疑义。若节约资源仅指狭义的节约自然资源,则其与保护生态环境均隶属于环境保护,因此,绿色原则与环境保护同义(一元论)。相反,若节约资源不限于节约自然资源,而是指广义的各种社会资源或社会财富,则绿色原则包含环境保护与节约资源双重内涵(二元论)。② 注意,很少有研究明确赞同一元论,其将绿色原则等同于环境保护,更多是因为忽略了节约资源的潜在歧义。③

3　　从体系解释来看,前述节约资源应作广义解释。在《民法典》中,除了广义之节约资源,其他特定资源之表述均有明确限定,如自然资源(第209条第2款、第250条、第324条、第325条、第468条第2款)、野生动植物资源(第251条)、无线电频谱资源(第252条)等。从反面来看,在合同编,节约资源还被界定为合同履行时之"避免浪费资源"(第509条第3款),甚至指买卖合同标的物包装方式应"有利于节约资源"(第619条);此处之"资源",与以森林、山岭、草原、荒地、滩涂等为代表的自然资源(第250条)并无必然关联。

4　　在《民法典》之外,各种法律、司法解释、规范文件通常将环境保护、节

---

① 初步评述,参见贺剑:《绿色原则与法经济学》,载《中国法学》2019年第2期,第112—113页。其后仍有不少研究将绿色原则笼统视为公法和私法之基本原则,参见郑少华、王慧:《绿色原则在物权限制中的司法适用》,载《清华法学》2020年第4期,第163—171页。
② 参见贺剑:《绿色原则与法经济学》,载《中国法学》2019年第2期,第110—112页;王轶:《民法典编纂与国家治理现代化》,载《中国人民大学学报》2020年第4期,第14页。
③ 不少研究有意无意回避了该问题,即使涉及节约(非自然资源之)资源的案例,如树木、房屋,亦一律笼统称之为保护环境。参见郑少华、王慧:《绿色原则在物权限制中的司法适用》,载《清华法学》2020年第4期,第166—179页。

约资源并举。如"节约资源、保护环境"①"节约资源和保护环境的消费方式"②"节约资源和保护环境的基本国策"③"资源节约型、环境友好型社会"④等。少数甚至将节约资源与反对浪费并举⑤，或者将节约资源与废物再利用、资源化、浪费资源等挂钩⑥。这亦说明，节约资源应作广义解释，其与环境保护相关但仍有不同。此外，在特指环境保护意义上的节约资源时，有司法解释也会明确表述为"保护生态环境和自然资源"。⑦

作为法律起草者，全国人大法工委在关于《民法典》的半官方释义中指出："绿色原则是贯彻宪法关于保护环境的要求，同时也是落实党中央关于建设生态文明、实现可持续发展理念的要求。将环境资源保护上升至民法基本原则的地位，具有鲜明的时代特征……"⑧这似采一元论。但与诸多将绿色原则等同于环境保护的观点类似，这更可能是因为其仅注意绿色原则之环境保护面向，而忽略了节约资源的潜在歧义。该释义所援引的《消费者权益保护法》第 5 条之"国家倡导……节约资源和保护环境的消费方式，反对浪费"，《民法典》第 509 条第 3 款的合同履行"应当避免浪费资源、污染环境和破坏生态"等规定⑨，上文已述，并不限于节约自然资源或环境保护，可资印证。

司法实践的初步趋势是对节约资源作广义解释。目前最高人民法院唯一的相关裁判，将节约资源、保护生态环境表述为"节约社会资源、保护生态环境"，并将前者解释为避免"社会物质的极大浪费"。⑩ 有高级人民

---

① 参见《循环经济促进法》第 4 条第 1 款、第 10 条第 1 款。
② 《消费者权益保护法》第 5 条第 3 款、第 37 条第 1 款第 1 项。
③ 《最高人民法院关于充分发挥审判职能作用推动国家新型城镇化发展的意见》（法发〔2014〕20 号）第 12 条，《最高人民法院关于充分发挥审判职能作用为推进生态文明建设与绿色发展提供司法服务和保障的意见》（法发〔2016〕12 号）第 3 条。类似表述，参见《国务院办公厅关于深入开展全民节能行动的通知》（国办发〔2008〕106 号）。
④ 《中华人民共和国国民经济和社会发展第十一个五年规划纲要》（2006 年）第六篇。类似表述，参见《国务院办公厅关于深入开展全民节能行动的通知》（国办发〔2008〕106 号）。
⑤ 参见《消费者权益保护法》第 5 条第 3 款。
⑥ 参见《循环经济促进法》第 4 条、第 10 条。
⑦ 《最高人民法院关于充分发挥审判职能作用为推进生态文明建设与绿色发展提供司法服务和保障的意见》（法发〔2016〕12 号）第 13 条。
⑧ 黄薇主编：《中华人民共和国民法典总则编释义》，法律出版社 2020 年版，第 33 页。
⑨ 参见黄薇主编：《中华人民共和国民法典总则编释义》，法律出版社 2020 年版，第 33—34 页。
⑩ 参见最高人民法院（2018）最高法民申 918 号民事裁定书。

法院的裁判与之类似,将节约资源等同于避免"社会资源的重大浪费"。①在各地初级和中级人民法院的裁判中,节约资源之广义解释亦颇为普遍。②

(二) 立法历史

7 绿色原则由 2017 年《民法总则》首创,是一项年轻且颇具特色的民法基本原则。本条规定沿袭《民法总则》第 9 条,两者内容相同。鉴于民法典是对此前既有民事法律之"编纂",而非另起炉灶,以及两条规定内容一致,《民法总则》第 9 条之司法裁判,对本条规定之适用有重要参考意义(部分甚至有"类案"意义上之拘束力)。在民法典的过渡时期,尤为如此。

二、法 定 类 型

8 作为总则编绿色原则之配套,《民法典》各分编亦新增相应具体规定。其见于物权编、合同编、侵权责任编,分别涉及物权之设立、行使,合同义务之内容及履行,以及环境污染和生态破坏责任。③ 以下分别论述。

(一) 绿色原则在物权编之体现

1. 建筑物区分所有权之行使

9 《民法典》第 286 条第 1 款第 1 句规定:"业主应当遵守法律、法规以及管理规约,相关行为应当符合节约资源、保护生态环境的要求。"该节约资源、保护生态环境之行为要求,是否为业主的一项独立义务,抑或为业主遵守(环保)法律、法规以及管理规约之附带后果,仅具有宣示意义? 全

---

① 参见重庆市高级人民法院(2018)渝民终 201 号民事判决书。
② 初步梳理和评价,参见贺剑:《绿色原则与法经济学》,载《中国法学》2019 年第 2 期,第 118—126 页。
③ 未获采纳的其他贯彻绿色原则之立法建议,参见刘长兴:《环境权保护的人格权法进路——兼论绿色原则在民法典人格权编的体现》,载《法学评论》2019 年第 3 期,第 172—173 页;刘长兴:《论"绿色原则"在民法典合同编的实现》,载《法律科学》2018 年第 6 期,第 135—139 页;单平基:《"绿色原则"对〈民法典〉"物权编"的辐射效应》,载《苏州大学学报(哲学社会科学版)》2018 年第 6 期,第 93—95 页;侯国跃、刘玖林:《民法典绿色原则:何以可能以及如何展开》,载《求是学刊》2019 年第 1 期,第 113—117 页;吕忠梅课题组:《"绿色原则"在民法典中的贯彻论纲》,载《中国法学》2018 年第 1 期,第 15—26 页。

国人大法工委之释义并未提及该问题,甚至对该行为要求之内容以及其他事项均未置一词。①

笔者认为,将前述行为要求作为业主的一项独立义务并无实益。单独违反该义务,不会造成任何法律后果。在私法层面,《民法典》第286条第2款之弃置垃圾、排放污染物等行为虽关乎环境保护,但其救济以"损害他人合法权益"为前提,且以"法律、法规以及管理规约"为依据,并非违反前述独立义务之特别后果。

从反面言之,尽管可以想象,业主的特定行为要求虽未见于法律、法规以及管理规约,但仍有利于节约资源或保护生态环境。然而,若认为该项义务之违反即足以引发停止侵害等救济,从而放弃侵害他人合法权益之要件,且超越"法律、法规以及管理规约"之限定,就可能有如下极端推论:在业主浪费资源(如不节约用水、用电)时,业主大会或业主委员会有权请求其停止浪费行为。这显然有悖于常识。不仅混淆了节约资源或环境保护作为业主之私法义务和公法义务之界限,在禁止浪费水电的公法规定阙如之背景下,还违背了依法行政之原则,有违法、不当限制他人财产权之嫌。

退一步,前述行为要求即使属于《民法典》第286条第3款之"相关义务",针对其不履行,有关行政主管部门"应当依法处理"。该行为要求亦不过是相应行政法律法规之义务的重复,且性质上为公法义务,而非(契合绿色原则之)私法义务。

2. 用益物权之行使

《民法典》第326条第1句规定:"用益物权人行使权利,应当遵守法律有关保护和合理开发利用资源、保护生态环境的规定。"这虽关乎绿色原则,但仅为有关法律规定之宣示,如《土地管理法》第3、37条,《农村土地承包法》第1、18条,《矿产资源法》第3、29条等。② 该规定在司法实践中缺乏实益,无适用余地。

---

① 参见黄薇主编:《中华人民共和国民法典物权编释义》,法律出版社2020年版,第200—205页。
② 同上书,第296—298页。

3. 建设用地使用权之设立

14 《民法典》第 346 条规定："设立建设用地使用权,应当符合节约资源、保护生态环境的要求,遵守法律、行政法规关于土地用途的规定,不得损害已经设立的用益物权。"与《民法典》第 286 条第 1 款第 1 句之限缩解释类似,该条的节约资源、保护生态环境之要求,亦应解释为现有"法律、行政法规"之相关要求,而非此外的一项独立公法或私法义务。①

主要理由包括:首先,该义务之违反的法律后果为何,法无明定。其次,基于依法行政之要求,若设立建设用地使用权之双方当事人业已遵守了现有法律、行政法规关于环境保护、节约资源等之规定,且设立程序合法,似不能再以本条规定为据,推导出公法上不利于一方或双方当事人之后果。注意,即使涉及公共利益对建设用地使用权设立合同之潜在影响,其依据亦应当为法律行为背俗无效之规则(《民法典》第 153 条第 2 款),而非本条规定。

(二) 绿色原则在合同编之体现

1. 合同履行之附随义务

15 《民法典》第 509 条第 3 款规定:"当事人在履行合同过程中,应当避免浪费资源、污染环境和破坏生态。"该款规定与第 509 条第 2 款基于诚信原则的通知、协助、保密等义务并列,性质上均为法定的附随义务。②

16 该款规定旨在借合同当事人附随义务之履行,避免浪费资源、污染环境和保护生态。其立意虽好,但或许混淆了公法义务与私法义务之分工。节约资源、保护环境通常关乎公益,而不涉及当事人私益。借私法义务保障公共利益,可能因无关乎私人利益而无法被当事人有效执行。

以环境保护之附随义务为例,若其仅意味着一方当事人之负担,而不对应于另一方当事人之利益,后者并无动力要求前者履行义务。相反,若

---

① 相应释义仅复制了《民法典》第 9 条关于绿色原则之释义内容,对建设用地使用权之设立背景下,节约资源、保护生态环境有何具体或特别之处,并无任何阐述。参见黄薇主编:《中华人民共和国民法典物权编释义》,法律出版社 2020 年版,第 365 页;黄薇主编:《中华人民共和国民法典总则编释义》,法律出版社 2020 年版,第 33 页。

② 参见刘长兴:《论"绿色原则"在民法典合同编的实现》,载《法律科学》2018 年第 6 期,第 136 页。

环境保护义务旨在维护一方当事人之利益,如避免其因违反环保法规而遭受经济损失,则该义务并非真正的环境保护义务,而是基于诚信原则而生的(经济利益之)保护义务。环境保护仅为传统保护义务之非必然"副产品"。①

有见解将《民法典》第 509 条第 3 款视为效力性强制性规定,违反该规定的合同履行方式之约定因而无效。② 这似乎混淆了合同履行之附随义务与合同之无效事由,后者的法律依据应为背俗无效规则(《民法典》第 153 条第 2 款)。

2. 买卖合同之包装义务

《民法典》第 619 条规定:在买卖合同,"对包装方式没有约定或者约定不明确,依据本法第五百一十条的规定仍不能确定的,应当按照通用的方式包装;没有通用方式的,应当采取足以保护标的物且有利于节约资源、保护生态环境的包装方式"。该包装义务虽关乎买卖合同之给付,应为从给付义务,但亦面临与第 509 条第 3 款之附随义务类似的困境:买受人通常仅在乎包装方式是否足以保护标的物,或契合合同之其他目的(如礼物包装),而未必在乎节约资源或保护生态环境。倘若无关乎买受人利益,该单纯的节约资源、保护环境之包装义务,又是以私法义务之名,行公法义务之实,亦有沦为具文之风险。相反,在公法层面规定出卖人的前述义务,并配以行政处罚和有效执行,方为节能环保之正道。

3. 旧物回收义务

《民法典》共有两处旧物回收义务,性质上均为主给付义务。与合同编的其他节约资源、保护环境之法定义务不同,旧物回收义务未必会导致公私法义务之混淆;且有别于一般认识③,其背后依据并非绿色原则,而是诚信原则。

《民法典》第 625 条规定:"依照法律、行政法规的规定或者按照当事人的约定,标的物在有效使用年限届满后应予回收的,出卖人负有自行或

---

① 参见贺剑:《绿色原则与法经济学》,载《中国法学》2019 年第 2 期,第 115 页。
② 参见黄锡生:《民法典时代环境权的解释路径——兼论绿色原则的民法功能》,载《现代法学》2020 年第 4 期,第 111 页。
③ 参见黄薇主编:《中华人民共和国民法典总则编释义》,法律出版社 2020 年版,第 34 页;黄薇主编:《中华人民共和国民法典合同编释义》,法律出版社 2020 年版,第 215、375 页。

者委托第三人对标的物予以回收的义务。"可见,买卖合同标的物之回收义务的依据,或为法律、行政法规之规定,或为当事人约定。后者属于意思自治范畴,无须多言;前者则涉及公法义务和私法义务两种场景。

21　通常而言,法律、行政法规所规定之包装义务应为公法义务。于此,前述第 625 条有"转介条款"之性质,即转介公法规定,为当事人间接设置私法义务。出卖人违反包装义务,不仅须承担公法责任,亦面临私法之违约责任。当然,若买受人缺乏回收意愿,该私法义务亦有沦为具文之虞。

22　作为例外,前述法律也可能指私法规定,即《民法典》第 558 条。后者规定:"债权债务终止后,当事人应当遵循诚信等原则,根据交易习惯履行通知、协助、保密、旧物回收等义务。"在解释上,该条的旧物回收义务之依据应仅限于诚信原则,而非"等原则"所潜在包含的绿色原则①。即只有基于合同双方之利益平衡,而非单纯的节约资源、保护环境之考量,合同当事人一方或双方才负有旧物回收义务。此等基于诚信原则之限缩解释,可避免该条规定沦为具文,还可与《民法典》第 625 条前后呼应。

具体言之,在公法层面,基于公共利益而生之旧物回收义务,仅由前述第 625 条转介的公法性质的"法律、行政法规"决定。在私法层面,涉及合同双方私人利益的旧物回收义务,除了基于该条的"当事人约定",还可以源自旨在平衡合同双方利益的诚信原则。就此而言,《民法典》第 558 条与第 625 条并无冲突,两者均为对合同当事人民事法律关系之调整,第 625 条是具体规定,第 558 条是一般规定;除非第 625 条特别予以排除,第 558 条仍有补充适用之余地。

(三) 绿色原则在侵权责任编之体现

23　《民法典》在环境污染责任的基础上增设"生态破坏责任"。环境污染责任是单纯的民事责任,以"造成他人损害"为前提(《民法典》第 1229 条)。而生态破坏责任包括两类:造成公共利益损害的生态破坏责任和造成私人利益损害的生态破坏责任。后者为常规的民事侵权责任(如《民法

---

① 潜在的此种解释,参见刘长兴:《论"绿色原则"在民法典合同编的实现》,载《法律科学》2018 年第 6 期,第 137 页。

典》第1229条),而前者为真正的生态破坏责任。① 其权利人实为国家,具有公法责任或特别侵权责任之属性。《民法典》第1234、1235条对此予以特别规定,以"国家规定的机关或者法律规定的组织"作为生态破坏责任之请求权人,并明确其损害赔偿范围。

三、绿色原则在环境保护层面之适用

(一) 公序良俗原则之赘文

环境保护是一项社会公共利益,因此,环境保护意义上的绿色原则与公序良俗原则之"公序"(社会公共利益)不无重合。② 损害环境公共利益,可能构成违法或背俗而无效。③ 有研究认为,公序良俗之社会公共利益是"低标准",绿色原则之环境保护是"高标准"④,或认为公序良俗逻辑上虽包含(环境保护意义上之)绿色原则,但两者在司法层面"貌合神离",有不同指代对象⑤,或有误解。

诚然,绿色原则有宣示环境保护价值之意义,但在司法层面,相较于公序良俗原则并无独立价值。其一,在公序良俗之外强调环境保护,并不意味着环境保护的价值位阶或权重高于其他社会公共利益(如国家安全);其二,不同于权利滥用原则之于诚信原则,环境保护意义上的绿色原则并非一种更确定、更有可操作性的公序良俗原则之"类型"⑥,无法增强法律适用的安定性。简言之,环境保护意义上的绿色原则实为公序良俗

24

25

---

① 参见刘超:《论"绿色原则"在民法典侵权责任编的制度展开》,载《法律科学》2018年第6期,第148—149页。
② 参见尹田:《民法基本原则与调整对象立法研究》,载《法学家》2016年第5期,第14页。
③ 参见《四川金核矿业有限公司与新疆临钢资源投资股份有限公司特殊区域合作勘查合同纠纷案》,载《最高人民法院公报》2017年第4期。
④ 参见胡倩文:《绿色原则视域下建设工程合同的立法重构》,载《重庆广播电视大学学报》2020年第2期,第38页。
⑤ 参见侯国跃、刘玖林:《民法典绿色原则:何以可能以及如何展开》,载《求是学刊》2019年第1期,第110页。
⑥ 也有研究主张,(环境保护意义上之)绿色原则相较于公序良俗原则更有确定性;且浪费资源、破坏生态环境之行为也难以解释为侵害社会公共利益。参见单平基:《"绿色原则"对〈民法典〉"物权编"的辐射效应》,载《苏州大学学报(哲学社会科学版)》2018年第6期,第90页、第93页。

原则之"赘文",其在法律解释或规则创制方面的潜在功能,皆可由公序良俗原则代行。①

(二) 司法实践亦颇多错漏

26 有研究分析了17件中级和基层人民法院的相关裁判,认为环境保护意义上的绿色原则或为无关宏旨的引用,或为不当重复,甚至纯属误用。其涉及情形包括:(1) 基于绿色原则批评教育当事人;(2) 合同违法或背俗无效,不必要援引绿色原则;(3) 依情势变更解除合同,以绿色原则为依据之一;(4) 合同法律上履行不能,以绿色原则作为否定合同继续履行请求权的依据之一;(5) 当事人违反合同约定应承担违约责任,无谓援引绿色原则作为依据之一;(6) 涉及不可抗力时,不基于有关事实,而基于绿色原则判定系争事件的可预见性;(7) 界定《物权法》第71条关于小区业主之建筑物区分所有权的权能时,以绿色原则为唯一价值和依据,忽略了该规定本身蕴含的平衡业主利益之规范目的;(8) 除了《物权法》第35条,亦以绿色原则为排除妨害请求权的依据之一;(9) 基于被侵权人违反绿色原则,即适用与有过失减免侵权人之责任,忽略了违反绿色原则之过错与侵权损害之间并无因果关系。②

27 从为数不多的较高层级法院之裁判来看,亦是如此。目前,最高人民法院尚无裁判提及环境保护意义上之绿色原则。具有全国性意义者,仅为指导案例128号。绿色原则并未见于该案之裁判要点("应当参照"之对象③),而见于其不具有约束力之裁判理由。该案为环境污染责任纠纷,主要法律依据为《侵权责任法》第65条关于环境污染责任之规定。不过,法院在援引该规定之前还有如下铺垫:"保护环境是我国的基本国策,一切单位和个人都有保护环境的义务";并依次援引《民法总则》第9条、《物权法》第90条、《环境保护法》第42条第1款等作为前述环保义务之说明。可见,包括绿色原则在内的诸多法律条文之引用,仅为"装点门面",与该案之裁判并无关联。

---

① 参见贺剑:《绿色原则与法经济学》,载《中国法学》2019年第2期,第113页。
② 参见同上书,第116—118页。
③ 参见《〈最高人民法院关于案例指导工作的规定〉实施细则》第9条。

其他两件高级人民法院的裁判与之类似。两者均未明确援引《民法总则》第 9 条,而仅有节约资源和保护生态环境之表述。其中一件裁判认为,原审被告的植树造林行为系响应地方政府号召采取,"目的是为了节约资源和保护生态环境,其实质符合社会公共利益的需要",故该行为并非侵权,不属于民事案件的受理范围。① 该案的法律争点在于被告的植树造林行为是否构成行政法上的征收或征用,因而排除侵权责任,其要件之一,是该植树造林行为是否符合公共利益之需要。于此,节约资源或保护生态环境,仅为事实层面的公共利益之潜在证据,而非法律层面的独立构成要件或法律依据。其与绿色原则之适用无关。

另一件裁判涉及经销商销售有瑕疵之汽车是否构成欺诈。法院认为,相关证据仅能证明涉案车辆"在车架号打印做工方面存在瑕疵",而不能证明销售商之欺诈故意。而且,该瑕疵根据有关规定可予以完善,"因为此举更符合节约资源能源、保护生态环境的绿色发展理念和路径"。② 前述瑕疵可否补救或完善,以及是否契合绿色原则,至多涉及瑕疵补救以及合同解除,与本案之欺诈认定并无关联。

四、绿色原则在节约资源层面之适用

(一) 节约资源＝成本收益最大化

节约资源不限于节约自然资源,而是指节约各种社会资源或社会财富。就此而言,节约资源意义上之绿色原则与追求成本收益最大化之效率原则若合符节。在解释论上,只要不囿于文义,节约资源除了消极层面的社会成本最小化(避免浪费资源),还应包含积极层面的社会财富最大化(有效利用资源),即净值意义上的成本收益最大化。③ 部分研究虽未将节约资源与效率原则等量齐观,但亦将其解释为"对所有物的节约性使

---

① 参见山东省高级人民法院(2019)鲁民申 6254 号民事裁定书。
② 参见陈纪均、郴州市五洲汽车贸易有限公司买卖合同纠纷再审民事判决书,湖南省高级人民法院(2020)湘民再 222 号民事判决书。
③ 参见贺剑:《绿色原则与法经济学》,载《中国法学》2019 年第 2 期,第 122 页;王轶:《民法典编纂与国家治理现代化》,载《中国人民大学学报》2020 年第 4 期,第 14 页("效率意义上的绿色原则")。

用""社会资源的价值最大化"①,或偶尔将其等同于物尽其用②。

(二) 成本收益分析的误区与正道

29 在司法实践中,对节约资源作广义解释者虽然普遍,但多流于片面。其仅考虑系争案件的特定资源,而忽略了其他相关资源。此种片面解释,往往还伴随对具体法律规则之忽略,有误用民法基本原则之嫌。③

以兼具无过错侵权责任和物上请求权属性的排除妨害请求权为例,不少法院都以节约资源、避免浪费为由,否定所有权人或物权人的排除妨害请求权,而代之以金钱赔偿请求权。例如,最高人民法院的一个再审裁定认为,原告"有关恢复原状并返还海域的请求虽为物权保护的方式之一,但并不是唯一或不可替代的方式",在"已经对案涉海域进行大量投资建设的情况下,机械执行只会造成社会物质的极大浪费及案涉海域的不可恢复性破坏",故从"节约社会资源、保护生态环境的角度考量",应驳回原告"停止建设、恢复原状并返还海域"的请求。④ 由于否定了物权人的三类物上请求权,这无异于强迫交易,令物权人接受侵权人的金钱赔偿而被迫出让土地。其"以节约资源之名,行'征收征用'之实",正当性颇可存疑。⑤

30 以节约资源为依据,运用成本收益分析时,应注意如下两点。其一,应考虑所有相关成本收益,而不能片面关注特定成本或收益。非金钱债务因履行费用过高而履行不能之规则(《民法典》第580条第1款第2项)可供参考。所谓履行费用过高,不涉及履行费用绝对数额之高低,而是指债务人为履行债务所支出之费用显著高于债权人因该履行所得之收益。其为完整之成本收益分析。同理,在否定排除妨害请求权时,倘若类推适用履行费用过高之规则,也应全面比较排除妨害之成本和收益,而不能一

---

① 参见单平基:《"绿色原则"对〈民法典〉"物权编"的辐射效应》,载《苏州大学学报(哲学社会科学版)》2018年第6期,第91—93页。
② 参见吕忠梅课题组:《"绿色原则"在民法典中的贯彻论纲》,载《中国法学》2018年第1期,第16—17页。
③ 参见贺剑:《绿色原则与法经济学》,载《中国法学》2019年第2期,第118—121页。
④ 参见最高人民法院(2018)最高法民申918号民事裁定书。类似裁判,参见重庆市高级人民法院(2018)渝民终201号民事判决书。
⑤ 参见贺剑:《绿色原则与法经济学》,载《中国法学》2019年第2期,第121页。

味强调排除妨害之成本或特定资源之浪费。

其二,应考虑有关规则在将来所有潜在情形之成本收益,而不能局限于系争个案。于此,尤应关注法律规则之行为激励。例如,履行费用过高规则仅须比较债务人之履行费用与债权人之履行得利,而无须考虑其他,是因为该规则并不会产生不当的行为激励——鉴于履行利益之损害赔偿责任,债务人在事前通常并无动力炮制履行费用过高之事件。相反,在故意侵权等场合,则不应类推适用履行费用过高规则,即否定物权人的排除妨害请求权,而代之以金钱损害赔偿请求权。因为一旦类推适用,无异于鼓励潜在行为人以"故意侵权+嗣后投入资源"之方式强买强卖,甚至还鼓励被侵权人再以"破坏既有资源+追加投入资源"之方式自力救济。此等不当行为激励之成本收益,亦应一并纳入考量。此外,作为排除妨害请求权之例外,比较法所有、我国法所无之越界建筑规则有诸多严格限定,且通常不适用于故意甚至重大过失越界之场合,亦可资佐证。①

(三)双重应用场景:释法与造法

作为民法基本原则,节约资源即效率意义上的绿色原则主要有双重应用场景。其一,作为民法基本价值,在目的解释层面单独或与其他价值共同决定法律规则之解释;②其二,在具体规则阙如时,单独或与其他价值共同创制新的法律规则。

上文已述,在司法实践中,在解释论上(不当)适用节约资源意义上之绿色原则者颇为普遍。若能避免片面解释,而全面考虑相关成本收益,即为正道。在实践中,以绿色原则为据创制新规则(如越界建筑规则)之努力,目前尚付阙如。但只要厘清绿色原则与效率原则之亲缘关系,未来依然可期。③

---

① 参见张永健:《物权法之经济分析:所有权》,北京大学出版社 2019 年版,第 24、218—224 页。

② 一般讨论及反思,参见王鹏翔、张永健:《论经济分析在法学方法之运用》,载《台大法学论丛》2019 年第 3 期(总第 48 卷),第 819—859 页;贺剑:《物权法经济分析的方法论之路——评张永健教授〈物权法之经济分析——所有权〉及相关论文》,载《中研院法学期刊》第 27 期(2020 年 9 月)。

③ 学理上的努力,参见熊丙万:《中国民法学的效率意识》,载《中国法学》2018 年第 5 期。

第八章　合同解除异议制度研究
——评《合同法解释二》第 24 条

> » 写作说明
>
> 本章是对《合同法解释二》第 24 条的评析，旨在解释论层面批判并架空该条的合同解除异议制度。抛开司法解释的外衣，该第 24 条与法律条文并无二致。但本章之所以为典型的论文，而非对第 24 条之评注，主要源于两点。其一，本章专注于一个问题，即第 24 条的形式理解、实质理解等方案之选择，并未旁涉与之相关的所有问题。其二，更重要者，本章虽有"注"有"评"，但核心却在于"论"，且兼有驳论（形式理解之批判）和立论（实质理解之证成）。在有该文之前，很难期待第 24 条之评注会包含同样深刻全面之论述；而在有该文之后，第 24 条之评注亦无须包含同样篇幅之论述，而只需扼要转述。法律评注是一项法律人的集体事业，因而至少有双重含义。法律评注的写作，不仅需要评注者的通力合作，还往往以既有学说和裁判的积累为前提。法律评注作为集大成之文献，通常无法超越同时代判例和学说之水平。

2009 年 5 月施行的《最高人民法院关于适用〈中华人民共和国合同法〉若干问题的解释（二）》（《合同法解释二》）第 24 条规定："当事人对合同法第九十六条、第九十九条规定的合同解除或者债务抵销虽有异议，但在约定的异议期限届满后才提出异议并向人民法院起诉的，人民法院不予支持；当事人没有约定异议期间，在解除合同或者债务抵销通知到达之日起三个月以后才向人民法院起诉的,人民法院不予支持。"①

该规定确立的合同解除异议制度,从头至尾都是本土理论界与实务界智识努力的成果。② 其源头可以追溯至 1999 年《合同法》第 96 条第 1 款关于异议权的规定:"当事人一方依照本法第九十三条第二款、第九十四条的规定主张解除合同的,应当通知对方。合同自通知到达对方时解除。对方有异议的,可以请求人民法院或者仲裁机构确认解除合同的效力。"《合同法》施行不久,就有研究提出批评,认为"合同解除异议权的行使应有期限规定",并建议:一方当事人应当在接到对方当事人解除合同通知之日起 15 日内,请求人民法院或者仲裁机构确认合同解除的效力(解除合同的效力),逾期则发生合同解除的效果。③ 此后的研究陆续跟进,就异议权的期限、性质、逾期后果等问题进行了探讨。④《合同法解释二》第 24 条出台后的研究也大体依循这一思路。⑤ 可以说,《合同法》第 96 条第 1 款第 3 句是一个"睡美人条款",相关研究以及《合同法解释二》第 24 条的出台,都是致力于唤醒这一条款。这一成就也得到《最高人民

---

① 《合同法》第 96 条涉及诉讼和仲裁。为方便计,笔者仅讨论诉讼情形,但相关结论亦适用于仲裁。在引用其他研究时,除非其强调仲裁机构与人民法院的区别,通常也一律用后者指称。

② 在比较法上,德国及我国台湾地区的合同解除制度与我国大陆地区相近,但都没有异议权以及限制异议权的合同解除异议制度。这也无怪乎,即便是 Pißler 教授这样的长期跟踪中国法律动态的德国学者,在其关于《合同法解释二》的逐条评释中,也只看到《合同法解释二》第 24 条背后的法理基础是权利失效原则。尽管他察觉到该规定"在教义学上疑点重重",但也只是指出三个月的异议期限"太短了",并未深究"异议"的含义。在翻译时,也只是将"异议"译作模棱两可的"抗辩"(Einwände):它可能是抗辩(Einwendungen),也可能抗辩权(Einreden)。参见 Knut Benjamin Pißler, Das Oberste Volksgericht interpretiert das chinesische Vertragsrecht im Zeichen der Finanzkrise: Ein Zwischenbericht, ZChinR 16 (2009), 262。

③ 参见张传军:《对合同解除权的行使应有期限规定》,载《人民司法》2000 年第 6 期,第 49 页。

④ 代表性研究,参见崔建远:《解除权问题的疑问与释答(上篇)》,载《政治与法律》2005 年第 3 期;徐纯先:《论合同解除权的行使》,载《求索》2006 年第 8 期;汪张林、杜凯:《论合同解除权的行使》,载《西南政法大学学报》2005 年第 1 期;胡智勇:《合同解除权的行使方式——对〈合同法〉第 96 条第 1 款的理解与适用》,载《法律适用》2006 年第 1—2 期;张立锋、邵艳梅:《合同法定解除权的行使方式研究》,载《河北学刊》2007 年第 4 期;李晓艳:《合同解除权行使的若干争议问题》,载《山西省政法干部管理学院学报》2009 年第 2 期。

⑤ 代表性研究,参见沈德咏、奚晓明主编:《最高人民法院关于合同法司法解释(二)理解与适用》,人民法院出版社 2009 年版,第 175—177 页;魏振瀛主编:《民法》,北京大学出版社、高等教育出版社 2010 年版,第 453 页(崔建远执笔);崔建远、吴光荣:《我国合同法上解除权的行使规则》,载《法律适用》2009 年第 11 期;王利明:《合同法研究》(第 2 卷),中国人民大学出版社 2011 年版,第 319—320 页;姚宝华:《再议合同解除异议期条款的适用——兼与张卓郁、孙闫同志商榷》,载《人民法院报》2011 年 12 月 22 日,第 7 版。

法院公报》的肯定:"当事人没有约定合同解除异议期间,在解除通知送达之日起 3 个月以后才向人民法院起诉的,人民法院不予支持。"①

合同解除异议制度的理论意义与实务价值尚不限于此。在《合同法解释二》第 24 条之下,它已经被"嫁接"于单方抵销。非抵销一方(被动债权人)与非解约方一样,享有抵销异议权,并受抵销异议制度的限制。② 这进而还可能推出普适的形成权异议制度:任何形成权行使的相对人,是否都享有类似的异议权,并受到类似限制?

本章提供一个对合同解除异议制度及其推广前景的反思。③ 本章先梳理该制度的三种解释方案,分析其在价值层面的优劣;然后以异议权的性质为主线,检讨三种解释方案的法律逻辑或实务意义;最后总结全文,并提出形成权异议制度的一般规则。

一、《合同法解释二》第 24 条的解释难题

《合同法解释二》第 24 条在实务中的主要疑义是,解约方通知解除合同,如果非解约方未在法定或约定异议期间(异议期限)内向法院提起诉讼,法院是否可以对合同解除的效力不作实质审查(审查解除权是否存在),或者虽然实质审查但不考虑实质审查的结果,从而不论解约方是否享有解除权,都直接判定合同解除。④ 以是否考虑实质审查的结果为标

---

① 《深圳富山宝实业有限公司与深圳市福星股份合作公司、深圳市宝安区福永物业发展总公司、深圳市金安城投资发展有限公司等合作开发房地产合同纠纷案》,载《最高人民法院公报》2011 年第 5 期。

② 相关说明,沈德咏、奚晓明主编:《最高人民法院关于合同法司法解释(二)理解与适用》,人民法院出版社 2009 年版,第 177 页。

③ 现有的反思研究,参见汤文平:《论合同解除、债权抵销之异议——〈《合同法》解释(二)》第 24 条评注》,载《东方法学》2011 年第 2 期(将合同解除异议制度的错误根源归结为,立法者错误选择了单纯形成权、而不是形成诉权的解除权行使方式,据此建议废除或限制适用异议制度)。实务界也有限缩解释的声音,参见杜三军:《关于合同解除权的异议期间需要注意的两个问题》,载 http://www.ccpit.org/Contents/Channel_3466/2018/0112/948808/content_948808.htm,最后访问时间:2020 年 7 月 1 日;张卓郁、孙闫:《无解除权的合同解除行为不适用合同法解释(二)第 24 条》,载《人民司法·案例》2011 年第 22 期(内容相似者,张卓郁、孙闫:《合同解除异议期条款的适用限制》,载《人民法院报》2011 年 11 月 10 日,第 7 版);姜旭阳:《股权转让协议解除的效力认定》,载《人民法院报》2012 年 4 月 25 日,第 7 版。

④ 法院仍会对合同解除的效力进行形式审查,审查对象包括相关通知是否解除通知、通知是否到达、是否符合约定的形式要求(如书面),以及是否办理了法律、行政法规要求的登记、批准等手续。

准,笔者将第 24 条的解释方案划分为两类三种:形式理解和修正的形式理解,二者均拒绝考虑实质审查的结果,或者直接拒绝实质审查;实质理解,进行实质审查并接受其结果。

(一) 形式理解

通行的司法实务对《合同法解释二》第 24 条有如下解读:(1) 如果非解约方在异议期间内没有起诉行使异议权,无论解约方是否享有解除权,合同都在解除通知到达时解除①;(2) 异议权须以诉讼方式行使②;(3) 异议期间的性质是除斥期间③。

形式理解的主要理由是:在异议期间届满后仍对合同解除的效力进行实质审查,将使《合同法解释二》第 24 条形同虚设,有违合同法设置异议权以避免"解除合同的效力长期处于不确定或不稳定状态"的立法目的。④ 因为一旦实质审查,非解约方即便逾期异议也不会额外承受任何不利:有权解约还是有效,无权解约还是无效;异议、异议期限都将沦为具文。

诚然,《合同法解释二》第 24 条有很好的初衷:从速确定解除合同的效力,尽早稳定合同关系⑤,但它在价值层面的负面影响,很可能是起草者始料未及的。具体言之⑥:

---

① 沈德咏、奚晓明主编:《最高人民法院关于合同法司法解释(二)理解与适用》,人民法院出版社 2009 年版,第 176—177 页。学者也大多基于权利失效的逻辑,以异议权长期不行使有碍对方当事人的合理期待、有违诚信原则等理由支持这一观点,如王利明:《合同法研究》(第 2 卷),中国人民大学出版社 2011 年版,第 320 页。
② 沈德咏、奚晓明主编:《最高人民法院关于合同法司法解释(二)理解与适用》,人民法院出版社 2009 年版,第 176 页。有极端判决认为,非解约方在诉讼中的抗辩和反对都不是起诉(异议),据此认定异议期限经过,如浙江省绍兴市越城区人民法院(2011)绍越商初字第 1849 号民事判决书。
③ 河南省洛阳市中级人民法院(2010)洛民终字第 432 号民事判决书;河南省许昌市魏都区人民法院(2010)魏七民初字第 036 号民事判决书。
④ 河南省许昌市魏都区人民法院(2010)魏七民初字第 036 号民事判决书。另参见姚宝华:《再议合同解除异议期条款的适用——兼与张卓郁、孙闫同志商榷》,载《人民法院报》2011 年 12 月 22 日,第 7 版。
⑤ 《合同法解释二》的出台背景——2009 年的全球经济危机以及危机中普遍存在的资金与供给压力,也为从快解除合同、尽早解放当事人提供了一定的正当性。参见杜三军:《关于合同解除权的异议期间需要注意的两个问题》,载 http://www.ccpit.org/Contents/Channel_3466/2018/0112/948808/content_948808.htm,最后访问时间:2020 年 7 月 1 日。
⑥ 对于从第 24 条的形式理解推导出来的抵销异议制度,不仅以下分析大体适用,还有其他负面后果,如原本无法得到保护的主动债权(如有时效抗辩)得到不当保护,参见张卓郁、孙闫:《无解除权的合同解除行为不适用合同法解释(二)第 24 条》,载《人民司法·案例》2011 年第 22 期。

（1）诱发机会解约。在形式理解之下，希望摆脱合同约束的一方当事人，无论是否明知自己缺乏解除权，都会在投机心理驱使下更有动力发出解除通知，以求在异议期间经过后，解除原本无法解除的合同。① 在资产价格变幅较大而诉讼成本相对低廉的当下，尤其如此。例如，在商业地产的长期租赁纠纷中，频频有出租人因为租金市场价格的高涨而谋求解约，并因第24条而获得"合同解放"②；在不动产买卖领域，甚至有律所发布提示函，提示无端变卦的风险和无故毁约的机会③。在颁行前后，第24条甚至成为部分无良开发商的法宝：一面拒绝或拖延为买房者办理按揭贷款手续，一面以其迟延按揭或其他理由发出解除通知，并利用买房者不知悉异议期限规定而轻松解约牟利。④ 可见，第24条新创造的解约市场和诉讼，不但侵蚀了市场的诚信之本，也无谓耗费了法院的司法成本和当事人的诉讼成本。⑤

（2）徒增自治成本。作为任意规则的法定异议期间（3个月），与市场的常态交易有悖，将无谓增加当事人的自治成本。据笔者统计，《合同法解释二》第24条出台至今，涉案合同无一包含异议期间的约款；在解除通知之后起诉之前，当事人虽然也会协商、谈判、发律师函直至考虑和提起诉讼，但整个考虑期的长度都超过3个月。⑥ 在第24条施行前提起的诉

---

① 实务界已经关注到明知无解除权而解约（恶意解约）的问题，参见杜三军：《关于合同解除权的异议期间需要注意的两个问题》，载http://www. ccpit. org/Contents/Channel_3466/2018/0112/948808/content_948808. htm，最后访问时间：2020年7月1日；姜旭阳：《股权转让协议解除的效力认定》，载《人民法院报》2012年4月25日，第7版。

② 参见河南省许昌市魏都区人民法院(2009)魏民二初字第10号民事判决书（商铺租赁合同纠纷）（该判决后被二审撤销发回重审）；河南省洛阳市中级人民法院(2010)洛民终字第432号民事判决书（商场租赁合同纠纷）。

③ 江苏法德永衡律师事务所：《合同解除异议期法律问题公益提示函》，载http://blog. sina. com. cn/s/blog_5f19c5700100e21b. html，最后访问时间：2011年4月9日。又如湖南省长沙市雨花区人民法院(2010)雨民初字第2893号民事判决书（不动产买卖解约）。

④ 如海南省三亚市中级人民法院(2011)三亚民一终字第162号民事判决书；湖南省长沙市雨花区人民法院(2010)雨民初字第2893号民事判决书。

⑤ 类似见解，如姜旭阳：《股权转让协议解除的效力认定》，载《人民法院报》2012年4月25日，第7版。

⑥ 以上海市浦东新区人民法院(2011)浦民三(知)初字第33号知识产权判决书为例：在收到解除通知后，非解约方多次争取要求继续履行合同，在3月之内，非解约方行动升级，向解约方发律师函以示"警告"，发函大半年后，才最终起诉。

讼中,平均为 13 个月;在施行后提起的诉讼中,平均为 5 个月。① 对此有两点解释:一是很多当事人基于业务往来或诉讼成本考虑,希望私下消弭纠纷,不愿动辄法庭上见;二是即便起诉,当事人也很少单独起诉确认合同解除效力,而大多将其与违约赔偿等请求合并提起,后者的时效期间是 2 年,因此无须匆忙起诉。考虑期的缩短,将要么迫使当事人改变习惯做法,在 3 个月内将相关诉讼请求一并提起,因而舍弃 2 年的时效利益以及与对方言和的机会;要么为避免上述不便,约定更长的异议期,并为此付出缔约成本。②

(3) 破坏交易预期。第 24 条名为释法、实为立法,其溯及适用于施行前发生、施行后提起的诉讼,将严重破坏纠纷发生时的交易预期。因为,非解约方将在不可能知晓异议权存在的情况下丧失异议权,没有解除权的解约方则可凭此侥幸解除合同。这在最高法院的一个判决中有充分体现:非解约方在《合同法解释二》出台近 5 年前,即"2004 年 12 月 25 日

---

① 根据在北大法宝数据库中检索到的 9 个直接适用《合同法解释二》第 24 条的案例(截至 2011.05.01),制成具体数据如下表。月份的统计和计算都采四舍五入。根据其后的统计(2011.05.01—2012.10.16),在《合同法解释二》施行后进入诉讼的 21 份相关判决中,考虑期小于 3 个月的有 11 个(其中有 8 份判决是同一出租车公司和 8 位司机的解约诉讼);超过 3 个月的有 9 个,平均期限为 10 个月(数据从略)。表中的问号代表日期存疑。

表 8.1　非解约方从收到解除通知到依诉讼方式提出异议的时间(单位/月)

	解除通知到达—依诉提出异议	时间		解除通知到达—依诉提出异议	时间
施行前进入诉讼	2007.06.11—2008.12.08(案 2)	18	施行后进入诉讼	2008.07.25—2009.05.20(案 1)	10
	2008.09.09—2009.04.14(案 3)	10		2009.12.28—2010.02.01(案 5)	1
	2008.09.09—2009.04.14(案 4)	7		2009.01.19—2009.06.22(案 6)	5
	2008.05.29—2008.11.25(?)(案 8)	18(约)		2009.02.03—2009.08.11(案 7)	6
				2009.04.30—2009.08.(?)(案 9)	4(约)
	平均时间	13		平均时间	5

② 在当事人约定阙如时,任意规则作为替补进场,只有越趋近常态的交易,利益风险的分配越符合多数人公平的感觉,交易的契约才能越简便,整个社会的交易成本才能降到越低。参见苏永钦:《民事立法者的角色》,载《民事立法与公私法的接轨》,北京大学出版社 2005 年版,第 19 页。

收到解除函件后,并未在规定的时间内行使异议权",因此合同解除。①

(4) 救济降级与司法误判。合同解除与违约责任的关系不明,也会给第 24 条的形式理解造成困扰。如果合同解除后,违约方只需赔偿信赖利益而不是履行利益②,那么在合同因无权解约方的机会解约而解除时,非解约方的合同救济将从继续履行请求权直接降为信赖利益赔偿请求权。③ 纵然双方订有违约金条款,能否获得支持也一度有较大的不确定性。④

很多法院在有权解约的情形都乐于采取一种"双保险策略":其一,因为解约方有解除权,所以解除有效;其二,因为非解约方逾期异议,所以解除有效。⑤ 但在无权解约如非解约方因行使履行抗辩权而"迟延"的情形,法院往往会直接拒绝实质审查,因而以逾期异议为由轻松判定解除有效,但也因此错失考察解约方是否无权解约、是否应当赔偿损失或承担违

---

① 《深圳富山宝实业有限公司与深圳市福星股份合作公司、深圳市宝安区福永物业发展总公司、深圳市金安城投资发展有限公司等合作开发房地产合同纠纷案》,载《最高人民法院公报》2011 年第 5 期(本案解约方可能有解除权);解约方可能没有解除权的相似案例,河南省许昌市魏都区人民法院(2009)魏民二初字第 10 号民事判决书。只有少数法院让人钦佩地透过顺延异议期限的做法限制了该"溯及力",参见姚宝华:《合同法解释(二)第 24 条的周延性适用》,载《人民司法·案例》2011 年第 22 期。

② 新近实务,参见《广西桂冠电力股份有限公司与广西泳臣房地产开发有限公司房屋买卖合同纠纷案》,载《最高人民法院公报》2010 年第 5 期。

③ 以解约方的过错判定其违约责任者,参见汪张林、杜凯:《论合同解除权的行使》,载《西南政法大学学报》2005 年第 1 期,第 108 页;直接肯定违约责任者,参见姚宝华:《再议合同解除异议期条款的适用——兼与张卓郁、孙闫同志商榷》,载《人民法院报》2011 年 12 月 22 日,第 7 版;汤文平:《论合同解除、债权抵销之异议——〈〈合同法〉解释(二)第 24 条评注》,载《东方法学》2011 年第 2 期,第 158 页;张卓郁、孙闫:《无解除权的合同解除行为不适用合同法解释(二)第 24 条》,载《人民司法·案例》2011 年第 22 期。

④ 参见韩世远:《合同法总论》,法律出版社 2011 年版,第 539 页,脚注 1。合同解除和违约金如今可以共存,参见《最高人民法院关于审理买卖合同纠纷案件适用法律问题的解释》(法释〔2012〕8 号)第 26 条。

⑤ 这连最高人民法院也未能免俗,参见《深圳富山宝实业有限公司与深圳市福星股份合作公司、深圳市宝安区福永物业发展总公司、深圳市金安城投资发展有限公司等合作开发房地产合同纠纷案》,载《最高人民法院公报》2011 年第 5 期。但有时候,这种策略也会带来尴尬。在一个商场租赁合同纠纷案件中(租期 10 年),出租人解约,承租人逾期异议。一审法院以出租人有解除权和承租人逾期异议为由,认定合同解除行为有效。承租人上诉,并提出证明出租人无解除权的证据,二审法院对此竟然完全不予理会,径直以承租人逾期异议为由认定合同解除行为有效。河南省洛阳市中级人民法院(2010)洛民终字第 432 号民事判决书。但也有二审法院也会做出明知的纠正,比较上海市浦东新区人民法院(2011)浦民三(知)初字第 33 号知识产权判决书、上海市第一中级人民法院(2011)沪一中民五(知)终字第 179 号知识产权判决书。

约金责任等问题的机会。① 这种洗脚水和孩子一起倒掉的做法，是形式理解的一个误区。它将导致无权解约与赔偿损失的关系淡出裁判者的视线，进而导致非解约方在丧失继续履行请求权之外，遭受丧失赔偿损失请求权的二次伤害。

（二）实质理解

鉴于前述形式理解的负面效果，实务中已不乏对《合同法解释二》第24条作"实质理解"的案例：尽管非解约方逾期异议，法院依然对合同解除的效力进行实质审查，进而以解除权不存在为由判定解除行为无效。其主要理由在于，第24条的适用必须符合《合同法》第96条第1款第1句，即必须以解约方具有约定或法定解除权为前提。②

实质理解之下，并不存在异议期间、异议方式的讨论。它架空了《合同法解释二》第24条，使其沦为具文，并因此避免了相关负面后果。但架空之举也是实质理解的短板：其一，司法解释变通法律规定者不在少数，拒绝实质审查的第24条正属此类；其二，一旦架空第24条，又将回到《合同法》第96条的原点，非解约方的异议权如何限制？及时稳定合同关系的立法目的如何实现？上文在价值层面对形式理解的批评，可以视为第一个疑问的解答：当司法解释的变通规定有诸多负面效果时，应考虑予以限制。但第二个疑问仍未得到澄清。就及时稳定合同关系的立法目的而言，前述负面效果是否只是"必要的恶"？（详第三部分）

（三）修正的形式理解

或许是对实质理解的激进做法没底，实务中也有人提出如下两种修

---

① 以明显错误的理由拒绝承认"违约行为"存在者，如河南省许昌市魏都区人民法院(2010)魏七民初字第036号民事判决书；另参见姚宝华：《合同法解释（二）第24条的周延性适用》，载《人民司法·案例》2011年第22期，第24页；河南省巩义市人民法院(2011)巩民初字第2434号民事判决书。法院也可能有过实质审查，但为了确保第24条（解除有效）的适用，所以在判决时有意回避了无权解除（解除无效）的问题。

② 北京市第一中级人民法院(2009)一中民终字第19000号民事判决书。另参见张卓郁、孙闯：《无解除权的合同解除行为不适用合同法解释（二）第24条》，载《人民司法·案例》2011年第22期；姜旭П：《股权转让协议解除的效力认定》，载《人民法院报》2012年4月25日，第7版；姚宝华：《合同法解释（二）第24条的周延性适用》，载《人民司法·案例》2011年第22期，第24页。

正的形式理解：(1) 异议包括起诉和非诉异议，异议期间是诉讼时效；(2) 异议包括起诉和非诉异议，异议期间是除斥期间。① 简言之，一方面仍拒绝实质审查，另一方面修正异议方式和异议期间。

依据第一种修正解释，非解约方只要在异议期间内以非诉方式异议，诉讼时效就发生中断。中断次数没有限制，因而非解约方可以借定期异议保全异议权。实践中，非解约方收到解除通知后，大都会口头或书面表示反对，若能以此中断异议期间，其丧失异议权的概率较形式理解自会降低，相关负面影响也将减少。第二种修正解释的效果大体类似。更优越的是，非解约方只需在除斥期间内异议就一劳永逸，无须再定期异议以维护异议权。

两种修正解释都以异议包含起诉异议和非诉异议为前提。这意味着，异议与提出起诉彼此不同，非解约方的异议权也有别于提出起诉的权利。鉴于其与公认的异议权（请求人民法院确认解除合同的效力的权利）含义有悖，因此需要检验此种解释在逻辑上是否自洽以及能否与其他制度兼容。具体言之，异议与提出起诉及其对应的权利分别是什么？这种异议权的性质为何？以下将以异议权为线索，分别探讨《合同法解释二》第24条的三种理解。

二、两种形式理解的批判：实体权利的混乱逻辑

《合同法解释二》第24条的核心，在于异议权的行使和不行使所能发生的法律效果。本部分将从异议权的实体权利性质切入，质疑形式理解和修正的形式理解的合理性。需要注意，异议权在两种理解之下的含义并不相同：在形式理解，异议权是必须依诉讼方式行使的权利；在修正的

---

① 参见杜三军：《关于合同解除权的异议期间需要注意的两个问题》，载http://www.ccpit.org/Contents/Channel_3466/2018/0112/948808/content_948808.htm，最后访问时间：2020年7月1日；杜晨妍、孙伟良：《论合同解除权行使的路径选择》，载《当代法学》2012年第3期，第71页。

形式理解,异议权是与提出起诉的权利相区别、可以依非诉方式行使的权利。①

(一) 形式理解之下的异议权

一切都源于一个再简单不过的问题:合同解除是否需要解除权作为条件。《合同法解释二》第 24 条的起草者撰写的一段"立法说明"可以作为讨论的起点②:

> 合同解除权是形成权,一旦解除通知到达相对人,合同即行解除。异议权是一种请求权,是请求撤销合同解除行为。……异议期限届满非解除权人没有表示异议的,应当认为非解除权人的异议权消灭。非解除权人未在约定或法定期限行使异议权的,异议权丧失,合同无争议地解除。非解除权人在约定或法定期限届满后向人民法院起诉的,人民法院不予支持。

该说明涉及解除权的性质、效果、异议权的性质,以及异议权不行使的法律后果——"异议权丧失,合同无争议地解除"。起草者希望借此保护解约方的权利,及时确定合同关系。但从"异议权=请求权=请求撤销合同解除行为"的表述就可以断定,其中的逻辑有待厘清。以下区分两种情形,展现异议权在作为实体权利粉墨登场后,内在逻辑何等

---

① 这种歧义可以追溯至《合同法》第 96 条第 1 款第 3 句:"对方有异议的,可以请求人民法院或者仲裁机构确认解除合同的效力。"对此即存在两种理解:(1) 异议权是指"请求人民法院或者仲裁机构确认解除合同的效力"的权利,它与起诉有关而与异议无关。参见胡康生:《〈中华人民共和国合同法〉释义》,法律出版社 2009 年版,第 161 页;孙礼海:《〈中华人民共和国合同法〉立法资料选》,法律出版社 1999 年版,第 56 页;沈德咏、奚晓明主编:《最高人民法院关于合同法司法解释(二)理解与适用》,人民法院出版社 2009 年版,第 176 页。(2) 异议不同于起诉,二者对应于不同的权利、义务或法律效果。下文"二(二)1"。

② 起草者或许始终都没想到:解约方可能不是解除权人。以术语的使用为例,其一直称解约方为"合同解除权人""享有合同解除权的一方",称非解约方为"非解除权人""合同非解除权方"。沈德咏、奚晓明主编:《最高人民法院关于合同法司法解释(二)理解与适用》,人民法院出版社 2009 年版,第 176—177 页。更值得玩味的是"立法说明"的出处。比较徐纯先:《论合同解除权的行使》,载《求索》2006 年第 8 期,第 146 页:

因为合同解除权是形成权,一旦解除通知到达相对人,合同即行解除。异议权是一种请求权,是请求撤销合同解除行为,因此,异议权行使只是对解除行为的撤销。在异议权没有得到支持前,合同即已解除,异议权得到支持后,合同解除行为被撤销,那么已被解除的合同的效力溯及既往地就得以恢复。

混乱。

1. 有权方可解约：无效解除行为何以有效？

如起草者所言，"异议权是一种请求权，是请求撤销合同解除行为。"以文义为限，该异议权或是请求权、或是撤销权。但无论是哪种权利，异议权丧失都不会导致"合同无争议地解除"。因为在解约方享有解除权、解除行为原本有效时，无论异议期间是否经过，合同都会被解除。在解约方没有解除权、解除行为原本无效时，合同有效，异议期间经过及其导致的请求权遭受时效抗辩或撤销权消灭，不过是使得非解约方不能"请求撤销合同解除行为"，它并不能起死回生，让无效的解除行为有效，进而使有效的合同"无争议地解除"。①

2. 无权亦可解约：合同解除制度何去何从？

如果更尊重起草者的措辞与逻辑，似乎应当认为：合同解除行为不以解除权的存在为必要，因为"一旦解除通知到达相对人，合同即行解除"。这种解释似乎可以逻辑地实现"异议权丧失＝合同无争议地解除"：一方面，合同虽因解除通知到达而解除，但只要异议权人如期"请求撤销合同解除行为"，就可以让合同重新有效；另一方面，如果异议权人逾期异议，由于异议权因时效抗辩或除斥期间经过而无从行使，解除行为继续有效，合同解除。

但问题出在异议权上。一方面，异议权不可能是以"撤销合同解除行为"为内容的请求权。它只能依诉讼方式行使，可以由当事人约定，无约定时适用3个月的法定期间，无法强制执行②，这些特质都使得异议权迥异于通常的请求权。

另一方面，如果认可异议权是以"撤销合同解除行为"为内容的撤销权，现行合同解除制度将被颠覆。具体言之：（1）假设非解约方的异议权

---

① 另一个逻辑悖论是：在无权解约，解除行为原本无效，非解约方行使异议权不过是撤销无效的解除行为。这不仅逻辑上复杂，于当事人也毫无实益。参见王泽鉴：《无效法律行为之撤销》，载《民法学说与判例研究》（第4册），中国政法大学2005年版；Schreiber, Nichtigkeit und Gestaltungsrechte, *AcP* 211 (2011), 35 ff.

② 当解约方拒绝"撤销合同解除行为"时，法院如何能够请第三人代为"撤销合同解除行为"（替代执行）？如果执行机关能够直接撤销（直接执行），岂不就成了撤销权？此外，间接督促解约方履行（间接执行）和以赔偿代替履行（赔偿执行）也不总是能够实现撤销合同解除行为的目的。相关概述，参见杨与龄：《强制执行法论》，中国政法大学出版社2002年版，第10页。

无须任何其他事由（撤销事由）即可行使。非解约方因此可以在异议期内恣意请求法院撤销有效的解除行为，而法院必须支持。在理论上，合同将永远无从解除，合同解除制度名存实亡。

（2）假设异议权尚须具备撤销事由才能行使。因此，尽管非解约方可以请求法院撤销解除行为，但法院并非一律准许。为了保全合同解除制度，可以用撤销事由"反串"解除事由：当不存在撤销事由（存在解除事由）时，非解约方不享有异议权，其撤销请求不会被准许，因此有效的解除行为继续有效，合同解除；当存在撤销事由（不存在解除事由）时，非解约方享有异议权，只要如期异议，就可以撤销解除行为，合同重新有效。[①]这实际上是以"解除＋撤销"两个制度替换了合同解除制度，不仅叠床架屋，有悖于"如非必要，勿增实体"的原则，还将重创现有概念体系，如"解除"将消失、"撤销"将膨胀等。更实质的危害是，它使得合同可以被任意解除。非解约方只有不断及时异议才能避免无权解约。

（二）修正的形式理解之下的异议权

在修正的形式理解之下，异议权虽有别于起诉，但也不外乎是请求权（第一种修正理解）或形成权（第二种修正理解），因此以上批评亦有适用余地。以下重点检讨现有研究的误区。

1. 异议与起诉的模糊区分

现有研究中不乏明确区分异议和起诉者，但除了未曾觉察合同解除权不一定存在这一陷阱[②]之外，其对于异议和逾期异议的法律效果，尤其是对逾期异议如何能够补救解除权的缺失，尚缺乏令人信服的说明。

[①] 如徐纯先：《论合同解除权的行使》，载《求索》2006 年第 8 期，第 146 页；李晓艳：《合同解除权行使的若干争议问题》，载《山西省政法干部管理学院学报》2009 年第 2 期，第 82 页。

[②] 也有研究注意到这一点，如崔建远：《合同解除探微》，载《江淮论坛》2011 年第 6 期。该文富有创见地提出解除权的产生条件与解除权的行使条件的区分，并例示了解除权虽已产生、但解除权人仍无权行使的案型（第 94—95 页）。该文指出，在解除异议成立的情形，因"守约方"（解约方）不享有解除权或虽有解除权但不具备行使的条件，故不发生合同解除的效力。进而还提示，即使"违约方"（非解约方）未提解除异议，"主审法院在审查守约方关于解除的诉求时，同样不会准予诉争合同解除的，不然，就违反了《合同法》第 96 条的规定及其精神"（第 97 页）。但这一论断是否以非解约方及时起诉为前提，尚有待澄清。如果认为非解约方在异议期间经过后起诉，法院仍应当实质审查，则相当于笔者所称的实质理解。

例如，在一项解除异议的经典研究①中，异议被界定为对解除合同提出不同意见、请求解约方继续履行等多种形态；异议权则被认为是"对合同解除异议的权利"，其作用在于"可以有效地对抗潜在的违约方为了逃避责任而提出的解除主张"。异议与起诉在此虽被明确区分，但一旦涉及法律效果，二者的界限却又很模糊：单纯的异议不具有任何法律效果，它只能与起诉结合才能产生一定的效果。具体言之：(1) 如果非解约方异议并且起诉，其可以在法院确认合同解除效力之前，抗辩解约方关于恢复原状、采取其他补救措施的请求，"以维护裁判机构的权威，使《合同法》第96条第1款后段的规定具有价值"。但是，异议本身并不能改变或延滞解除生效的时间，"以便防止违约方利用异议权达到不正当的目的"。(2) 如果非解约方异议但并未起诉，合同解除的效力不因异议而受影响。②

2. 形成抗辩权 v. 形成权

还有研究借鉴德国"形成抗辩权"的理论③，将异议权界定为"形成权异议权"，并认为异议权的行使后果是使得合同解除行为"效力待定"。④具体而言，"当事人提出异议，向法院或仲裁机构提起确认之诉，则合同解除的效力待定"；如果法院作出确认判决，则合同解除行为又发生效力，且

---

① 以下引述内容，如非特别注明，均来自崔建远：《解除权问题的疑问与释答（上篇）》，载《政治与法律》2005年第3期，第39—41页。

② 对于逾期异议的法律后果，该研究以替法院减负为由作为论据：若有异议期间限制，非解约方逾期提出异议的，法院在形式审查后就可以裁定驳回起诉；若无此限制，法院还得再去实质审查解除权的有无以及解除行为的效力，成本会高昂很多。这固然有一定的道理，但因解除权的有无还牵涉解约方的违约问题，法院实际上还是免不了实质审查的。参见同上书。

③ 该理论处理的是：如何用一种形成权的行使来抗辩另一种形成权的行使。这种类似于抗辩权的形成权分为两类，一是形成抗辩权（Gestaltungsgegenrecht），依意思表示行使即可发生效力；一是形成抗辩诉权（Gestaltungsgegenklagerecht），必须依诉讼程序行使才能发生效力。梅迪库斯：《德国民法总论》，邵建东译，法律出版社2001年版，第77页。也有将形成抗辩权译为形成反对权者，参见拉伦茨、沃尔夫：《德国民法中的形成权》，孙宪忠译注，载《环球法律评论》2006年第4期，第492页。

④ 张立锋、邵艳梅：《合同法定解除权的行使方式研究》，载《河北学刊》2007年第4期，第177—178页（引用的文献是梅迪库斯：《德国民法总论》，邵建东译，法律出版社2001年版，第89页——经核实，应为第77页，边码86）；承继者，如杜晨妍、孙伟良：《论合同解除权行使的路径选择》，载《当代法学》2012年第3期，第70页。

是自解除通知到达之时生效。① 其疏漏在于:(1) 对确认之诉和效力待定的误解。确认之诉只能确认、而不能变更法律关系,因此如果合同效力待定,确认判决也就只能确认合同效力待定。其所谓"效力待定",应是"效力不明"之误②,即在法院查清事实之前法律行为效力不明的状态。(2) 混淆了形成抗辩权的发生事由与形成权的发生事由。以屡遭误解的德国法上的承租人异议权为例,在不定期住房使用租赁关系中,出租人可以承租人明显违反合同义务等为由(形成权的发生事由)终止合同;承租人则可以此举会造成自己及家人的重大困境等为由(形成抗辩权的发生事由)提出异议,从而使终止表示失效。③ 如果承租人逾期异议,其异议权将消灭。但终止表示并不因此自动有效,它仍须满足终止权存在等条件。因此即便套用该理论,逾期异议也只是导致非解约方的异议权(形成抗辩权)消灭,解约方的解除权(形成权)并不因此自动存在,解约行为也不因此自动有效。

(三) 解除异议再思考

以上分析见证了合同解除"异议权"作为一种实体权利面临的逻辑困境。将异议建构为某种实体权利,然后循着"权利失效"的逻辑去追求"逾期异议=合同解除"的目的,这条"异议权—异议权限制"之路走不通。那是否可能透过其他制度设计赋予解除异议(非诉异议)以某种法律效果,从而不管解除权是否存在,异议期间经过即可导致合同解除?

---

① 参见张立锋、邵艳梅:《合同法定解除权的行使方式研究》,载《河北学刊》2007 年第 4 期,第 178 页。还有研究建议做进一步区分:以非诉方式提出异议时,合同解除行为的效力不受异议影响;以诉讼方式提出异议时,合同解除行为的效力因异议而变得效力待定,至于最终是有效还是无效,则视异议是否成立,亦即解除事由是否存在而定。参见汪张林、杜凯:《论合同解除权的行使》,载《西南政法大学学报》2005 年第 1 期,第 108 页。

② 《合同法解释二》第 24 条的起草者显然也犯了这个错误。其指出,解除异议的效果是使得合同解除行为"效力待定",对此应由"争议双方协商,协商不成或者仲裁或者诉讼"。参见曹守晔:《合同法司法解释的意义与创新》,载 https://www.civillaw.com.cn/lw/l/?id=28103,最后访问时间:2020 年 7 月 1 日。

③ 参见拉伦茨、沃尔夫:《德国民法中的形成权》,孙宪忠译注,载《环球法律评论》2006 年第 4 期,第 492 页;梅迪库斯:《德国民法总论》,邵建东译,法律出版社 2001 年版,第 78 页。

以《合同法》第 236 条提供的"不异议＝承诺"方案为例。① 在此，合同解除异议被化约为一个意思表示的解释问题，解约方的解除通知是合同解除的要约，非解约方未异议或逾期异议是合同解除的承诺。但这行不通。第一，与法定解除的单方法律行为性质有悖；第二，它尽管绕得开实体异议权的逻辑问题，却绕不开形式理解的负面效果。② 简单说，这无异于纵容违约一方或不愿意继续履行的一方"通过合同解除的方法逃避责任"③。

解除异议的唯一功能或许在于，如果非解约方对解除提出异议，解约方可以撤销解除行为。解除通知生效后，为了保护非解约方的合理信赖，一般不允许撤销解除行为。④ 但如果非解约方对解除表示异议，表明其并未信赖解除行为，故解约方仍可撤销。⑤

三、实质理解的证成：从异议权的诉权本质说起

笔者认为，《合同法》第 96 条第 1 款第 3 句赋予非解约方的"可以请求人民法院或者仲裁机构确认解除合同的效力"的权利，是关于非解约方提起确认之诉的诉权的规定。它只是一种程序性权利，而不是任何民事

---

① 该条规定："租赁期间届满，承租人继续使用租赁物，出租人没有提出异议的，原租赁合同继续有效，但租赁期限为不定期。"类似实务，如在解除通知书中注明，"如你对本解除协议有异议，请在 5 日内向人民法院提起诉讼，否则，解除《协议书》解除生效。"重庆市第五中级人民法院(2011)渝五中法民终字第 71 号民事判决书。另参见杜晨妍、孙伟良：《论合同解除权行使的路径选择》，载《当代法学》2012 年第 3 期，第 71 页(逾期未异议视为对解除权的认可)；福建省福州市马尾区人民法院(2010)马民初字第 307 号民事判决书(默认原告解除该合同的行为)。

② 另一方案是将异议作为非解约方的不真正义务。非解约方逾期异议，将承受失权等不利后果。但这如何能使得原本无效的无权解约行为变为有效，仍是技术难题；而且逻辑上纵然可以自洽，亦难免价值的失衡。

③ 王利明：《违约责任论》，中国政法大学出版社 2003 年版，第 719 页。实务上，法院虽然也有将解除通知认定为要约，但并不将非解约方的沉默(不异议)认定为承诺。北京市第一中级人民法院(2009)一中民终字第 19000 号民事判决书。

④ 韩世远《合同法总论》，法律出版社 2011 年版，第 521 页；黄立：《民法债编总论》，中国政法大出版社 2002 年版，第 528 页。

⑤ 在形成权的一般层面上也有类似的异议和撤销(撤回)规则，参见梅迪库斯：《德国民法总论》，邵建东译，法律出版社 2001 年版，第 79—80 页。

实体权利。[①]

（一）非解约方享有提起确认之诉的诉权

一般认为,诉权包括当事人适格和诉的利益两个要件。[②] 在确认之诉中,当事人适格原则上都会被诉的利益(确认利益)吸收,二者好比一个硬币的两面。[③] 因此,尽管当时的法律并未对诉的利益做出规定,但诉权的有无仍可以依据当时有效的 2012 年修订的《民事诉讼法》第 119 条第 1 项关于当事人适格(原告适格)的规定加以判断。

确认利益须满足下述要件[④]:(1) 确认对象。在现行法下,包括合同效力在内的诸多法律关系和权利都可以成为确认对象。[⑤] （2） 立即确认的必要性。指确认对象(如法律关系)的不明确导致原告法律地位的不安定,而确认判决可以现实地消除这种不安定。(3) 解决手段的妥当性。指就纠纷解决而言,确认之诉比其他诉讼或程序更经济有效[⑥]。

根据上述标准,非解约方就合同关系的存在享有提起确认之诉的诉权。(1) 确认利益。其一,合同关系是否存在属于确认对象。其二,单方解约行为导致合同关系可能被解除,非解约方不仅有丧失继续履行请求权之虞,还可能承担恢复原状的义务;确认判决可以确认合同关系的状态,进而消除前述不安定,故有立即确认的必要性。其三,给付之诉只附

[①] 笔者仅在程序权利的意义上使用诉权,因此与日本的本案请求权说、德国的司法请求权说之下的诉权概念相近,而与自苏联舶来、在我国学界流行的双重诉权说之下的诉权概念不同。参见张卫平:《民事诉讼法》,法律出版社 2009 年版,第 30—34 页。

[②] 广义的诉的利益包括当事人适格;笔者在此使用的是狭义的诉的利益的概念,近似于权利保护利益。

[③] 参见江伟、邵明、陈刚:《民事诉权研究》,法律出版社 2002 年版,第 238—239 页;新堂幸司:《新民事诉讼法》,林剑锋译,法律出版社 2008 年版,第 208 页(被告是诉讼担当时,存在例外)。

[④] 参见江伟、邵明、陈刚:《民事诉权研究》,法律出版社 2002 年版,第 239—242 页;吕太郎:《确认利益之研究》,载《民事诉讼之基本理论》(二),台湾元照出版社 2009 年版,第 133—146 页;新堂幸司:《新民事诉讼法》,林剑锋译,法律出版社 2008 年版,第 194—202 页;罗森贝克、施瓦布、戈特瓦尔德:《德国民事诉讼法》,李大雪译,中国法制出版社 2007 年版,第 655—664 页。不同学者使用的概念和分类未尽一致,但内容没有实质分别。

[⑤] 参见 2011 年修订的《民事案件案由规定》(法[2011]42 号)。

[⑥] 对确认之诉与给付之诉关系的分析,新堂幸司:《新民事诉讼法》,林剑锋译,法律出版社 2008 年版,第 196 页;吕太郎:《确认利益之研究》,载《民事诉讼之基本理论》(二),台湾元照出版社 2009 年版,第 144 页。

带涉及给付请求权的确认,无法扩及对基础合同关系的确认,因此单独确认合同关系,具备解决手段上的妥当性。① 特别在解约方已完全履行的情形,非解约方提出确认之诉是为了免于恢复原状,给付之诉难以胜任。(2) 当事人适格。因原被告都是合同关系当事人,所以适格。

因此,非解约方可以依据《民事诉讼法》第 119 条第 1 项当事人适格的规定,提起确认之诉。②《合同法》第 96 条第 1 款第 3 句并未另行增减诉权的构成要件或法律效果,所以只是非解约方享有提起确认之诉的诉权的"注意规定"。③

(二) 解约方也享有提起确认之诉的诉权

解约方同样享有提起确认之诉的诉权(异议权)。(1) 确认利益。其一,解约方确认的是合同关系不存在(消极确认之诉),属于妥当的确认对象。其二,单方解约行为的效力不明将使解约方陷入是否继续履行合同的两难,如果解约有效,继续履行无疑是多此一举;如果无效,不继续履行又将导致违约责任。确认判决可以消除这种不安定,故存在立即确认的必要性。其三,确认对象是基础合同关系,解决手段适当。尤其在解约方尚未履行完毕的情形,解约方提出确认之诉是为了免于继续履行,给付之诉难以胜任。(2) 当事人适格。原被告都是合同当事人,所以适格。故解约方可以依据《民事诉讼法》第 119 条第 1 项,提起确认合同解除之诉。④

---

① 吕太郎:《确认利益之研究》,载《民事诉讼之基本理论》(二),台湾元照出版社 2009 年版,第 145 页。按照传统理论,如果在给付之诉中涉及给付请求权所由生的基础法律关系的确认,应当由中间确认之诉处理;但按照我国目前的通行理论,给付之诉会吸收关于基础法律关系的确认之诉,因此除非有其他因素介入,就不符合解决手段上的妥当性要求。参见下文"三(三) 2"。

② 需要说明,非解约方若想顺利提起确认之诉,除了享有提起确认之诉的诉权,还必须满足《民事诉讼法》第 119、120 条的积极条件以及第 124 条的消极条件。

③ 在案由方面,非解约方请求"确认解除合同的效力",表面上是确认解除合同行为的效力,但实际上应是确认合同关系是否继续存在或有效,故属于 2011 年《民事案件案由规定》中的"确认合同有效纠纷"。实务中的称谓比较随意,如"确认解除通知无效""确认解除行为有效";但解约、撤回等法律行为作为法律关系的具体成分,其实不能成为确认之诉的对象。参见罗森贝克、施瓦布、戈特瓦尔德:《德国民事诉讼法》,李大雪译,中国法制出版社 2007 年版,第 658 页。

④ 就案由而言,渠道同样通畅。参见《民事案件案由规定》(法[2011]42 号)"三 2"、"三 1"。

与非解约方异议权的性质一样,解约方"异议权"的诉权本质长久以来都未得到关注。这导致以往研究就解约方的异议权聚讼纷纭,并在正反阵营都诱发了负面效果:(1)在赞同者方面,其为了从《合同法》第96条第1款第3句中解释出解约方的异议权,煞费苦心;①(2)在反对者方面,因为不认可解约方的异议权,那就只能对非解约方独享的异议权进行限制,以维护合同关系稳定,这正是《合同法解释二》第24条的重要出发点。

在实务上,解约方早就可以通过各种渠道确认解除合同的效力,如提起给付之诉间接确认解除合同的效力(详下文),或者直接起诉要求解除合同②。不少司法解释也都有规定当事人可以直接起诉解除合同,但与其将这些规定视为解约方不得直接起诉解除合同的例外③或是作为对《合同法》第96条没有赋予解约方"异议权"立法漏洞的填补④,倒不如回到《民事诉讼法》第119条,一般性地认可解约方享有提起确认解除合同的效力之诉的诉权。

(三)限制非解约方异议权的正道与歧途

1. 正道:合同双方异议权的相互限制

上文关于解约方享有"异议权"的分析,与《合同法解释二》第24条的立法目的不谋而合。不管是以解约方的异议权这种"他制"手段去限制非解约方的异议权(均指确认之诉的诉权),还是一如《合同法解释二》第24

---

① 魏振瀛主编:《民法》,北京大学出版社、高等教育出版社2010年版,第453页(崔建远执笔)(目的解释);崔建远:《解除权问题的疑问与释答(上篇)》,载《政治与法律》2005年第3期,第40页(调整条文标点、价值分析)。

② 尽管法院实践不一,但相关研究大都赞成。如薛文成:《论合同解除及合同解除权的行使》,载《东方法学》2008年第1期,第154—155页;曾祥生:《论解除权之行使》,载《法学评论》2010年第2期,第149—150页;胡智勇:《合同解除权的行使方式——对〈合同法〉第96条第1款的理解与适用》,载《法律适用》2006年第1—2期,第103—104页;崔建远、吴光荣:《我国合同法上解除权的行使规则》,载《法律适用》2009年第11期,第16页。

③ 参见2008年的《天津仲裁委员会关于适用合同法第96条第1款的意见(四)》第1条(列举了允许直接诉讼解除的司法解释)。这种原则不允许与例外允许的做法,也是误将异议权视为实体权利所致;因为是民事实体权利,所以若非法律或司法解释明确赋予,解约方不得享有。

④ 曾祥生:《论解除权之行使》,载《法学评论》2010年第2期,第149页。但如果从诉权角度审视解约方、非解约方的异议权,《合同法》第96条第1款第3句本身就是可有可无的注意规定,自然谈不上立法漏洞。

条通过权利失效等"自制"手段来约束非解约方的异议权（实体权利），都是要防止合同关系因非解约方怠于行使异议权而长期处于不确定状态。就这一目的而言，"他制"与"自制"的功能是相同的，可以相互替代。

但在价值层面，让解约方和非解约方的异议权相互限制的"他制"，要远胜于《合同法解释二》第 24 条的"自制"。首先不会有形式理解的诸多负面影响。其次，尽管双方的异议权都不再有期限限制，但并非没有其他制约。在解除通知作出后，由于解除权存在与否并不明确，解约方将面临迟延履行的违约责任以及恢复原状请求权罹于时效的风险，非解约方也将面临继续履行或违约损害赔偿请求权罹于时效的风险。因此，尽管没有异议期限的督促，双方仍有动力去及时确定合同关系的真实状态。再者，就效率而言，在双方都享有异议权的情形，无论是谁主动行使权利，大体上都是权衡起诉的得与失、收益与成本之后所作的抉择。这不仅使得双方当事人都能够做出最符合自己利益的决定，因而在合同内部是整体最有效率的，而且由于无效率的异议权行使次数的减少，也能避免司法资源的无谓消耗。

上述两条限制途径没有必要也没有可能共存。一方面，让解约方享有异议权，已足以及时稳定合同关系，没有必要再捎上一个边际效用极低而副作用极大的解除异议制度。另一方面，如果真的共存，就很难解释为什么厚此薄彼，只对非解约方的异议权、而不对解约方的异议权施加限制。[①]

2. 歧途：非解约方异议权的自我限制

如前所述，《合同法解释二》第 24 条的起草者最终选择了"自制"手段来实现尽早稳定合同关系的目的。由于误将异议权作为实体权利，最终导致逻辑上的混乱和价值上的失衡。这里要补充的是，即便正确界定异议权的性质，前述自制手段依然行不通。因为非解约方提起确认之诉的诉权根本不可能被彻底限制；即便被限制，也不会发生尽早确定合同关系的法律后果。

其一，确认利益脱胎于给付之诉的历史表明，任何给付之诉都包含确

[①] 据此两点，主张解约方享有异议权，同时也主张要限制非解约方的异议权的观点，就有自相矛盾之嫌。

认的因素和前提。① 因此,即便提起确认之诉的诉权被禁止,也只是意味着当事人不能以单独提起确认之诉的方式来确认法律关系或权利是否存在,当事人仍可以通过相应的给付之诉来实现"确权"。虽然合同解除略有特殊,但根据实务中的通行观点,非解约方仍可以通过提起违约赔偿等给付之诉来间接实现确认之诉的目的。② 故非解约方提起确认之诉的诉权无法被彻底限制。

其二,纵然彻底限制可以实现,因而非解约方不能再直接提起确认之诉或间接通过给付之诉确认合同解除的效力,但解约方为了获得公权力对合同解除法律后果的保障,仍须提起确认或给付之诉。此时,法院仍应当审查合同解除的效力。可以料想,如果解约方系无权解约,大概不会自己送上门,让法院将解除行为确认为无效。结果就是,非解约方无权请求确认,解约方不愿请求确认。合同解除的效力游荡在法庭之外,合同关系自然无从尽早确定。

(四) 异议权的十年误会与实质理解的证成

《合同法解释二》第 24 条的起草者或许从未看清,《合同法》第 96 条第 1 款第 3 句中的异议权其实是提起确认之诉的诉权。③ 如果说《合同法》的注意规定只是无伤大雅,甚至在当时实务界对确认之诉还很隔膜④的情形下尚有其时代意义,理论界后来限制异议权的诸多努力以及十年之后《合同法解释二》第 24 条的唤醒之举,就只能说是好心办坏事的典

---

① 张卫平:《民事诉讼法》,法律出版社 2009 年版,第 36—37 页。
② 理论上如果承认先决事项的独立性(参见傅郁林:《先决问题与中间裁判》,载《中国法学》2008 年第 6 期,第 156 页;新堂幸司:《新民事诉讼法》,林剑锋译,法律出版社 2008 年版,第 537 页),那么在合同解除的情形,只要同时限制单独提起确认之诉的诉权和在给付之诉中提起中间确认之诉的诉权,就能够实现彻底限制。但主流实务并不认可先决事项的独立性,而是认为确认之诉会被给付之诉吸收。参见奚晓明主编:《最高人民法院民事案件案由规定理解与适用》,人民法院出版社 2011 年版,第 132 页;姜强:《租赁合同解除的若干问题》,载《民事审判指导与参考》第 38 辑,法律出版社 2009 年版,第 111 页。
③ 从立法过程来看,异议权进入《合同法》第 96 条有一定的偶然性。赋予非解约方以异议权,可能只是出于对"解除通知到达,合同即告解除"的担忧。参见曹守晔:《合同法司法解释的意义与创新》,载 https://www.civillaw.com.cn/lw/l/? id=28103,最后访问时间:2020 年 7 月 1 日。
④ 一个例证是,在现已失效的《民事案件案由规定(试行)》(法发[2000]26 号)中,第一级案由"合同纠纷案由"之下没有一个确认之诉的案由。这迟至《民事案件案由规定》(法发[2008]11 号)才稍有改观。

范——被唤醒的不是格林童话中的睡美人,而是伊索寓言中的毒蛇。[①]

可以这样来总结合同解除异议制度的生成逻辑:在对确认之诉还很隔膜的年代,《合同法》的立法者无意间以注意规定的形式规定了提起确认之诉的诉权;在异议权这顶随意安插的帽子下,这一诉权被一致想象为某种实体权利;在不让权利人在权利上睡大觉的失权逻辑下,对异议权施加限制开始深入人心;在一切合同解除行为必然都有解除权存在的想当然下,异议权的限制(消灭)与合同无争议地解除之间被画上等号,并以《合同法解释二》第24条固定下来。它甚至还被推及于法定抵销,尽管如上所述,负面影响有过之而无不及。

本章第一部分表明,第24条的形式理解及其修正会导致诸多负面影响,而实质理解却能避免。第二部分说明,形式理解及其修正将异议权作为某种实体权利,面临逻辑困境。本部分指出,解约方的异议权是限制非解约方的异议权和尽早稳定合同关系的正途,因此虚置《合同法解释二》第24条不会妨碍立法者尽早稳定合同关系的初衷,以此证成了实质理解。

四、结　　论

本章以司法实务中关于《合同法解释二》第24条的三种解释方案为线索,以异议权的性质为中心,对合同解除异议制度进行了反思。主要结论如下(详见下表8.2):

(1)合同解除异议权,即"请求人民法院或者仲裁机构确认解除合同的效力"的权利,性质上属于提起确认之诉的诉权,解约方和非解约方均可依《民事诉讼法》第119条第1项享有;《合同法》第96条第3款第1句只是非解约方享有诉权的注意规定。

(2)双方的诉权彼此构成限制,同样可以实现尽早稳定合同关系的目的。

(3)适用《合同法解释二》第24条时,应当对解除权的存在进行实质

[①] 上述权利性质的误会并非孤例,如《物权法》第33条的"物权确认请求权",理应也是确认之诉的诉权,却被作为"物权保护请求权的一种"。参见胡康生主编:《中华人民共和国物权法释义》,法律出版社2007年版,第84—85页。

审查,从而彻底架空和虚置这一在价值和逻辑上有诸多舛误的规定。

(4)合同解除异议的唯一功能,在于如果非解约方对解除提出异议,解约方可以撤销解除行为。

除(2)之外,以上结论及其论证也大体适用于《合同法解释二》第24条规定的抵销异议制度以及其他潜在的"形成权异议制度"。亦即(1)形成权的行使人及其相对人都有"异议权",即提起确认之诉的诉权,确认对象是形成权的行使效力;(2)形成权的行使是否生效,取决于形成权的发生事由是否存在,以及其他生效要件是否满足,与相对人是否起诉或异议无关;(3)如果相对人对形成权的行使提出异议,则行使人可以撤销其行使行为。

表 8.2 《合同法解释二》第 24 条的三种解释方案分析

解释类型	解释方案分析		
	法律后果	内在逻辑及问题	负面影响
形式理解	(1a)拒绝实质审查 逾期异议→合同解除(不论解除权是否存在) (2a)异议方式:诉讼 (3a)异议期间:除斥期间 异议权=实体权利(诉讼方式行使)	逻辑 { (I)逾期异议→异议权丧失 (II)异议权丧失→合同解除 (目的:尽早稳定合同关系) 逻辑问题(P) 假设一:有权方可解约 P1:(II)不能成立。 异议权丧失→合同不解除(无解除权) (异议权=请求权/撤销权) 假设二:无权亦可解约 P2:异议权≠请求权(无法强制执行) P3:异议权=撤销权(无须撤销事由) 异议权行使→合同一律不解除(后果:合同无法被解除) P4:异议权=撤销权(需要撤销事由) 异议权行使—合同解除 异议权 丧失 { 合同解除(有解除权) 合同不解除(无解除权) (后果:合同可以任意被解除)	(I)诱发机会解约 (II)徒增自治成本 (III)破坏交易预期 (IV)救济降级、误判
修正的形式理解	方案1: (1a)同上。 (2b)异议方式:诉讼/非诉 (3a)同上 方案2: (1a)同上。 (2b)同上 (3b)异议期间:诉讼时效 异议权=实体权利(非诉方式行使)		方案1:负面影响相应降低(非解约方通常都会以非诉方式提出异议,从而中断诉讼时效) 方案2:负面影响较方案1低(异议期间是除斥期间,因而无须重复异议中断时效)

(续表)

解释类型	解释方案分析		
	法律后果	内在逻辑及问题	负面影响
实质理解	(1b) 实质审查： 合同解除(有解除权) 合同不解除(无解除权) 异议权＝确认之诉的诉权(《民事诉讼法》第119条第1款)	逻辑 非解约方和解约方的异议权相互限制 (效果：尽早稳定合同关系) (1)《合同法》第96条第1款第③句是注意规定 (2)《合同法解释二》第24条是错误规定,应予以架空	无